美国高校行政管理探究

—— 武汉大学2018年
青年管理干部出国研修成果集

Meiguo Gaoxiao
Xingzheng Guanli Tanjiu

主　编　赵雪梅
副主编　朱德友　刘春江　巫世晶　梁　涛
　　　　李晓述　孙太怀
参　编（以姓氏笔画为序）
　　　　石立特　肖　俊　陈　琦　赵金利
　　　　章　臣　鄂茂芳　蔡　强

WUHAN UNIVERSITY PRESS
武汉大学出版社

图书在版编目(CIP)数据

美国高校行政管理探究:武汉大学2018年青年管理干部出国研修成果集/赵雪梅主编.—武汉:武汉大学出版社,2019.3
ISBN 978-7-307-20718-9

Ⅰ.美… Ⅱ.赵… Ⅲ.高等学校—行政管理—研究—美国
Ⅳ.G649.712

中国版本图书馆CIP数据核字(2019)第023999号

责任编辑:聂勇军   责任校对:李孟潇   版式设计:马 佳

出版发行:**武汉大学出版社**   (430072   武昌   珞珈山)
(电子邮箱:cbs22@ whu.edu.cn 网址:www.wdp.com.cn)
印刷:北京虎彩文化传播有限公司
开本:720×1000   1/16   印张:19   字数:273千字   插页:1
版次:2019年3月第1版   2019年3月第1次印刷
ISBN 978-7-307-20718-9   定价:46.00元

序　言

　　高校青年管理干部处于高等教育改革创新的第一线，是落实党的教育方针的生力军和重要力量。武汉大学高度重视青年管理干部的培养，将"加强年轻干部培养、提升管理队伍专业化水平、适度扩展海外高校培训渠道"写进教育事业发展"十三五"规划，并计划在五年内，每年选派30名左右的青年管理干部赴国（境）外一流大学研修，着力为实现世界一流大学建设目标储备具有开阔视野的管理人才。实施这一项目，一是学校建设和改革发展的需要。建设世界一流大学需要有一支具有战略思维和世界眼光的管理、服务队伍，这对学校未来的建设和发展至关重要。二是青年管理干部自身成长的需要。青年管理干部需要经风雨、见世面、壮筋骨、长才干，只有多走出去，拓宽视野，加强学习，才能更好地促进他们的成长。

　　2018年学校派出了第二批30位青年管理干部，在斯坦福大学、加州大学伯克利分校、加州理工学院、UCLA等7所美国一流大学进行了为期一个月的培训学习。在美期间，他们与高校同仁积极交流、广泛调研，带着问题学、结合工作学、联系实际学，多渠道接收信息、多视觉辩证思考，对器物有观察、对制度有挖掘、对文化有品鉴，真正做到了学有所思、学有所悟。研修学员返校后，学校党委听取了他们的学习情况和研修成果汇报，学员们分享了他们的收获：一是开阔了思路眼界。通过对教学实践和教学行为的观察、办学理念和发展策略的体验，悟道美国高等教育的思想和哲学，直观地感受到什么是世界一流大学，思考如何建设世界一流大学。二是提升了综合能力。既在学习培训中强化了业务能力和跨文化交流能力，又在参观访问中提升了观察能力和辩证思维能力，还在自我管理和团队建设中锻炼了组织力和领导力。三是坚定了文化自信。学会了在自身文化传统与现实国情背景下理性思考美国一流高校办学治校的有益经验，坚持以我为主、实事求是、开放包容，借鉴而不照搬、学习而不盲从。四是激发了使命担当。带着学校的嘱托和期待在大洋彼岸探究真理、求索论道，始终牢记自己"从哪里来、要到哪里去"，在光荣和梦想中强化了责任意识，砥砺了家国情怀。

研修班在美期间形成了 13 万字的学习小结，在此基础上，学员结合学习心得进一步归纳梳理，总结提炼，走笔成文。本书收录了论文涉及高校行政管理的各个方面，既有前沿问题的理论探讨，也有实践方面的探索创新；既可作为高等教育理论界的研究资料，也可作为高教管理从业者的工作参考。值此出版之际，甚感欣慰，特以志序。

习近平总书记指出："青年兴则国家兴，青年强则国家强。青年一代有理想、有本领、有担当，国家就有前途，民族就有希望。"新时代赋予中国高等教育前所未有的发展机遇，广大高校青年管理干部要进一步加强学习、增强能力、提高素质，把善于学习作为一种工作责任，把乐于思考作为一种精神追求，把勤于研究作为一种生活方式，牢牢把握高等教育事业发展脉搏，在办好人民满意的教育、实现中华民族伟大复兴历史进程中实现自己的人生价值。

赵雪梅

2019 年 3 月于珞珈山

（作者系武汉大学党委副书记）

目　录

人才引进、培养及考核

校园文化建设

对外交流与学习

校友资源建设

心理健康教育

服务与保障

治理结构与体系

浅析美国公立大学内部治理结构及对我国大学治理体系建设的启示

——以加利福尼亚州公立大学系统为例

李 敏

（武汉大学党政办公室）

9月10日，习近平总书记在全国教育大会上指出，新时代新形势下，我们要抓住机遇、超前布局，以更高远的历史站位、更宽广的国际视野、更深邃的战略眼光，加快推进教育现代化，建设教育强国。推进教育现代化，对于我国高等教育而言，离不开建立完善现代大学制度与推进大学治理能力和治理体系的现代化。大学治理是"大学内外利益相关者参与大学重大事务决策的结构与过程"，大学内部治理结构是大学内部维系各权力主体之间协作制衡关系、提供相应激励和约束机制的权力规则和组织架构，而把握大学内部治理结构正是推进大学治理能力和治理体系现代化的关键要素之一。今年7月，笔者参加了武汉大学第二批青年管理干部出国研修班，赴美国多所一流高校研修学习，其间我重点围绕加利福尼亚州公立大学系统内部治理结构进行了深入调研，并对我国大学治理体系的建设与完善有了一些思考。

一、加州大学系统的内部治理结构

加利福尼亚州大学(University of California，以下简称加州大学)是位于美国加州的一个由10所公立大学组成的大学系统，也是世界上最具影响力的公立大学系统，被誉为"公立高等教育的典范"，对全世界高等教育发展影响深远。其旗下大学在各项学术指标和排名中均名列前茅，包括著名的伯克利分校（以下简称 UC Berkeley）、洛杉矶分校（以下简称 UCLA）等，这些分校紧密联系又各自独立，有着一套基本相同的内部治理结构与治理体系，即大学内部"共同治理"体系，共治体系主要由顶层的董事会、校长及行政团队、学术评议会构成，董事会是大学的最高决策机构，校长是大学的权力中心，学术评议会则主要负责学术事务的决策，三方的行政权力、学术权力相互交织在一起，形成了一种相互协作而又互为制衡的关系。

（一）董事会

1879 年，加利福尼亚州政府通过正式法案，使加州大学从法律上成为独立的公共机构，并赋予了董事会治理大学的权力。《加利福尼亚州宪法》明确规定了加州大学董事会的人员构成与职能。董事会的职责和权力主要是确定大学的性质和办学目标，制定大学的发展规划，且审查各分校的中长期发展规划和进展；董事会负责重要人事遴选与审核，如总校及各分校校长、副校长等；董事会负责大学资金和土地的筹集、管理，并负责资源分配和预算审核等财政事务；董事会作为大学最高治理机构，对科研、教学、学生培养质量以及大学的社会地位等进行监管，并对各分校的争议事宜作出仲裁。虽然董事会是校内最高治理机构，但是构成主要以外部专家为主，且受到联邦、州政府及法律的限制，以及大学章程和其他规章制度的约束，董事会一般不介入大学的细节管理，而是将学校管理托付给以校长为首的行政团队和以教授为主体的学术评议会。

（二）校长及行政团队

加州大学系统的内部治理主要是通过以校长为首的行政团队来进行的。大学校长既是学校的首席行政官，又是教授们的学术领导者，扮演着行政者、企业家和政治家三种角色。作为行政者，校长是大学科层组织的首席行政长官；作为企业家，校长负责筹措经费，以保证大学的财政收支平衡；作为政治家，校长必须平衡校内外的众多利益相关者，调解各利益主体之间的分歧与冲突。以伯克利分校为例，其校长全权负责大学的日常管理和运行，对大学的政策制定、预算分配等具有最终决策权。当然，众多的工作并不是由校长一人完成的，伯克利分校下设 7 位副校长，其中 1 位为执行副校长兼教务长，其他 6 位副校长分别主管预算与财务、经营与管理、设施服务、科研、学生事务、大学关系等。而洛杉矶分校情况则有所不同，校长主要负责大学对外事务，由执行副校长兼教务长负责大学内部管理，另外下设 8 位副校长，分别主管行政、筹款、基础建设、科研、法律事务、健康和医学院、学生事务、研究人员事务等。这些副校长分别负责不同领域，对不同领域的事务进行管理，给校长提供建议，辅助校长进行决策。行政委员会则是参与内部治理的另一个重要机构，它主要由校长、教务长、副校长、财务长及院长，以及董事、校友和学生组成。其职责包括遴选行政官员，负责学校财务及大学章程中规定的重要行政工作，为大学各教学部门、学院以及各主要单位服务。绝大多数委员会都对学生开放，本科生和研究生可以通过申请加入某个行政委员会。

（三）学术评议会

加州大学是美国较早建立学术管理机构的高校，其学术管理机构可谓是美国大学中最为强大、完善和发达的，和以董事会为首的行政管理体系是平行的关系。校长向董事会负责，而教务长向学术管理机构的最顶端学术评议会负责，学术评议会是教师参与学校管理的主要渠道，充分体现了"教授治校"的理念，除了学术领域，也对其他非学术事务产生重要影响。伯克利分校学术评议会的人员构成非常广泛，涵盖大学内部各方利益主体，成员包括总校校长、伯克利分校校长、教务长、副校长、院长、学术中心负责人、图书馆馆长、所有教授等。学术评议会的基本结构包括评议会大会、执行委员会及常设委员会等。评议会大会由大学全体教师或教师代表组成；评议会执行委员会是核心议事和执行机构；学术评议会一般还设立众多的常设委员会，几乎涵盖大学治理的所有方面。由此可见，学术评议会是美国大学教师的主要权力机构，是代表和保护大学教师学术自主权的依托和载体，在诸如总体教育政策、有效规划、物质资源、预算、课程、教学内容与方法、教师晋升和聘任等方面都负有重要责任。学术权力的落实需要行政力量的执行，在实际治理过程中，行政权力与学术权力存在更为复杂和千丝万缕的联系。

二、美国公立大学共同治理结构的特点

美国公立大学的共同治理结构之所以得到美国大学乃至社会的认可，主要在于它很好地平衡和兼顾了大学蕴含的几对既相互冲突又彼此兼容的核心价值，即学术自由与公共利益、教师民主参与日常行政管理、决策的高质量与执行的高效率的要求。

美国公立大学实行利益相关者共同治理的原则，以校外人士为主导的董事会、以校长为代表的大学行政系统和以教授为主体的学术评议会各负其责，既协同配合又相互制衡。在校级层面，董事会以社会公共利益受托人的身份对大学的长远发展进行指导，负责总体政策并掌握最终决策权；大学校长既是学校的首席行政官员，又是教授的学术领导者；大学教授通过学术评议会的形式获得学术权力，实现了权力的分立与制衡。共同治理的一大特色和优势就是赋予了教师团体在学术事务决策方面超越董事会与校长之上的首要权力，这种权力和终身教职制度共同构成了美国大学保障学术自由的制度基础，最大限度地避免了董事会对学术事务的直接干预和行政权力对学术权力的侵蚀。共同治理、分权制衡，确保了大学的学术自由与有效治理。

共同治理面临的一个主要难题是如何在扩大民主参与度的同时也能提高决策的效率，基于"全员共同参与"的原则，美国大学都有较明确体现共同治理的参与机制，但在实践中，全员共同参与决策既不能保证决策的科学性，也必然导致决策效率不高。由此引出了共同治理的第二条原则，即"首要责任、首要权力原则"，即在共同治理中因为拥有不同的职责而享有相应的权力，对于董事会、校长及行政团队、学术评议会来说是如此，对于这三个内部治理主

体的自身运作也是如此。美国大学通常采用专门委员会的方式解决民主参与和决策效率的问题，在行政团队及学术评议会内都设有各种专业人士组成的专门委员会，为决策提供咨询建议。

三、对我国大学治理体系建设的启示

(一)理顺各利益方权力关系，不断完善以"党委领导、校长负责、教授治学、民主管理"为内核的治理结构

美国大学的治理经验告诉我们，现代大学治理体系的构建是一个历史的过程，不能超越我国高等教育发展的水平，而要通过持续改革逐步完善。中国大学治理体系的构建必须与我国基本政治制度、社会制度、教育制度相适应，不能盲目照搬和简单复制。现代大学的治理有其内在的共同规律，大学治理体系就是大学各利益方权力分配及有效参与决策的制度体系，目前构建我国大学治理体系的重点就是要进一步完善以"党委领导、校长负责、教授治学、民主管理"为内核的治理结构，按照新修订的《学校教职工代表大会规定》(2011年)、《高等学校章程制定暂行办法》(2011年)、《关于坚持和完善普通高等学校党委领导下的校长负责制的实施意见》(2014年)和《高等学校学术委员会规程》(2014年)等规章制度的规定，理顺各种权力关系，明晰各方权责。

要厘清大学内部治理主体党委、校长(行政系统)、学术组织、董事会或理事会、师生自治组织的责任与权力边界和运作方式与程序，形成自我约束、自我规范的内部治理结构。一是坚持党委在大学治理中的领导核心地位，探索建立校外利益相关者参与学校决策和决策咨询的机制；二是探索构建党委与校长、校长与副校长层级制的责任与权力体系；三是通过建立和完善大学章程、学术委员会章程，明确学术委员会等学术组织的责任与权力边界、运作方式与程序，赋予以教授为主体的学术委员会在学术事务上实际的决策权；四是进一步明确教代会、学代会等群众组织在大学治理结构中的功能。

(二) 加强与社会各界的联系，不断完善民主监督机制

随着时代的发展，大学面临着史无前例的社会需求。一方面，高等教育在社会、经济、文化、军事、科技发展中的地位越来越重要；另一方面，高等教育已进入社会的中心，国家对高等教育的投资迅速增加，大学规模日益扩大。承载着社会责任和社会期望的大学需要向社会汇报发展情况，并且需要社会力量的积极参与，以避免大学脱离社会发展的需求。我国大学要积极借鉴美国大学董事会的作用，充分发挥我国高校理事会的监督作用。《普通高等学校理事会规程(试行)》(2014 年)明确规定，高校理事会是"由办学相关方面代表参加，支持学校发展的咨询、协商、审议与监督机构，是高等学校实现科学决策、民主监督、社会参与的重要组织形式和制度平台。"要进一步清晰界定理事会的职能和工作流程，切实保障和发挥好理事会的作用。此外，我国大学普遍成立了校友工作机构，但其功能集中于筹款或捐赠，校友对学校改革发展的咨询建议等作用未能得到足够的重视。我国大学学生组织的作用发挥不明显，需进一步重视和加强学生组织在高校中参与决策、民主监督的作用，这是大学治理现代化不可或缺的重要内容。同时，根据新修订的《学校教职工代表大会规定》(2011 年)，学校要切实保障教职工代表大会履行职权，发挥好教职工代表在"三重一大"决策过程中的作用。

(三) 发挥治理机构的协调作用，不断完善协调机制

美国大学的经验表明，有效的协调机制有利于保障大学运行的高效有序，协调各部门之间的关系是大学治理机构的主要职责之一，需要发挥校长、副校长、院长等个人的协调作用。同时，要积极借鉴美国大学各类行政及学术委员会的经验，充分发挥我国大学普遍设立的学术委员会、教学指导委员会、学位委员会、学位评定委员会、学术道德委员会等各类委员会在专项事物中的协调作用，逐步实现专业事务由专业人员决策的良性运行机制，提高我国高校各项决策的科学化水平，提升大学治理的现代化水平。

◎ 参考文献

[1]马爽.美国大学共同治理制度的历史沿革[J].学园，2016(1).

[2]李威，查自力.美国加州地区高等教育公共治理结构的特征研究[J].现代教育科学，2016(10).

[3]王英杰.论共同治理——加州大学(伯克利)创建一流大学之路[J].比较教育研究，2011(5).

[4]刘爱生，顾建民.美国大学共同治理的理想内涵[J].比较教育研究，2012(1).

[5]张凤松.社会参与大学治理——美国大学的实践与启示[J].高教探索，2018(1).

从危到机：高校危机传播控制
与管理策略探讨
——以 UCLA 水灾应急处理为例

吴江龙
（武汉大学党委宣传部）

近年来，随着大众传播、新媒体的迅猛发展，传统意义上大众传播的"传者"与"受者"之间的界限被逐渐打破，新媒体特别是互动网络媒体的兴起让"受者"获得了更多话语权，他们直接参与信息的生产与传播。借助网络互动媒体力量，特定的事件能够在短时间内传播、发酵、放大甚至变形。

2014 年 7 月，美国加州大学洛杉矶分校附近街道水管爆裂，学校部分区域和场所遭遇水灾，这一突发事件迅速引起社会广泛关注。UCLA 通过实施一系列危机控制和传播管理举措，迅速有效化解了水灾给学校造成的影响，并通过有效的传播管理策略，化危为机，维护了学校的形象和声誉。

本文旨在通过分析 UCLA 在水灾应急处理中的危机管理与传播策略，以期为中国高校危机传播的处理与应对提供参考与借鉴。

一、水灾危机控制与管理

1. 水灾发生背景

2014 年 7 月 29 日下午 3 时 39 分许，UCLA 校园附近的市政水管爆裂，2000 万加仑（7500 万升）水直接涌进了校园。因水阀年久失修，比较脆弱，洛杉矶水电局用了 4 个小时才关掉总阀。超过 1000 万加仑的水流入了校园第 4 号和第 7 号地下停车场，许多车辆被淹没，9 座建筑设施受灾，包括 UCLA 当时新装修的、花费 1 亿美元的 Pauley Pavilion 体育馆。

2. 危机应对

水灾发生后，学校第一时间发布校园警报，根据已有应急预案迅速建立组织架构，开展水灾救治行动，召集校园紧急行动小组和应急管理政策小组，紧急行动小组的成员由以下部门代表组成：应急管理部门、警察局、设备管理部门、运输部门、环境健康与安全部门(包括消防单位)、资金计划部门、保险和风险管理部门、娱乐和校园生活部、采购计划部、媒体关系部、学生事务部，每个部门派 1~2 人参与。组织架构是快速反应的基础。当日，紧急行动小组聚集在紧急行动中心协调相关工作，明确应对策略方案，各司其职，开始着手处理问题。

29 日晚，UCLA 校长 Gene Block 通过校园媒体，发布《关于校园附近水管破裂的声明》，包括专门给淹水车主的内容，告知学校被水灾影响的区域以及学校应对的一些举措。

根据已有的应急预案，学校各部门协商解决一系列问题：发出紧急情况采购订单，呼叫三个抽水供应商，从建筑物和停车场开始大规模抽水；为无法回家的 20 人提供住宿，为 66 人提供紧急救援服务；取消当日晚上教育课程。完成初步应对行动后，学校各项秩序逐步恢复正常。如根据排出建筑物内的积水，开始恢复供电；停车场的抽水效率提升了一倍；十几家授权供应商抵达现场；建筑物墙壁和周围环境评估以及各种灾后救援活动迅速展开。

UCLA 新闻报道称，水灾发生后，从校长和学校其他高层管理人员到紧急行动小组和师生自发组成的行动小组，校园内多层次的人员参与了大规模的应急响应工作，帮助确保安全并减轻出行不便。

3. 受灾车辆处理

水灾影响最大的是学校第 4 号和第 7 号停车场。据统计，水灾发生时，两个停车场停放了 991 辆车，其中约一半车辆车主为学生，其余车辆车主包括学校的工作人员、教师和访客等。水灾发生后，出于安全考虑，学校禁止任何车主靠近受灾停车场及周边地区。

为确定停车场车辆的数量及车主，校长在声明中向社区所有人发送信息，让车主填写反馈表，该声明发出后，当天晚上有 740 位车主将信息反馈给学校，次日早上超过 900 位车主提交了信息。学校第一时间与绝大部分车主取得联系，随时反馈受损车辆处理情况。

停车场渍水逐步清除后，UCLA 的活动与交通管理部门开始识别车辆和车主，拍摄每辆车并评估其损坏情况，根据车辆受损程度的不同，将车辆转移至不同的场外安全地点，并将相关信息及时告知车主。此外，通过水灾网站、电子邮件、推特和脸书等媒体平台，车主可以获得交通和保险及风险管理处发布的最新信息，车主还可以分享相关经验和索赔信息。学校多个部门和保险公司共同到现场帮助车主办理理赔事宜。

二、水灾危机传播管理

1. 危机传播分秒必争

随着互联网等新媒体的兴起，信息传播"去中心化"，平等对话的"新媒体舆论场"出现。在危机情境下，有效信息的及时公开在危机事件舆论引导方面发挥着关键作用。在 UCLA 水灾事件中，学校通过官方网站及时、准确为师生和公众提供危机相关信息，满足了公众对危机有效信息的需求，避免虚假信息影响公众。

在韦斯特伍德广场附近的日落大道下，一个洛杉矶市的水管主管在下午3:30之后不久破裂。洪水已经关闭了街道和受影响的加州大学洛杉矶分校校园的一部分。据洛杉矶水电局称，截至晚上7点，水流量被关闭了90%。加州大学洛杉矶分校的官员正在评估损害。

更新时间下午6:23加州大学洛杉矶分校交通部宣布，今晚将从Lot 36部署紧急人员车辆和设备。那些停在36号地段的人被要求立即移动他们的车辆。

更新时间下午6:16 LADWP为该地区的乘客建议以下小路：日落时分向西行驶的司机应在Beverly Glen向南行驶，然后在Wilshire Boulevard向西行驶，然后在Veteran / Sepulveda向北行驶，以便绕过该地区。东行交通应在Veteran / Sepulveda向南行驶，然后在Wilshire Boulevard向东行驶，然后向北行驶至Beverly Glen。

此外，罗纳德里根加州大学洛杉矶分校医疗中心报告说，向医院和其他加州大学洛杉矶分校卫生系统地点供水不会受到影响。由于街道封闭，周边地区交通拥挤，但医疗中心仍然可以通行。由于洪水，医院没有接到任何病人。

更新6:04 pm有孩子的家长在加州大学洛杉矶分校参加夏令营，可以在Royce Hall附近的旗杆处接孩子。

更新时间下午5:56 洛杉矶水电部宣布正在关闭水源。必须逐渐关闭以避免额外的水管断裂。日落大道在希尔加德大道和退伍军人大道之间关闭。

更新下午5:51 罗纳德里根加州大学洛杉矶分校医疗中心的运营不受水管休息的影响。

更新5:34 pm 当局已经关闭了停车场4和7的通道。人们不应该试图找回他们的车。

加州大学洛杉矶分校交通部发送了一封电子邮件，告诉人们他们可能会尝试从4号和7号停车场取回他们的车辆，但必须遵守紧急救援人员的指示。

更新4:57 pm 工人们正在校园的某些区域放置沙袋，包括Pauley Pavilion的北侧，那里已经有一些水进入了。来自加州大学洛杉矶分校的非紧急救援人员被要求向南行驶，远离日落大道。

更新4:51 pm 停车场4和7已关闭。布鲁因广场，北运动场，校内场地和德雷克体育场都可以看到水。

UCLA 信息公布更新截图

29 日下午 3 时 39 分水灾发生后，UCLA 官方新闻网站从下午 4 时 40 分开始更新水灾相关信息，至晚上 6 时 21 分，共更新 10 次信息，将受水灾影响区域、政府和学校开展的应对举措等及时告知师生和公众，使其掌握水灾危机最新进展，并于当晚 9 时 10 分发布一篇关于水灾的通讯《水灾主要破坏 Pauley Pavilion 体育馆以及学校其他设施》，对学校应对水灾的策略和举措进行了较为全面的报道。

2. 权威信源引导舆论

权威信息在公众中一般具有很强的公信力，对于消除公众危机情境下的心理不确定性、不安全感和焦虑具有独特的优势。在 UCLA 水灾应对中，校长一方面以信件形式在校园网站上多次发布声明，介绍水灾对学校的影响，以及学校水灾响应和应对举措；另一方面，校长、行政副校长、设施管理助理副校长以及运动总监等通过校园媒体，并多次接受 CNN、BBC、《洛杉矶时报》等新闻媒体采访，及时对外发布信息，表明态度，同时达到说服媒体和公众，引导社会舆论的效果。

危机传播中面临的最大困难是出现不同的声音，有效的危机处理通常借助各个部门之间共同的协调与合作。在 UCLA 水灾应对中，校方通常会与洛杉矶消防局、水电部门等市政官员一起对外发布信息，在实现信息共享互通的同时，增强传播效果。

3. 传递"以人为本"的行动信息

水灾发生不到五个小时，UCLA 校长通过校园新闻网发出第一份声明，声明指出了学校受水灾影响的区域。同时介绍了学校采取的应急措施，如紧急响应供应商已经签订合同，清理过程已经开始。同时强调："幸运的是，最重要的是，没有人受伤。不幸的是，洪水困住了 4 号和 7 号停车场中的车辆。为了您的安全和健康，请不要前往停车场或周边地区。紧急救援人员已经抵达现场，不会允许其他人员进入。"

7 月 30 日，水灾发生第二天，校长再次发布声明，进一步通报水灾应对进展情况，并提供学校针对受灾师生员工所开展的行动信息。"鼓励主管人员让受影响的员工在可能的情况下远程办公或改变换班时间表。因水灾不能开车的员工将获得额外一天的带薪休假，但须经主管批准。""车辆受损或无法通行的学生应该知道，我们已经要求学术部门灵活处理因洪水而无法上课、无法参加期末考试或无法按时完成作业的学生的需求。需要紧急短期贷款的学生，可以与我们的贷款服务机构联系。""有些活动是在周末举行的，这对学生和其他人来说是一个压力很大的时间。任何需要帮助的人都应该去'咨询和心理服务（学生）中心'和'教职员工咨询中心'。"……针对校园受灾人群，校长在声明中提出了问题解决方案和举措，体现出学校对师生"以人为本"的关怀。

同时，学校通过网站、电子邮件、推特和脸书系统等信息传播渠道，与受水灾影响最大的群体——受损车主建立联系，并发送了30封告知电子邮件，尽力为车主提供各种服务和解决方案。校方通过从语言到行动的人性化传播，积极回应公众关切。

三、水灾事件危机处理启示

1. 掌握危机传播话语权

学者景庆虹指出，危机传播管理是危机管理中的重要组成部分，危机公关与危机管理应该成为一个完整的有机体，所有的危机管理中都有传播管理这一无法回避的事实存在，而危机公关是否运用及得当与否则会直接影响甚至决定危机管理水平的高低及效果的优劣。UCLA校方在处理水灾事件中，一方面着眼于危机事件的处置和解决，及时出台一系列应急管理措施，尽力解决危机；另一方面通过有效的危机传播管理策略，充分利用媒体与受灾群体以及社会公众进行沟通互动，抢占危机传播的话语权、主动权，推动危机事件的解决。

英国危机管理专家罗杰斯特提出危机传播的"3T"原则：主动告知（Tell you own tale）、充分沟通（Tell it all）和及时沟通（Tell it fast)。在危机事件处理中，危机管理者既要具备运用媒介资源的能力，还应具备管理和化解危机的能力。UCLA 校方直面水灾危机，第一时间成立紧急行动小组和应急管理政策小组，组织开展救灾工作，同时在初步搜集与核实信息后，在危机传播上迅速反应，当天在校园网站上更新信息并接受媒体采访，及时向媒体和公众通报已获得证实的信息以及救援行动。此后根据事件进展，校长、设施管理助理副校长、运动总监等学校负责人通过发布声明、接受采访等多种渠道传递相关信息，积极回应师生和社会公众关切，尊重和满足利益各方知情权。公众及时了解相关信息后，既能了解学校的行动救援计划，增加对水灾情况的了解，同时使受灾人群和公众能够在生理上和心理上主动应对危机，积极配合学校的危机管理工作，从而建立了一个信息透明、交流畅通的公共话语场，掌握了水灾危机传播的主动权。

2. 危机传播的情感化表达

台湾学者吴宜蓁认为："在危机事件时，许多突如其来的状况必须靠'沟通'而不是'管理'；许多冲突的情况有赖'协调'而不是'控制'；许多危机的成败关键在于第一时间的沟通而非整体的危机管理方案。"学者胡百精指出："组织与利益相关者之间的沟通，乃是在事实层面分享真相和利益，在价值层面构建信任和意义的对话。"在危机情境下，事实层面的对话必不可少，价值层面的沟通同样不可或缺。

在 UCLA 水灾事件处理中，校方"以人文本"的情感化表达在危机传播中发挥了重要作用。水灾后第一时间动态更新关于危机事件的信息，第一时间主动与受损车辆车主建立联系并不断反馈信息，第一时间宣传报道为受灾人群提供各种帮助的师生员工，为受灾群体提供各种形式的援助等，一系列情感化表达举措影响着师生与公众对水灾事件的认知，实现了有效的沟通，引导危机事态向良性转化。

学校管理者的情感化表达在水灾危机传播中发挥了重要的作用，UCLA 校长于 7 月 29 日（事发当天）、30 日、8 月 1 日，在

UCLA 门户网站发布声明，并多次接受 CNN、BBC、《洛杉矶时报》等社会媒体采访，及时详细介绍校园各方面救援情况，多次强调"虽然我们很多人都受到了影响，但我们非常幸运，没有人员受伤"，并介绍了学校为水灾救援所做的大量工作，让师生和社会公众能清晰、真实地了解学校所作的努力。诚如学者劳伦斯·萨斯坎德与帕特里克·菲尔德所言："想要得到公众的支持，最好的方式是'理智'与'情感'并重。在对强烈的情感做出回应的同时，用理性的论证去说服大众。"UCLA 校长情感与理性并重的人性化表达，既赢得了公众的信赖，同时维护了学校形象，加强了公共传播效果。

3. 危机传播化"危"为"机"

每一次危机既包含导致失败的根源，又孕育着成功的种子。发现、培育，以便收获这个潜在的成功机会，就是危机管理的精髓。在 UCLA 水灾事件中，受影响最严重的区域是第 4 号与第 7 号停车场，两个停车场的 991 辆车的车主成为该事件中主要的"利益相关者"。在处理受损车辆中，校方自始至终给车主、媒体和公众传递一个信息：不断提出解决问题方案，与车主协作渡过难关。为此，学校也做了大量职责外的工作：专门开通"水灾信息"网站页面，花费了大量的时间与人力与车主沟通；帮助车主办理提车和理赔服务；鼓励受出行影响的员工在可能的情况下远程办公或改变换班时间表；筹集捐款分发给车辆受损的师生员工……此外，学校为学生和员工提供免费乘车证，为受水灾影响的学生提供咨询服务，向员工提供高达 5000 美元的贷款，没有利息或手续费，通过工资扣除形式在两年内偿还等，尽最大努力帮助受水灾影响的人群。

UCLA 水灾危机事件中，被淹车辆的处理对于整个危机事件来说，具有象征性意义。在这一具有仪式感的事件处理中，UCLA 校方实施了一系列救援、帮扶受灾群体的举措，不仅承担了职责范围内的工作，同时帮助车主做了大量职责外的事情，既有效化解了危机风险，赢得车主与公众的普遍信任和赞誉，也展现了学校积极承担责任的良好形象。在这个过程中，实现了从"危机"到"转机"的

17

动态转换。

四、水灾危机传播对中国高校的借鉴意义

无疑，移动互联网技术的发展给社会带来了前所未有的变革，中国也不例外。第 42 次《中国互联网络发展状况统计报告》显示，截至 2018 年 6 月，我国网民规模达 8.02 亿，互联网普及率为 57.7%，我国手机网民规模达 7.88 亿，网民通过手机接入互联网的比例高达 98.3%。可以看出，中国传媒生态已然发生了深刻变化，以手机为代表的新兴移动媒体在信息传播中发挥着越来越大的作用。学者丁柏铨指出，近年来，重大网络舆论事件通过新媒体途径进行传播的比例有所增加，而"多种媒体互为传播"不可或缺的条件之一，则是新媒体的勃兴和对于社会生活的深度参与。一定程度上可以说，正是由于新媒体的异军突起和异常活跃，网络舆论事件才会如此频繁地出现。

信息技术的发展给社会带来了深刻影响，高校作为青年学生与知识群体聚集的场所，也是新技术与新思想汇聚之地。媒介生态环境的变化，高校危机事件频繁多发，给高校危机管理以及危机传播带来不容回避的挑战，高校形象和声誉也受其影响。新媒体语境下，一个看似简单的校园突发事件能迅速发展为全社会关注的公共事件。因此，对于高校管理者来说，强化危机传播观念，运用合适的危机传播策略，化解危机带来的风险十分重要。面对方兴未艾的"传播革命"，我国高校在危机管理及危机传播策略方面取得了一定的成效，但仍处于相对初级的阶段。对于中国高校而言，危机应对仍处于经验积累层面，而没有上升到形成体系的层面。UCLA 水灾危机事件中，其运用的危机控制与危机传播管理策略，对于当前中国高校来说，在以下方面具有一定的借鉴意义。

第一，危机控制管理与危机传播相辅相成，不可或缺。"危机事件的及时顺利处置与解决，从来都是危机传播管理得以成功的基本前提和重要保证。"学校负责危机传播与舆论引导的组织应积极参与危机管理工作，了解危机事件的应对举措与处置进程，加强对

危机事件舆论引导的组织协调和统一管理。

第二，新媒体语境下，舆论场的"去中心化"，危机管理者与社会公众存在话语权博弈，危机管理部门应熟悉新闻传播规律，树立对话沟通理念，直面危机，积极、主动提供对称的有效信息，抢占危机传播话语权和把握舆论主动权。

第三，危机情境中的对话与沟通需要理性与建设性态度，也需要情感化表达。"以人为本"的危机传播既满足校园师生和社会公众知情权，争取公众的理解和支持，又能消除和化解社会公众的疑惑和情绪，维护学校和社会的稳定。

第四，有效的危机传播能修复危机带来的负面影响。在危机事件处理中，管理者应以积极负责的态度处理危机，承担所需要承担的社会责任，将危机给公众带来的负面影响降到最低，并借助危机发生时媒体和社会公众的集中关注，修复形象，化"危"为"机"。

◎ 参考文献

[1]景庆虹. 危机公关与危机管理关系之解读[J]. 中国行政管理，2014(12).

[2]吴宜蓁. 危机传播——公关关系与语义观点的理论与实证[M]. 苏州：苏州大学出版社，2005.

[3]胡百精. 危机传播管理[M]. 北京：中国人民大学出版社，2017.

[4]史安斌. 危机传播与新闻发布：理论·机制·实务[M]. 北京：清华大学出版社，2013.

[5]杨魁，刘晓程. 危机传播研究新论[M]. 北京：中国社会科学出版社，2011.

[6]丁柏铨. 新媒体语境中重大公共危机事件舆论触发研究[J]. 新闻大学，2012(4).

[7]罗倩. 他山之石可以攻玉：从中美对比看高校应对危机传播[J]. 新闻大学，2010(2).

[8][美]李·G. 博尔曼，特伦斯·E. 迪尔. 领导力：卓越校长的名片[M]. 哈尔滨：黑龙江教育出版社，2016.

[9][美]诺曼·R. 奥古斯丁，等. 危机管理[M]. 北京：中国人民大学出版社，2004.

[10][美]劳伦斯·萨斯坎德，帕特里克·菲尔德. 如何应对愤怒的公众[M]. 霍文利，译. 北京：北京联合出版公司，2016.

加州大学洛杉矶分校的应急管理

桂 凌 章 臣

（武汉大学国际交流部）

2018年暑期，笔者对加州大学洛杉矶分校等多所美国高校进行了访问，参加了行政管理学习课程。由于笔者曾经参与过《武汉大学突发事件总体应急预案》和《涉外突发事件应急预案》的修订工作，因此在课程学习中专门针对加州大学洛杉矶分校的应急预案进行了研究，希望为学校的应急管理工作提供借鉴，为学校每年出国（境）学习的数千名学生提供必要的安全知识储备。

一、美国高校的应急管理

自20世纪60年代开始，美国发生了一系列社会问题，越南战争的爆发激化了国内各种矛盾，校园里反战示威、种族歧视、枪支泛滥等问题层出不穷，对校园紧急事件的有效管控成为美国学校、社会和政府共同的愿望。20世纪70年代末，美国政府设立联邦应急管理局（Federal Emergency Management Agency，FEMA），统一领导和协调全国的应急管理机构，以更好地应对各种突发事件和自然及人为灾害，减少对人员和社会造成的损失，高校作为重要的社会组成机构也被纳入了该管理体系，并伴随着全国的应急管理体系发展而不断调整自己的应急管理体制和方案。

美国的校园应急预案一直在随着时代的发展和各种不同方式及类型威胁事件的出现而不断更新，各种保障性的法律法规不断完善。1990年美国根据《联邦响应预案》（*Federal Response Plan*）制定了《校园安全法》(*Campus Security Act*)，2003 年又推出《危机预案实用信息：学校和社区指南》。2011 年，美国教育部和联邦应急管理局根据国家对恐怖主义、自然灾害、流行病等对非传统领域安全的定义制定了《优质校园应急行动预案编制指南》(*Guide for Developing High-quality Emergency Operations Plans for Institutions of Higher Education*)，从国家的高度为高校制定自己的应急预案提供指导。

美国教育部将应急管理分为四个阶段：缓解与预防、准备、应对、恢复。其中缓解与预防阶段是加强宣传，提高学校师生的防范意识，降低安全风险；准备阶段是学校、社区、家庭做好应急预案，加强应急处置演练；应对阶段是管控突发事件的发展，减少人员和经济损失；恢复阶段是总结经验教训，避免或减少突发事件。

二、美国高校应急管理的特点

生命第一是美国高校应急管理的第一个特点。校园应该提供一个安全稳定的学习和生活环境，因此保护教职工和学生的生命安全是学校的一项重要任务。在美国这样一个十分重视人权的国家，保护学校成员的生命安全是校园应急管理的首要任务，这一点在加州大学洛杉矶分校的应急管理方案里体现得非常明显——学生首先要保护好自己的安全，教师在能确保自身安全的条件下应按照预案里的要求，做好与自己角色要求相符的救助工作，这是其预案的基本出发点。

注重预防和演练是美国高校应急管理的第二个特点。为了加强学校师生的应急处置能力，美国高校会定期、不定期开设危机准备课程、工作坊、医疗和卫生救治培训等，以最大限度地保护好自身安全，更加有效地参与紧急救助工作。加州大学洛杉矶分校的应急管理办公室、消防队等部门都提供不同类型的应急响应培训项目，增强师生的危机处理能力。

调集社会力量共同参与是美国高校应急管理的第三个特点。在美国，高校是整个社会的一部分，被纳入了全国的、全社会的应急管理体系，因此在遇到重大危机时，高校可以调用政府和非政府组织、社区、志愿者的设施和力量共同参与应急处置。校园警察、消防队、医疗机构都被纳入了应急管理体制，为校园构筑了一张立体防护网。其中校园警察局是《校园安全法》所规定的校园执法力量，在保护校园安全，开展应急处置中具有重要的作用。

信息公开是美国高校应急管理的第四个特点。美国高校非常重视公众的知情权，会在紧急情况发生前以及发生时通过网络、手机、电台等通信方式为学校成员和社会提供及时准确的事件信息，以减少流言传播，降低人们的恐慌情绪，减少次生灾害。

三、加州大学洛杉矶分校的应急管理

1. 环境、健康和安全部是全校应急处置中心部门

加州大学洛杉矶分校负责应急处理的中心部门是环境、健康和安全部(Unit of Environment, Health & Safety)，它是全校统领和协调安全和危机事务处理的核心机构。该部门针对不同类型的危机设立了多个处室，主要包括行政与培训处(Administration & Training)，消防处(UCLA Fire)，应急管理办公室(Office of Emergency Management, OEM)，环境、职业及安全项目处(Environmental, Occupational and Safety Programs, EOSP)，实验室安全处(Laboratory Safety)，生物安全处(Bio Safety)，有害废弃物处置处(Hazardous Waste)，辐射安全处(Radiation Safety Division, RSD)，激光及光生物安全处(Laser Photobiological Safety Program, LPS)。其中应对枪击、炸弹、地震、失火、可疑包裹、办公室暴力等常见突发事件的主要单位是应急管理办公室。

2. 应急管理办公室是常见突发事件处置的核心部门

应急管理办公室的首要任务是为学校的教师和学生提供报告和应对紧急情况所需要的途径和信息，因此在其网站主页的显著位置设置了四个入口：登录校园警情通知系统、遇到地震时的应对方

法、遇到火情和人身安全须知、如何应对枪手袭击校园。主页在显著位置用红色条块特别强调了"遇到紧急情况，立即拨打911"的提示。

(1)应急处置

针对具体的紧急事件，应急管理办公室列出了下列处置方法。

校园枪击事件。由于美国国内枪支泛滥，大学校园时常发生枪击事件，因此加州大学洛杉矶分校强调遇到枪击事件时应保持冷静，首要任务是避免或者减少人员伤亡而不是犯罪行为本身。学校员工应立即拨打911报警电话通过执法部门的力量阻止枪击事件并避免伤害波及更多的无辜人员。学校不鼓励师生在现场对受伤人员施救，而是首先要保护好自己，等待救援人员的到来。如果不幸与枪手正面遭遇，师生不要激怒枪手，只要对方没有射击，就听从或按照他/她的指示，不要突然移动。如果枪手开始对人群进行射击，应继续保持不动或者按"之"字形逃跑，装死也是一种逃生方式。如果不是迫不得已，不要对枪手进行攻击，这是最后的选择。

炸弹威胁。在碰到炸弹威胁时，收到威胁信息的人员应保持头脑冷静，用平静的语气与威胁者保持交谈，观察和判断其说话语气、精神状态、背景声音、年龄等，尽量获取与炸弹有关的详细信息，比如爆炸时间、地点、外观、类型、目标、原因、地址、姓名等，并做好书面记录，然后立即拨打警察局的电话报警。

地震。加利福尼亚州地处地震带，大小地震不断，因此应急管理办公室将地震也纳入了日常应急方案。地震发生时，在室内的人要用坚固的桌子作为掩护，如果没有，就要立即靠墙蹲下，用手臂护好头部和脖子，不要靠近窗户或者其他悬挂的物品。如果人在室外，就要尽快跑到空旷地点躲避，尽量远离建筑物和大树。如果在开车，需要立即靠边停车，远离建筑物和树木。如果不幸陷入地下，尽量不要移动，用手帕或者衣服罩住口鼻减少尘埃吸入肺部。敲击水管或者墙壁向救援人员指示所在位置，如果实在没有办法，大声呼救。

火灾。如果发现火情，应立即关闭房门，但不要上锁，启动最近的火警报警器，拨打911报警电话，他们会通知消防队派员救火。如果已经陷入火场，应立即拨打报警电话告知他们你所处的具体位置和周边情况。用打湿的毯子堵住门底缝隙，防止烟气进入，在窗户悬挂浅色的物品以吸引消防队员注意。如果房门不烫手，且烟气不大，可从最近的逃生楼梯下楼。不要跳楼也不要打碎窗户。逃离火灾现场后，不要再次返回火场。

可疑包裹和信件。如果收件人发现来信没有回信地址，有错字，存在可疑粉末或物质，就需要将来信作为可疑信件处理。如果发现收到的包裹有额外的包装袋、油性污迹、异味、错误地址、突出的线缆，就需要将包裹作为可疑包裹进行隔离并拨打 911 报警电话。

办公室暴力。如果出现或者即将出现办公室暴力事件，当事人要立即拨打 911 报警电话。如果不是迫在眉睫的威胁，可以根据情况拨打学校教职工、学生事务等不同部门，由其进行干预，以防止事态向严重方向发展。

这些针对不同紧急情况的预案内容非常详实，具有很强的可操作性，让阅读过的学校教职工和学生能够立即了解正确的处置方法。

（2）应急培训

为了让学校教职工和学生更好地应对紧急情况，应急管理办公室每两周以及每月提供不同类型的培训、工作坊、在线课程，包括应对紧急事件、危机、灾难的准备课程，外伤紧急处置课程。另外根据需要，师生还可以专门要求应急管理办公室组织专门的培训。

为增强应急反应力量，扩大应急反应队伍，充分发挥学校师生和社区的作用，应急管理办公室在每个季度提供为期三天的校园应急响应小组培训课程，每期最多 25 人。这个总长为 24 小时课程会教授学员基本的灾难响应技巧，例如用火安全、医疗救护等。结业的学员可以自愿参与自然灾害和紧急情况下的救助工作。

（3）权威信息发布

为提供准确的信息，避免或减少紧急事件发生时的谣言传播，学校开发了 Bruin Alert 信息平台和 Bruin Safe App 程序，实时通报校园安全状态。学校师生可以通过这个平台和应用程序登记自己的个人信息。在碰到紧急事件时，他们可以了解建筑物内逃生路线、火警报警器位置、灭火器位置、避难集中地等重要逃生信息。由于教师和职工还担负有救助职责，他们会通过应用程序熟悉本人工作区域的紧急行动方案，知道区域或者楼层管理员是谁，了解全校撤离时的集合地点。而在遇到紧急情况时，他们可以利用相关程序立即向警察局报警，按照区域或者楼层管理员的指示疏散到集合地点，担起自己在应急事件中应担负的职责。通过 Bruin Alert 信息平台和 Bruin Safe App 程序，学生、教师、家长可以获取准确可靠的事件信息，避免由于谣言造成的更大损失。

四、结　语

美国的高校应急管理工作经过数十年的发展已经形成了一套完整的体系，包括完备的法律保障、详实的应急预案、成熟的校园及社会应急及救援力量、日常的应急处置培训等。这套体系注重以人为本，预防为先，有力地保护了校园师生的安全，其成功经验值得中国高校学习和借鉴。

◎ **参考文献**

[1]方展画，王东．美国校园危机管理探究[J]．大学教育科学，2001(3)：42-46.
[2]吴晓涛，等．美国校园应急预案建设及对我国的启示[J]．灾害学，2017，32(3)：144-149.
[3]陈科，朱敏晓．美国高校校园危机管理特征及启示[J]．国家教育行政学院学报，2012(12)：88-92.

中美高校学生事务管理比较研究

赵金利

（武汉大学社会学系）

受学校党委选派，2018 年暑期我有幸参加了武汉大学青年管理干部出国研修项目，赴美国加州大学洛杉矶分校、伯克利分校、尔湾分校和斯坦福大学、南加州大学、加州理工学院等名校，进行了为期四周的专题研修学习。根据在美研修期间的所学、所见、所思，结合自己在国内高校长期从事学生事务管理工作的经验，本文试图对中美高校学生事务管理的理念、组织架构、工作队伍和方式方法进行比较，以期对提升我国高校学生事务管理工作有所裨益。

一、中美高校学生事务管理的理念比较

美国高等教育发展较早，现已形成了较为成熟的学生事务管理理念。从 1636 年美国第一所高等学府——哈佛学院建立至今，美国高等教育经历了近 400 年的发展历程。最初学生事务管理的目的在于管理学生在大学里的学习生活，取代父母实施监管，可以称之为"保姆式监管"。20 世纪初，美国高校已有千所。随着接受高等教育需求的增多，美国高等教育规模不断扩张，学生人数日益增多，对高校学生事务的管理提出了更高的要求。1937 年，美国教育委员会发布了《学生人事工作宣言》，提出"学生是完整独立的个体，管理者要理解、尊重每个学生的重要性，其角色要从代替家长管教转变为为学生提供学习和生活等各方面的服务"。"以学生为中心"和"为学生服务"的理念从此诞生，而学生事务正式区别于学

27

术事务，成为了高校一个重要的专业化的独立的研究领域。随着学生事务管理的发展和研究进程，"促进学生发展"理念逐渐成为了美国高校的共识。现阶段美国高校学生事务管理的核心理念就是"以学生为中心"、"为学生服务"和"促进学生发展"，强调学生事务管理者应当具备专业技能和职业素养，了解学生的现实需求，充分尊重学生的权利，强调个性化培养，整合学校、政府和社会的各种资源来服务和促进学生的全面发展。

我国现代高等教育发展的历程较短，且具有特殊的重要历史使命，学生事务管理的理念相比美国独具特色。从中华人民共和国成立至今，我国高校学生事务管理大致可分为两个阶段：第一阶段是中华人民共和国成立到改革开放前的"学生思想政治工作"阶段。1952年，教育部颁布《关于在高等学校有重点地试行政治工作制度的指示》，标志着我国高校政治辅导员制度正式确立。这一阶段的学生事务主要从事政治教育和与政治有关的活动，管理主体是政治辅导员。第二阶段是改革开放之后逐步走向"立德树人"阶段。伴随着改革开放的进程，我国的高等教育迅猛发展，党和国家对高校学生事务管理越发重视，在强化思想政治教育的同时，也开始关注学生的合理需求，拓展出了学生资助、心理咨询、就业指导等功能。经过长期的摸索和经验借鉴，进入新世纪后，我国高校的学生事务管理逐步确立了以立德树人为根本，立足于促进学生全面发展的目标。2004年中共中央、国务院16号文件《关于进一步加强和改进大学生思想政治教育的意见》的出台和2016年全国高校思想政治工作会议的召开，标志着我国高校学生事务管理理念基本走向成熟，全面进入"立德树人"阶段。2017年教育部41号令《普通高等学校学生管理规定》明确规定"要坚持以立德树人为根本，以理想信念教育为核心"，"要坚持依法治校，科学管理，健全和完善管理制度，规范管理行为，将管理和育人相结合，不断提高管理和服务水平"。我国高校学生事务管理从此走上了独具特色的发展道路，除了强调教育和管理的职能之外，也强调"以学生为本"、"促进学生全面发展"，注重对学生的指导、帮扶和服务。

二、中美高校学生事务管理的组织架构比较

美国高校学生事务的管理体系、组织架构相对扁平化，层级较少。一般会任命一位分管学生事务的副校长，其下设置学生事务中心、住宿与餐饮中心、资助中心、心理咨询中心、法律咨询中心、健康服务中心、社区服务中心、学生社团中心、职业规划与服务中心等职能部门，不同学校根据自身情况和学生需求还会设立一些诸如服务女性学生、同性恋学生、不同种族学生等的协会机构，打造了一个全方位、多角度的以满足学生多元化需求为导向的服务体系。这些组织机构设置都是在学校层面，独立于各院系之外，服务项目和人员更多地放在宿舍、社团等组织中，直接面向各类学生群体。这种组织架构能够实现一对一的服务，能够了解并解决学生的现实需求，满足学生个性化培养，也有利于及时收集、反馈相关信息并及时进行解决。

我国高校学生事务管理的机构和层级相对要多一些，一般会有一位分管学生工作的校领导，下设党委学生工作部、研究生工作部和校团委等校级职能部门，校级职能部门下面会细化各个科室来管理不同领域学生事务，院系层面还会有主管学生工作的党委副书记并下设学生工作办公室和分团委，然后就是直接面对学生的院系辅导员和班级导师。这种科层化的管理体系有利于贯彻国家意志和教育方针，但在及时满足学生个性化需求方面有所欠缺。

三、中美高校学生事务管理的工作队伍比较

美国高校十分重视学生事务管理从业人员的专业化和职业化，从业人员有专职和兼职之分，其主体是一支专业化队伍，一般具备教育学、心理学等与学生事务管理相关专业的学位或者培训和工作经历，某些特定的领域则要求必须有相关从业资格证书。很多高校还设立了专门培养高校学生事务管理人才方面的专业，不仅培养专业人才，还系统研究制定行业标准。这些从业人员不再是高校中只

负责杂务处理的工勤人员，他们是某一领域的学生工作专家，能充分了解学生的兴趣和状态，能够解决学生的实际问题，解答学生的实际困惑，提供及时到位的咨询服务，有能力运用先进理论来策划设计各种方案和项目来促进学生发展。他们的社会认可度和职业认可度高，队伍的稳定性强。例如斯坦福大学负责学生社团活动的Nanci Howe从事这一职业37年了，依然充满工作热情。除了这样一支高素质、专业化的队伍之外，美国高校还会聘请或引导大量教师和优秀学生参与学生事务管理，他们往往会以类似社区辅导员、宿舍辅导员、学业辅导员、心理辅导员等身份对学生在学业、生活、心理及人际沟通等方面提供服务。比如加州大学洛杉矶分校为了拓展学生宿舍的教育属性，鼓励引导教师入住学生公寓，规定教师和家庭成员申请入住学生公寓，不仅不用交住宿费，每周还能免费享受一定数量用餐，但要求每周至少要用12小时通过讲座、咨询或组织参加小团体活动等方式，给予学生帮助和指导。校领导、教师和中高层管理人员均有入住学生公寓的，学生也很乐意到老师家里做客。通过这种方式，不仅为学生提供服务，也拉近了师生的距离，有利于促进师生的交流和沟通。

我国高校学生事务管理的工作队伍主要是辅导员。他们是开展大学生思想政治教育的骨干力量，是学生日常思想政治教育和管理工作的组织者、实施者、指导者。按照教育部43号令《普通高等学校辅导员队伍建设规定》，辅导员有九项工作职责：思想理论教育和价值引领，党团和班级建设，学风建设，学生日常事务管理，心理健康教育与咨询工作，网络思想政治教育，校园危机事件应对，职业规划与就业创业指导等。这就决定了辅导员集教育者、管理者、服务者、咨询者和研究者等多重角色于一身，工作范围广、要求高、难度大。而我国的辅导员主要来源于各高校选聘的优秀毕业研究生，他们往往来自不同的学科和专业，不一定具有和岗位相适应的学科背景和工作能力，专业化和职业化水平较低。辅导员不仅要接受学校党委学生工作部门的领导，帮助学生树立正确的思想观念，还要接受院系的领导，积极配合院系的各项工作。目前我国高校普遍存在辅导员数量不足、发展受限、年龄结构偏年轻、流动性大、工作边界不清、日常事务繁杂等问题，不少辅导员的职业认同感较低，工作缺乏热情，不能很好地满足新时代学生全面发展的需求。除了辅导员，我国高校一般会以班级为建制，配备班级导师，往往由专业教师担任，主要在学业上给予学生一定的指导和参与班级管理。但由于普遍缺乏具体的工作任务和考核标准，班级导师工作的投入与否往往靠个人的责任心来实现。

四、中美高校学生事务管理的方式比较

美国高校学生事务管理的方式和特点主要集中在以下几点：一是以学生为中心，重服务、轻管理。弱化对学生的监管，强化为学生提供顾问、咨询、引导和协调等服务。充分尊重学生的个体需求，为不同类别的学生设计各种服务项目，让学生自主选择。斯坦福大学负责研究生学生事务的副教务长 Ken Hsu 说，他们的工作只做三件事：服务、项目和倡导。二是高度专业化、细分化、职业化，促进学生全面发展。在入学指导、学术咨询、学业帮扶、社团服务、文体活动、心理咨询、司法服务、住宿餐饮、医疗服务、学生资助、职业规划等所有领域均有专门的部门或协会，聘请专业人士提供专业服务。每个岗位都是职业化的工作人员，要求做细、做精、做专自己的本职岗位工作，直接面向学生或学生组织提供服务。三是高度法治化，法治观念深入人心，一切以法律为准绳来解决学生事务管理中的问题。美国高校学生事务管理的相关法律法规非常健全，视每个学生为独立成熟的个体，充分尊重学生的个人权利。管理人员明确自己的权力界限，学生们也明了自己的合法权益。最典型的就是尊重学生隐私的相关条例，管理者即使知道学生有心理、生理或学业等方面的问题，除非学生本人同意，否则连家长也不得告知。如果学生在校园内意外死亡，学生工作者也只有安抚家属负面情绪的道义，其他事宜均由警方来处理。四是学生在学生事务管理中的参与度很高。美国高校十分注重引导学生参与日常事务管理的积极性，以增进学生事务管理的效能，增强学生的服务意识及对学校的认同感，让学生在参与中提升个人能力。为了达成

这一目标，很多高校会主动向学生或学生组织让渡利益。例如加州大学洛杉矶分校把校园里面的部分书店、餐厅等让给学生联合会来经营，由学生联合会来雇佣员工、自己经营，每年用于雇员的工资开支就多达570余万美元，赚得的款项用于学生开展活动。

我国的高等教育由于国情和文化的不同，学生事务管理呈现出不同的方式和特点。我国明确规定："高等教育必须贯彻国家的教育方针，为社会主义现代化建设服务、为人民服务，与生产劳动和社会实践相结合，使受教育者成为德、智、体、美等方面全面发展的社会主义建设者和接班人。"这就使得我国高校学生事务管理以"社会本位"为价值取向，以思想政治教育为中心，强调立德树人、德育为先。高校往往采用主动干预的方式，把学生的思想和行为约束、规范到正确的方式上来。虽然我国学生事务的管理理念实现了弯道超车，也提出了"为学生服务"和"促进学生全面发展"的理念，但由于文化的差异，我们往往把学生视为不成熟的个体，管理上采用监管的方式居多，更加重视维护安全稳定和规范学生行为，更加强调教育、管理、控制和保护。学生事务管理的法治化程度不够，规章制度不够健全、不够细化且缺乏长效机制，由于社情的不同，维稳思维往往多于法治思维，一旦发生事故，往往首先从稳定的思维着手而不是完全用法律的路径来解决。虽然我国高校也有部分学生干部或学生组织参与管理，但参与面和参与度较为有限，基本不涉及深层次问题。

五、结束语

通过对中美高校学生事务管理的理念、组织架构、工作队伍和方式方法的比较，可以看出，由于国情和高等教育发展程度的不同，中国与美国在学生事务管理方面存在一定程度上的差异。美国高校学生事务管理经过长期发展，现已相对成熟，无论是在理念还是模式上均处于领先地位。我国高等教育起步晚，但高等教育的发展规律是相通的，通过研究美国高校学生事务管理的成功经验，能够为我国高校学生事务管理改革提供有益的借鉴。我国很多高校已经意识到了这一问题并开始了大胆的尝试。例如武汉大学近几年每年选送青年管理干部和学生工作骨干赴美研修并将 2018 年定义为"学生为本年"，就是一种有益的尝试和探索。我国高校学生事务管理应立足国情，取长补短，争取实现全面赶超，走出一条符合我国高校学生事务管理现实需求的独具特色的科学化、专业化、法治化道路，把"立德树人"和"促进学生全面发展"落到实处。

◎ **参考文献**

[1] Audrey L. Rentz. *Student Affairs*: *A Profession's Heritage*[M]. Carbondale: Southern Illinois University Press，1994.

美国高校学生事务管理内容体系研究

史诗阳

（武汉大学电子信息学院）

美国高校学生事务管理工作是美国高等教育的重要组成部分，其主要职责是为学生提供一个既强调责任又能充分享受自由的成长环境。学生事务管理内容的设置是否科学是影响学生事务管理工作实效性的一个重要方面，本人现结合本次研修学习对美国高校学生事务管理内容体系进行研究，对中美高校学生事务管理的差异性进行比较，从而为我国高校学生事务管理提供借鉴及启示。

一、美国高校学生事务管理的具体内容

1. 输入功能性质的管理内容

（1）入学及招生

美国高校非常注重入学的选拔性，除考虑学生的考试成绩以外，更注重个人的成长过程和全面发展，综合考虑生源的种族、性别和家庭背景等，因而美国高校每年要投入大量的人力、精力深入审阅学生的申请材料，对学生进行全面考察。同时，美国高校一般都设有入学办公室和注册办公室，新生入学后会联合开展定向教育，帮助大学新生融入大学生活，树立自我管理观念等。

（2）经济资助

美国高校对学生的经济资助是以联邦政府资助为主，州政府、院校基金和其他资助为辅，经由学校专业会计师处理，根据规则和

公示对学生家庭经济情况、学生收入、家庭成员人数进行计算后，最终得出学生能得到多少经济资助，家庭应负担多少费用。

2. 流通功能性质的管理内容

（1）咨询服务

美国高校学生咨询服务主要包括学术咨询和心理咨询。美国高校学生事务管理部门都会设有专门的学术咨询机构，并由经验丰富及熟悉学生发展理论的专家组成，帮助学生明确学习目的，进行学业规划，处理挫折行为引起的焦虑及烦躁等。此外，美国高校形成了比较完善的学习帮扶制度，如成立学生学习指导中心，为学习困难学生如少数族裔、国际学生等提供帮扶。美国高校聘用专业心理学家担任专职的心理咨询工作，每 250～400 名学生配备一名心理咨询人员，学校心理咨询中心硬件设施完善，信息化程度高，能满足学生一对一的咨询服务要求。

（2）生活服务

美国高校专业化的宿舍管理和服务积极影响着住宿学生的互动和参与，宿舍作为课堂教育与非课堂教育的衔接点，其完善的基础设施和配套的学术支持计划，能使学生更有效地融入校园社会化过程，促进自身的成长和发展。此外，美国高校都设有健康服务中心，以健康生活方式为目标开展疾病预防和健康教育服务。同时，学生积极参与到校园管理活动中，如南加州大学学生参与校园巡逻，斯坦福大学聘用学生担任社区助理，配合学生事务管理人员开展管理服务工作。

（3）行为规范和纪律

法制观念根植于美国高校学生事务管理的核心理念中，美国高校关于行为规范和纪律的规章制度主要包括：联邦、州、地区的法律，学校学术规范的规章制度，关于健康、安全和福利的规章制度，社团等小团体相应章程等。美国高校学生事务管理相关法律非常坚决地贯彻了保护个体权利的法治精神，学生首先必须被自由、平等、公平地对待，这从学生学籍管理、奖励与处分、心理健康教育等事务性工作中均能得到良好体现。

3. 输出功能性质的管理内容

（1）职业指导

职业指导作为学生事务工作的一部分，贯穿学生的整个大学生涯，一年级主要是自我评估和信息统计，二年级帮助学生体验真实职业环境，三年级安排学生实习，四年级进行详细职位分析。

（2）校友事务

美国高校学生事务管理者认为校友是一种特殊的资源，校内都设有庞大的校友会，经常邀请知名校友回校演讲或参加学生组织的各项活动，设立"校友日"，以家庭为单位开展校友活动，组织校友募捐，邀请校友参与学校重大事项决议，利用校友社会资源提供学生实习及就业机会。

二、美国高校学生事务管理的特征

1. 服务功能凸显

美国高校学生事务管理内容丰富，充分体现了以学生为本的服务理念。自 20 世纪 40 年代以来，"以服务促发展"的理念根植于美国高校学生事务管理工作者心中，他们重视学生个性化发展，针对学生个体差异进行针对性指导，为学生提供成熟的信息咨询服务，提高学生自我意识水平和自助能力。而国内高校学生事务管理工作内容相对而言层次比较低，倾向于对学生的行为规范和控制。此外，美国高校学生事务管理有明确的法律保障，保护学生的权益及避免学生和学校之间不必要的冲突，而目前国内高校学生事务管理没有健全的法律咨询机构和完善的学生申诉制度，也没有专职的法律顾问。

2. 管理相对集中

美国高校学生事务机构设置和权限划分在校级层面进行，由学生事务副校长直接负责，管理的重心在各学生事务中心，院系没有相应的管理机构和人员，执行体系呈现垂直化特点。这种扁平化的组织体系和管理上的相对集中，减少了中间层级，提高了工作执行的效率，具体运作程序一般为：学生个体—各学生事务机构—学生事务协理副校长（副校长助理）—副校长—校长。我国高校学生工作实行的是"分层管理、条块结合"的组织架构和运作机制，具有教育行政导向明显、党政合一的特点，运作程序一般为：学生个体—学生辅导员—院（系）专职副书记—各学生工作职能部门—副书记/副校长—校长。各院系所属学生辅导员是学生管理组织架构中最基层的工作人员，在学生思想引导、日常事务、心理辅导、就业指导等方面履行综合性岗位职责。

3. 专业化特色明显

美国高校学生事务管理内容的丰富性及突出的服务功能需要专业化来支撑，这主要体现在两个方面：一方面是美国高校学生事务管理人员的专业化。从事学生事务管理的工作人员必须具备教育学、心理学或者精神健康方面的研究生及以上学历。为满足学生事务管理职业发展需求，美国各州均有大学进行硕士、博士学位的学生事务管理专业人才的培养，为该职业提供较为完备的职前和在职专业培训。另一方面是专业标准和职业准则规范。美国高校学生事务管理在专业化发展过程中成立了很多专业协会和组织，相继制定了严格的学生事务管理从业者专业标准和职业准则，从业人员的职业归属和专业定位日益清晰，逐渐形成职业化、专业化发展趋势。

三、美国高校学生事务管理的借鉴与启示

1. 强化服务至上，完善教育管理模式

高校要改变重管理、轻服务的观念，学生管理运作要全程体现服务意识，尊重学生权利，彰显人本管理。在工作理念上，要强化"以学生为本"，在教育管理过程中主动为学生服务，关注学生主体地位和主观能动性发挥，根据高校学生工作相关规章制度，指导

学生学会如何选择，而不是以行政化的方式教训、命令学生应该做什么和不能做什么。在机构设置上，可以借鉴美国高校的管理模式，精简机构、整合职能、分流人员，基于管理内容建立专门化、分类管理的多中心学生事务管理体系。结合我国高校实际情况，笔者认为在新的高等教育发展形势下，学生事务管理内容体系结构可以用下图表示。

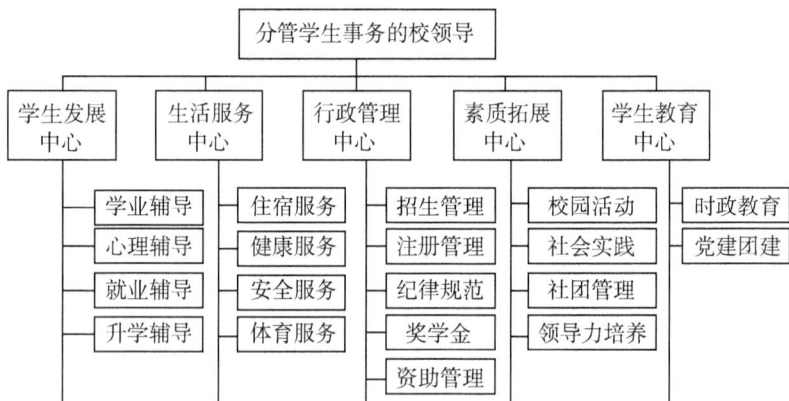

2. 增强三种意识，关注学生全面发展

高校学生事务管理要增强服务意识、法制意识和民主意识。其一，学生不仅是学校管理的对象，更应该是学校服务的对象，需要结合学生的成长背景、资质、年龄、性别、民族等方面的不同提供个性化服务，而我们现有的管理内容体系还不够丰富和深入，比如在就业指导、心理咨询、生活服务等方面"服务性"还可以有很大的突破。其二，在学生作为"消费者"主体意识日趋增强的情况下，强化学生事务管理法制意识非常重要，如配备法律顾问，成立申诉委员会、纪律委员会等，可有效避免学生和学校之间的一些权益冲突和纠纷。其三，民主意识主要强调学生管理过程中的学生参与，学校要提供机会让学生主动参与各项学生事务的管理，提高管理效率以及学生对管理工作的认同度，这也是学生事务管理的趋势

所在。

3. 加强制度建设，促进学生事务管理专业化

我国高校学生事务管理长期以来是经验式管理，目前问题日益突出，需要完善构建有效的学生事务管理专业化模式。第一，推动岗位职业化。职业化是专业化的前提，应进一步加强高校学生事务管理制度建设，制定相应的学生事务管理工作实施细则和评估方法，为学生事务管理工作的地位、作用、内容、实施、考核、晋升等做出明确的政策性规定，为高校学生事务管理工作者的专业发展提供制度保障。第二，加强人员培养专业化。围绕"专业化"目标制定学生事务管理者培养规划，分类指导，专项培训，使每一个从业者成为某一方面的专家。依托专业的培训基地，定期进行岗前培训、日常培训、骨干培训、专题研修、高级研修等，拓展海外研修、学历学位培养、国内外高校交流访学、短期考察等渠道，加强对学生事务管理者的专业知识和技能培训。第三，完善学科支撑。探索性地在高校设立学生事务管理相关专业及学科，为这一职业领域的研究者和实践者提供学术研究和理论探讨的平台和空间，也为学生事务管理内容体系建设提供科学依据。

世界眼光与中国情怀：
中美学生事务管理的"道与术"

鄂茂芳

（武汉大学文学院）

在全球化、数字化的今天，学生需求呈几何级增长，中美高校学生事务管理工作都面临着巨大的挑战，双方更需要加强彼此间的交流、学习和借鉴。在武汉大学青年管理干部出国研修所走访的 8 所高校中，斯坦福大学、伯克利分校、洛杉矶分校等 3 所高校共计 16 位主讲人，就学生事务管理工作作了不同的专题报告，介绍了很多案例经验与理论方法。古语云："以道为体，以术为用。"我国高校学生事务管理除了要在"术"方面下工夫，还需要以世界眼光和中国情怀，深入思考研究美国学生事务管理的"道"，真正找出适合国情校情具有中国特色的学生事务管理的"道"与"术"。

一、美国高校学生事务管理的"道与术"

美国高校学生事务管理是基于美国的社会经济文化和高等教育的发展而产生的，在与学术事务的相对分离与相互融合中不断发展，现已成为美国高校系统中不可或缺的一个重要组成部分。本文将美国高校学生事务管理的"道与术"概括为"问题导向"之道与"项目"之术、"质量导向"之道与"评估"之术、"法治导向"之道与"规则"之术。

（一）"问题导向"之道与"项目"之术

美国高校学生事务管理非常关注学生的新需求与新问题，为不同类型的学生设计各种服务项目，来满足学生多样化的需求，并倡导各方参与到为学生服务中来。在斯坦福大学的专题报告中，助理教务长 ken 说："我们的工作只做三件事——服务、项目和倡导。""项目制"的内在理念是"以学生为中心"，为学生的发展提供"自适应"的引领和支撑体系。同时，项目设计最大程度地调动和发挥了师生的自主性、创造力与想象力。

自 2012 年起，斯坦福大学工程学部的哈索·普拉特纳设计学院开展了"@斯坦福项目"（@Stanford Project）活动，目的是探索未来高等教育的发展模式。学院连续开展了三学期的名为"@斯坦福工作室"（@Stanford Studio）的课程。第一学期课程在 2013 年春季开设，鼓励学生构想 10 余年后斯坦福校园里的学习场景及相关主题；第二学期课程于同年秋季开设，对前期想法进行拓展；第三学期课程于 2014 年冬季开设，师生进一步开展实验和研究。项目组成员来自不同的学科和领域，如设计、科技管理、工程等，包括 60 余名教授、设计师、管理人员及 200 名左右的学生。2014 年 5 月，哈索·普拉特纳设计学院举办了实验性的展览，邀请校内外参观者带上偏光太阳镜，进入不同的互动展区，体验被传送来的未来校园的感受。这些互动展区包括"开环大学""自定节奏的教育"等核心设计。2015 年 10 月，"斯坦福 2025"系列网站上线，以概念图、文字介绍、工具集等多种方式阐述项目成果和四项核心设计，并极具创意地以音频方式模拟了在"时光机器"中穿梭于未来和现在的教育场景。《斯坦福大学 2025 计划》不仅提出了颠覆性的教育理念，而且以模拟实验的方式展现该理念在高校中应用的可能性，如根据学生的时间安排教学进度、根据学生需求定制学习内容、根据学生的发展组织学校管理体系等。[1]

（二）"质量导向"之道与"评估"之术

目前，美国高校学生事务管理关注四大内容：学生学习和发展、专业化、考核、评估。其中考核、评估是当前美国高校学生事务领域的基础工作和研究重点，旨在改进工作质量。评估指向三个方面的研究，需求评估是研究学生倾向于需要什么样的服务和项目；效用评估是研究学生接受什么样的服务以及接受方式；满意度评估是揭示学生对于某一项特别服务或整体服务的满意度。美国高校学生事务管理十分注重"质量导向"，并通过大数据的"评估"之术来实现"质量"之道，使美国学生事务管理输入输出环节都得以检验。

美国高校学生事务管理实施前会进行一系列的调查评估，如大学生学习参与度调查（National Survey of Student Engagement，NSSE）、大学生就读经验调查（The College Student Experiences Questionnaire，CSEQ）、大学第一年经历调查（Your First College Year Survey，YFCY）等，并对历年积累的数据进行纵向比较，提出有针对性的改进措施与建议。

如加州大学在对本科生就读经验调查数据基础上，对本科生的学习目标与学习动力、学生大学前活动参与与不同技能获得、学生参与学术活动和批判性思维等不同主题进行历时性和校际间的比较分析，然后对如何提高学生学习效果、提高本科生源质量等议题提出改进措施与建议。加州大学伯克利分校实施"有关公平、包容、卓越的发展战略规划"（UC Berkeley Strategic Plan for Equity，Inclusion，and Diversity），对本科生所感受到的校园氛围进行测评，该研究将校园氛围的度量指标（Climate Metrics）分解为三种重要的因素：尊重率（Respect Rate）——不同群体的学生所感受到来自师生态度、言语行为的尊重感的程度；偏见频率（Bias Frequency）——不同群体的学生在该学年度所听到的负面和带有偏见的言论的频率；对多样性的感知重要度（Perceived Importance of Diversity）——不同群体学生对"多样性对我的重要度"以及"多样性对这所学校的重要度"的反应。通过对收集到的相关数据进行分析后，加州大学伯克利分校决定把继续增强学生群体多样性作为学校的重要发展目标。[2]

（三）"法治导向"之道与"规则"之术

美国高校学生事务管理是严格在法律规定的框架内运行的，具有一套完备的法律依据、仲裁机构和执行程序。法律依据有宏、微观两个层面的制度，宏观层次上，美国不仅有完备的教育基本法，而且还有由全美学生事务管理行业协会制定的工作规范及完备的规章制度，如《美国高等学校学生事务管理人员行为规范》《美国高等学校学生事务管理人员伦理标准》《高等院校学生事务管理》《学生服务手册》《学生事务应用手册》等。[3] 微观层面是高校依据美国政府和州政府的法律，结合高校实际制定的学生事务管理制度，如帮扶学习制度、社团管理制度、学生活动管理制度、学生寝室管理制度等。美国高校严格按照学校章程、规章制度来管理学生日常事务。同时，在广泛征求和听取学校各部门人员、学生的意见的基础上，并征询法律界人士的意见，对学校规章制度进行定期修改。

在美国高校的学生管理条例中都有关于学生申诉程序的规定，从学生违纪情况的报告到调查、听证、申诉的每个过程都有详细的规定，体现了法律救济原则。如加州大学伯克利分校的学生行为准则规定了学生的权利和义务，学生享有的权利有：一是收到正式的被指控的通知，二是无罪推定，三是选择不参加行为处理过程，四是选择顾问，五是听证的机会和申诉的机会。学生承担的义务有：一是遵守学生行为准则，在与学校的沟通中要诚实；二是回应学校提出的沟通和会谈要求，三是从他人立场出发考虑问题，四是认识到自己行为可能产生的重要影响，五是采取行动时要遵守学校的行为准则。[4]

美国高校内部还设有仲裁机构，如斯坦福大学的司法事务办公室、加州大学伯克利分校的学生行为和共同体准则中心。这些机构的民主性和中立性色彩浓厚，对学生中出现的各种事件，如行为管理、学术诚信等均严格按照相关制度规定和程序处理。

美国高校对学生事务采取"法治导向"的做法使学生事务管理者严格执行"规则"之术，既尊重了学生的合法权利，又避免了自身的不利法律风险，同时使学生在潜移默化中接受法治观念和规则意识的熏陶。

二、中美高校学生事务管理的趋势

在高等教育高速发展的今天，中美高校学生事务管理面临着共同的挑战。为了提升在高校人才培养中的作用度和显示度，我国高校学生事务管理须进行三个方面的转型，即从"功能"中心到"需求"中心、从"行政"驱动到"数据"驱动和从"过程"关注到"成效"导向。

（一）从"功能"中心到"需求"中心

"以学生为本"的工作理念要求我们应突出学生的主体地位，从"功能"中心走向"需求"中心。"需求"应该是学生的真实需要，而不是学校认为的学生需求。美国高校学生事务管理理念十分重视"学生的认知价值"，认为满足学生的需求是学生事务管理岗位得以存在的依据，并在校级层面设立了各种学生中心，通过"一对一"指导学生五个不同层次的需求[5]。他们的辅导员分为健康辅导员、学业辅导员、学术辅导员、就业辅导员、婚恋辅导员、社区辅导员等类型，真正做到以"学生真实需求"为中心。

我国高校学生事务管理和教学体系已运行多年，相对固化，即使有不适应学生能力发展需求的方面，也难以在一朝一夕改变。目前，我国部分高校如香港中文大学、复旦大学、西安交通大学等实行的书院制模式，可为我们建立科学有效的学生事务管理运行模式提供有益的参考。按照有利于提升人才培养质量的要求，可以考虑调整现有的功能化倾向较为明显的职能部门设置方式，成立有利于满足学生需求的学生事务管理中心，下设若干个分中心，如学生发展类事务管理分中心、学生学术类事务管理分中心、学生生活类事务管理分中心、学生文体类事务管理分中心、学生社会实践类事务管理分中心等。[6]同样，我国高校学生事务管理可以通过开展"项目制"来满足学生的需求，如武汉大学的"一年级计划"、"食堂经理学生助理"项目等。

（二）从"行政"驱动到"数据"驱动

大数据是现代大学管理的一个新的战略制高点。传统的高校学生事务管理工作主要是凭借管理者的经验和主观判断，而大数据时代的高校学生事务管理是建立在对大数据进行精准分析基础之上的"数据"驱动管理模式。

大数据技术在美国高校管理应用中已非常广泛，如咨询预约平台、"一站式学生服务中心"和"新生室友匹配"。同时，美国高校数据驱动型的预测分析能为精细化管理提供重要的信息，如预估大学入学人数、优化课程设置、预测学生保留及毕业情况、评估学生的学习成果等，均具有较好的效果，学生持续注册率、保留率以及毕业率等指标显著提高，政府拨款增加，学校节约了开支并提高了资源利用率。

我国高校学生工作目前还停留在经验管理阶段，主要依靠"行政"方式进行管理。在大数据时代，高校学生工作实践者一方面要更新管理理念和思维方式，学习欧美高校在学生事务管理方面的先进经验和方法，运用新技术主动去发现和预测问题，并前瞻性地解决问题，从而由传统的经验决策转向理性决策和科学管理；另一方面，学校高级管理层要做好顶层设计，完善相关政策如技术政策、管理使用政策、投入政策等，制定专门的学生工作信息化建设规划，为开展以数据分析为基础的科学决策提供保障，通过健全的制度推动以数据分析为基础的科学管理理念的形成。

育人是学生工作的归宿，大数据的应用只有跟学生的需求和发展相结合，才能产生最佳效果。2017年12月，中共教育部党组印发的《高校思想政治工作质量提升工程实施纲要》指出，要"加强工作统筹，建设高校思想政治工作网，打造信息发布、工作交流和数据分析平台，加强高校思想政治工作信息管理系统共建与资源互享"，也阐明了只有将大数据分析与其他工作相结合，才能提高数据分析能力的思想。该实施纲要指出："精准认定家庭经济困难学生，健全四级资助认定工作机制，采用家访、大数据分析和谈心谈话等方式，合理确定认定标准。"[7]大数据的发展和应用给学生工作带来了新机遇，为了提升学生事务管理的科学性和可预测性，我们需要充分利用数据全方位地进行预测分析以发现需要帮助的学生以及学生群体的需求，合理配置资源，提供个性化支持服务。与此同时，我们需主动掌握必要的大数据信息处理能力，具备一定的信息素养，充分运用大数据，最大限度地发挥其作用。[8]

(三) 从"过程"关注到"成效"导向

人才培养是大学的中心任务，保证和提高质量是高等教育的永恒主题。学生事务管理是高等教育发展的重要组成部分，如何提升在高校人才培养中的作用度和显示度？这是中美学生事务管理者共同关注的问题。作为高等教育最发达的国家，美国高校同仁们仍在进一步反思自身在高校中的作用发挥、功能定位和岗位存在的依据。

学生事务管理作为一个闭环系统，其运行状况应当进行评价、反馈和优化。评价的主体是学生，评价的标准是学生的满意度，最终标准则是人才培养的质量。如何更有效地评价学生学习成果成为广大教师和评估工作人员面临的挑战之一。除了利用传统的考试方法对学生所学知识进行考核外，越来越多的授课教师侧重对学生的学习行为进行评价，譬如合作意识、创新精神、实践能力等。这些评价结果更有利于帮助学生提高学习效率，特别是应用知识的能力。在学生学习成果评估方面，广泛认同的阿斯汀(Astin)的"输入—环境—输出"(IEO)模型，是在基于"才能发展观"(talent development)的基础上提出的一种新的评估路径。其中，"输入"项被转换为131项变量，用以测量学生进入大学时的基本特征；"环境"项被转换为192项变量，包括135项大学环境测量指标和57项"学生参与度"测量指标，用来观测学生在大学期间的学习和生活经验；"输出"项被转换为82项变量，用来测评大学生学习和生活经验所产生的结果，如政治认同感、人格与自我意识发展、态度、观念、信仰、行为、学术与认知发展、职业发展以及对大学的满意度等。[9]

美国高校利用数据挖掘技术提高评估效度，收集与学生学习行为有关的各种数据，然后利用数据挖掘技术对其进行分析和研究。其评估价值体现在：①完成对学生的形成性评估，为教师及时提供信息反馈；②完成对学生的总结性评估，以真实的实践表现为基础了解学生最终掌握知识的情况；③根据学生的个性特征，深层了解学生的学习行为以及学习成效；④合理评判学生合作学习和解决问题的能力；⑤通过对学生的学习行为规律和学习成效之间的"路径"关系进行"挖掘"，洞察学生的学习动态。

"双一流"建设要求中国高等教育体系走向内涵式、个性化的发展道路。来自校园内外部的挑战、技术与需求的对接，都将引起大学的组织形式、管理模式、教学体系发生一系列深刻的变革。中国高等教育的发展不能仅仅关注高校思想政治工作的过程，还应当关注工作质量的提升，只有"以学生的发展为中心"，主动适应人才成长规律，创造性地建构和整合资源，才能为创新型人才的培养提供沃土。

在未来的学生事务管理工作中，我们要实现"弯道超越"就必须从"过程"关注走向"成效"导向。就构建科学规范的高校学生事务管理体系而言，高校应根据人才培养质量标准结合各自校情进行细化。辅导员的角色定位不仅要成为学生学习环境的建构者和支撑者，还要成为学生学习发展成效的评估者，力求用科学方法与国际视野来评价学生工作和思想政治教育质量，真正落实"立德树人"的根本任务。

◎ 参考文献

[1]吕薇，季波. 构建"以学生为中心"的自适应成长体系——《斯坦福大学 2025 计划》对我国"双一流"建设的启示[J]. 世界教育信息，2018，441(9).

[2][8]张俊超. 大数据时代的院校研究与大学管理[J]. 高等工程教育研究，2014(1).

[3]朱丽萍. 美国高校学生管理工作的特点[J]. 思想理论教育导刊，2002(7).

[4]申素平，陈瑶. 美国高校学生纪律规范及纠纷解决机制探

究——以加州大学伯克利分校为例[J].中国高教研究，2015（11）.

[5]张强，季卫兵.以提高人才培养质量为导向的高校学生事务管理工作体系构建[J].思想教育研究，2012(4).

[6][7]江艳，储祖旺.基于数据驱动的美国高校学生事务预测分析管理[J].高等教育研究，2017，38(12).

[9]常桐善.数据挖掘技术在美国院校研究中的应用[J].复旦教育论坛，2009，7(2).

学科布局与管理

美国高校通识教育的发展与借鉴

——以 UCLA、斯坦福大学为例

文 鹏

（武汉大学艺术学院）

通识教育是当前高等教育研究中的热点问题，各高校通识教育课程改革也是颇受社会各界关注的焦点问题。我国高校通识教育开展时间较短、经验不足，在实施过程中遇到了方方面面的问题和困惑。美国高校通识教育起步较早，在实践过程中积累了丰富的经验，其通识教育课程体系和管理机制历经时代的发展，已有成熟和完善的经验可供借鉴。本文选取加州大学洛杉矶分校(UCLA)和斯坦福大学的通识教育作为研究对象，概述两所大学通识教育的发展历程和课程体系，探讨美国高校通识教育对我国高校通识教育的启示和借鉴。

一、加州大学洛杉矶分校"新"通识教育的改革与发展

加州大学洛杉矶分校建于 1919 年，相比于其他著名高校，UCLA 的历史是比较短的。学校成立之初便设有本科教育的文理学院，在不到一百年的时间里，其通识教育的发展已日渐成熟。UCLA 将 20 世纪 90 年代以来学校的通识教育称为"新"通识教育，并对通识教育课程进行了改革和创新。

（一）UCLA"新"通识教育的发展历程

UCLA"新"通识教育革新的历程大致可以分为四个阶段：构想

期、实施与评估期、新生聚合项目和辐射期。1994 年春季学期，学校为改善本科教育成立了通识教育工作组，任务是回顾当时 UCLA 以及美国其他研究型大学通识教育的实施情况，探索有效的方法来改善学校的通识教育课程。工作组建议：面向所有 UCLA 本科生规定通识教育的一般要求；通识课程分为三大类，即自然科学、社会科学以及人文科学；课程的开发和设计要关注学生公民意识、普遍性知识、批判性思维、沟通能力的培养；课程教学要为学生提供丰富的课堂体验，比如讨论、小型研讨会等。

经过两年通识教育的研究，《UCLA 通识教育改革的提议》正式出炉。随后，UCLA 的学术委员会建立了通识教育管理委员会，专门负责通识教育课程的监察、评估与完善。此外，校教务处长还任命一位通识教育主席，在通识教育咨询委员会的指导下向本科教务处长汇报通识教育的实施情况。咨询委员会由 21 名成员组成，包括 15 名教师和 4 名学生，其他成员则是校图书馆工作者和咨询人员。

2002 年到 2007 年是 UCLA 通识教育取得较大发展的五年，学校确定了通识教育课程围绕艺术与人文、社会文化以及科学探索三个基础领域展开，并创建了涉及三个基础领域课程的系统评估方案。自 2007 年以来，加州大学洛杉矶分校在通识教育管理、教学、评估等方面不断地调整和完善，学校定期对通识教育三个基础领域进行分析，并进行自我评估以及学术委员会的评估，以提升通识教育的实效，实现通识教育的目标。

(二)"新"通识教育课程设置

UCLA 的通识课程主要围绕三个基础领域展开，即艺术与人文领域、社会与文化领域以及科学探索领域。基于这三个基础领域，UCLA 为低年级学生开设了通识教育研讨课、聚合课程以及单学季课程，这些课程在培养学生的批判性思维和多学科视野方面独具特色。

1. 研讨课

UCLA 在 2001 年启动研讨课，每个班的人数不超过 20 人，由来自文理学院以及其他专业学院不同领域的 350 多位教师开设。学生在课堂上不再是被动的接受者，而是边叙、边议、边分享，这是一种探索型的学习方式，有助于培养学生的批判性思维。UCLA 每年开设 200 多门研讨课程，涉及的学科领域多而广，旨在深化学生早期的学习体验，鼓励学生参与对话和探讨，加强学生与教师以及学生与同伴之间的互动，向学生展示学术新领域。研讨班的特点包括不布置作业，不考试，成绩不分等级，只有通过与不通过之分，使学生凭自己的兴趣选择研讨班，并自由地参与课堂讨论。

2. 聚合课程

《UCLA 通识教育改革的提议》明确规定 UCLA 为新生提供一年的跨学科课程。每一年课程的开设分为三个季度(秋、冬、春)进行，学生必须在前两个季度到大课堂学习，然后在春季度参加由教师和研究生助教开设的研讨课程。聚合课程由不同学科的教师围绕同一主题进行多学科视角的协作式教学，目的是培养学生的多学科思维习惯与视野。课程有四个教育目标，分别是：(1)多学科教与学。不同学科的教师围绕同一主题进行多学科视角的协作式教学，使学生从多学科的角度思考问题。(2)基础学术技能。培养学生读写、推理、批判性思维、问题解决、信息处理、创造性表达等能力。(3)深度研讨。为学生提供学术和知识的共同体验。(4)形成学习共同体。新生、教师、助教组建学习共同体，让学生有归属感，满足学生的兴趣，兼顾教师的成长。

3. 单学季课程

单学季课程聚焦于写作、定量推理以及外语，还有一些特定学科的独立课程，主要关注学生基本技能的培养。为了实现通识教育的目标，单学季课程必须满足通识教育的准则，即常识的习得、整合学习的体验、合格公民的培养、基本技能的获得和多元文化的探索等。单学季课程均衡分布在四个学院，使学生接触到知识的新领域，涉及概念、理论、方法等。课程开设的数量适中，一方面确保通识教育咨询委员会能对其进行有效管理，另一方面要满足学生的不同兴趣要求。

(三)通识教育课程学习要求

加州大学洛杉矶分校的通识课程设置实现了跨学科与独立学科的交叉，为学生提供了一套广泛而均衡的方法论、思维方式、学科知识以及相关技能。

为了达到通识教育课程的学习要求，学校在《UCLA 通识教育改革的提议》中要求学生选修不超过 14 门通识课程，这其中包括英语写作、定量推理等在内的单学季课程。14 门通识课程中有 3 门课程属于聚合课程，8 门课程是单学季课程，其余 3 门课程是外国语。UCLA 规定：本科生毕业要求一般至少为 180 个学分，其中多数学院通识课程至少为 48 个学分，占总学分的 26.7%。

二、斯坦福大学通识教育的发展与改革

2012 年以前，斯坦福大学的通识课程体系分为"人类学入门"、"有效思考"、"专业学科广度"、"公民教育"、"写作与修辞"和"语言"六大门类。"人类学入门"介绍人类学的研究方法，包括跨学科的方法等。"有效思考"的宗旨是帮助学生提出严谨和真正的问题，这些问题能否用科学实验解答，能否进行文字解释，或者能否作社会政策分析等。"专业学科广度"要求学生从工程与应用科学、人文、数学、自然科学和社会科学五个学科领域中各选一门课。"公民教育"要求学生在伦理推理、全球社区、美国文化和性别研究四个领域选两门课，或者从上述专业学科广度中选择两门满足要求的课程。"写作与修辞"确保毕业生能写出清晰和有效的文章，训练学生提出复杂而又有充分研究的论据进行口头陈述。"语言"要求学生基本掌握一门外国语，以扩展学生的知识范围，增加他们的表达方式，让他们接触更多的材料和文化。

2013 年，斯坦福大学再次改革通识教育，实施新的通识教育方案，设立了"思维与行为方法"、"有效思考"、"写作与修辞"、"语言"四类必修课模块，旨在"培养学生深度阅读、熟练写作、有效交流与批判思维的能力，使学生能够建立不同学科领域之间的联系，并指导学生将来理智的工作与生活"。其中，"思维与行为方法"模块取代了此前课程体系中的"人类学入门"、"专业学科广度"和"公民教育"三个板块。这个创新性的模块强调两个方面：第一是强调思和行的重要性，教导学生如何以不同的视角看待世界，如何将研究的对象从不同角度概念化，以及如何以新的方式运用新的知识体系；第二是强调综合与整合，让学生认识到各个具体的思、行方式不是相互独立的，而是一个完整知识配置的组成部分，是一组互补性的工具，而且，这个板块致力于与学生所学专业领域的知识进行互补和整合。

"思维与行为方法"必修课包括审美与诠释社会调查、科学方法与分析、形式推理、应用性量化推理、参与多样性、道德推理、创造性表达等 8 类课程。学生需要从这 8 个子板块中选修 11 门课。"有效思考"必修课需在大学一年级修完，修课形式主要包括三种：第一种是在开设的有效思考类课程中选择一门修完即可；第二种是自我塑造教育课程；第三种是为期一年的寄宿制项目。学生可以从三种修课形式中选择一种完成。"写作与修辞"包括写作 1、写作 2、专业写作三个层次，写作 1 和写作 2 由通识教育承担，专业写作由院系负责。所有新入学的本科生都必须完成 1 学年的外语课程。"语言"必修课旨在培养学生的外语能力，以促进其他课程的学习，并使学生能适应不同文化背景的生活、工作、学习与研究。

三、美国高校通识教育带来的启示

我国高校通识教育的改革和发展基本都在 2010 年前后，目前尚在起步阶段。比较起来，加州大学洛杉矶分校和斯坦福大学的通识教育改革在课程的开发、设计、实施等方面所体现的特点集中于三个方面：课程改革体现校本特色，推进课程创新；课程理念把握通识教育核心价值，顺应时代发展要求；课程设计符合通识教育"固本、健基"的本质追求，这为我国大学尤其是研究型大学通识教育课程的改革提供了如下启示和借鉴。

（一）立足本土着眼实际，建立具有自身特色的通识教育体系

美国大学的通识教育，各个高校都有其特色风格，例如：以理想主义为主的耶鲁、圣约翰大学；以进步实用主义为本的 UCLA、威斯康星大学；以精粹本质主义为尚的哈佛、哥伦比亚大学。它们均有创校的不同理念和校政方针，虽然年代久远，或有所变更，但至今依然能够保持着传统风格或特色，特别是在它们的通识教育方面。

当下我国大学通识课程的设置随意性很大，而且在形式上往往是盲目模仿和照搬美国课程模式，只重外在形式，不重内在实质，缺乏本土和学校特色。我们在学习美国高校的通识教育时，可以考虑从全校的通识教育本身着手进行长远规划，结合本校的校风、学风、校训等已经经过时间考验并积淀下来的有号召力的点，以我国的传统知识体系为面，进行科学合理的规划和设计，形成一个完全属于自己的通识教育体系或模式。大学的通识教育应该走一条适合自身特色的发展之路。

武汉大学通识教育的理念是：博雅弘毅，文明以止，成人成才，四通六识。"博雅"是通识教育成"人"理念的基本内涵：博而能通，雅而有识，"弘毅"是借武大校训标举通识教育成人理念的根本目标：养成有宏大志向和刚毅精神的君子人格。"文明以止"与"成人成才"是在从文化元典之思想隽语到武汉大学人才之培养目标的广阔空间，彰显武汉大学通识教育的人格诉求。而"四通六识"则是包涵"养成人格"的具体内容和各项指标："四通"是通古今、通中外、通文理和通知行，"六识"是指渊博的学识、卓越的见识、经典悦读意识、文化批判意识、独立思考意识和团队合作意识。这十六个字的理念既提取了我国传统文化思想的精髓，也结合了武汉大学"自强，弘毅，求实，拓新"的百年校训，是具有武汉

大学特色的通识教育理念。

(二)科学设置通识课程类型,开发有特色的课程领域

纵览 UCLA 的通识课程体系,其特点在于利用南北校区的分布,开创性地设置了南、北校区相关课程,并将这些课程与通识课程融为一体。UCLA 的聚合课程则融合不同学科领域、专业的知识,采用多学科视角的协作式教学,强调跨学科的交叉融合。这些独具匠心的课程类型值得我国大学借鉴和思考。

我国高校在具体规划学校通识教育课程时,应围绕通识教育的目标,选择合适的教学内容,不断增强通识课程内容的向心力,切忌课程"杂、乱、散"。不同领域的课程划分要明确具体,课程设置应注意内容的基础性、普适性,打好扎实的基础,才能不断构建新的知识能力,增强解决问题的能力。同时,立足于本校通识教育的目标,明确通识教育课程建设的指导思想,选择适合各高校实施通识教育的课程内容。依托各校的自身特色和学科优势,对开设的课程板块进行整体规划,科学合理地划分课程领域。

"武大通识 3.0"将课程体系整合为四大模块:中华文化与世界文明、科学精神与生命关怀、社会科学与现代社会以及艺术体验与审美鉴赏。四大模块包涵通识教育的四大领域,有效彰显并突出了武汉大学的科研优势和教学特色:人文科学的厚重、社会科学的强势、自然科学的多元和艺术审美的鲜活。

"武大通识 3.0"的四大模块区分核心课程和一般课程,核心课程有 60 门,一般课程有 600 门。核心课程之所以为"核心",理由有三:一是各大模块的核心课程构成该模块的核心观念、核心内涵和核心要素;二是核心课程的主讲教师是著名学者;三是核心课程必须有课程团队,以保证课程的延续性和生命力。一般课程的"一般"是指课程的覆盖面或普及程度。核心课程强调的是"点",重点、关键点或核心点;一般课程强调的是"面",覆盖面、延伸面或宽广面。核心课程由学校管理,一般课程由院系管理,形成"分级建设,点面结合"的管理模式。

(三) 明确通识教育的重要地位，加大通识课程学分比例

美国高校的通识教育课程在整个课程体系中具有举足轻重的地位。UCLA 的本科生毕业要求一般至少为 180 个学分，其中多数学院通识课程至少为 48 个学分，占总学分的 26.7%。芝加哥大学要求学生必须修满 42 门课程的学分才能获得学士学位。这 42 门课程由 9~19 门主修课程，15 门通识课程，8~18 门选修课程组成，通识教育课程占据整个课程体系三分之一的比例。

"武大通识 3.0"目前设计的通识课程学分总共为 12 学分，分为三个部分：基础课程，即人文社科经典导引和自然科学经典导引为大一学生必修，共 4 学分；四大模块 60 门的核心通识课程中，每位学生必须在第一模块和第四模块各选一门，共 4 学分；文科生必须在第二模块选一门，理工医科学生必须在第三模块选一门，计 2 学分；600 门的一般通识课程，每位学生自由选择，为 2 学分。然而，武汉大学本科毕业生的总学分要求是 140~180 学分，通识课程学分占比不足 10%。

我国高校普遍存在通识课程学分在整个课程体系中占比很小的情况，北京大学、清华大学、复旦大学等高校通识课程学分要求均为 12~18 学分。由此可见，我国高校应该适当增加通识教育课程在整个课程体系中的比例，明确通识教育课程在本科课程教学体系中的重要位置，为通识教育的进一步改进和发展创造条件。

(四) 健全通识教育管理服务体系，保证通识教育课程质量

通识教育课程内容的跨学科性和广泛性，决定了通识课程的开设艰巨性和复杂性，它需要学校各教学单位、管理部门以及师生的共同参与，因而应该有一个横跨各学院、各学科的专门的通识教育管理机构来负责。根据我国通识教育的实施现状，在通识教育课程改革中，成立专门的通识教育管理机构显得异常必要。该机构应该由各学院的教师代表、学生代表、各学科领域的专家代表、学校各

职能部门的负责人等组成，其职责应该包括：制定通识教育目标、筛选审批通识教育课程、监督通识教育课程的执行、评估通识课程实施效果、改革通识教育课程、负责经费的开支等。"武大通识3.0"成立了武汉大学通识教育中心，由五位专家组成，负责理论研究和课程设计。然而，面对体系庞杂、课程繁多的通识教育课程，武汉大学通识教育中心在机构设置和人员配备上仍显不足，需要加强。

教学管理是课程管理很重要的一个环节，它涉及对教师以及学生各个方面的管理，直接影响着教学质量的高低。目前，我国高校通识教育课程在教学管理方面还存在很多问题，主要表现在：对学生通识课程的选择没有具体地引导，学生选课存在盲目性，导致学生对通识课程不了解，不够重视；教学形式以课堂讲授和大班上课为主，学生在课堂上处于被动状态；教师在课前没有提供详细的授课大纲供学生参考，影响了学生的学习兴趣等。为此，我国通识教育课程在教学管理改革中：第一，要对学生开展针对通识教育的专门入学指导，让学生了解通识教育课程是什么，应达到什么样的目的，以及它在本科教育中的地位和作用；第二，强调多种形式的教学方式，如小班研讨、活动性课堂等，鼓励实践性和互动性教学，让学生充分参与到课堂学习中来，变被动为主动；第三，对教师教学大纲做出明确的内容要求，包括课程简介、教学计划、教学方法、成绩评定方法、该门课的难易程度以及授课时长等，同时保障这些信息让学生在选择这门课之前都能了解到。

此外，教学是一项细微复杂的工程，不仅需要教师的努力，还需要学校提供相关的辅助体系来支持教学的开展。这一点可以借鉴UCLA与斯坦福大学的经验，成立专门的教学服务团队，协调各方力量，为教学提供技术支撑、教学资料支持、学生咨询等服务，从多方面保证通识教育的顺利进行，保证通识教育的质量。

（五）建立有效的长效评估机制，助力通识教育长期发展

对通识教育及其课程的评估是我国在实施通识教育过程中不可

忽视的一个部分，对通识教育课程实施效果进行调查和总结，一方面可以衡量现行通识教育课程是否达到预期效果，另一方面可以给未来课程改革提供依据和方向，从而更好地提升通识教育质量。目前我国各大高校通识课程的实践还处于初级阶段，很多管理制度不够完善，尤其是在课程评估方面。有些高校的课程评估流于形式，侧重于对某堂课的感受，对教师的评价，很少涉及对课堂更多细节问题的调查。课程评估结束后，也未曾发布过与评估结果有关的报告和改进意见。UCLA 和斯坦福大学通识教育课程的评估主要采用在线评估、教师与学生评估相结合的形式，并且建立了长期的课程评估制度，针对教师和学生反馈的意见，定期对课程进行改进和调整，这也是我国在实施通识教育中需要借鉴的地方。

创新创业教育

美国高校创新创业教育概况及启示
——以 UCB 和 UCLA 为例

陈 琦

（武汉大学经济与管理学院）

本人有幸于 2018 年 7 月随武汉大学青年管理干部赴美研修团前往美国高校参加培训。在这次培训中，我得以以一个全新的视角观察美国教育的特点，对比了解中美教育的异同，在思辨中理解美国教育的理念，感受颇深。现以加州大学伯克利分校（以下简称 UCB）和加州大学洛杉矶分校（以下简称 UCLA）为例，对美国高校创新创业教育的理念与管理模式进行分析，总结值得学习和借鉴之处，以期探索出国内高校创新创业教育的新灵感、新思路。

一、美国高校的做法

1. 视创新创业教育为素质教育的目标定位

美国高校重视每一位学生创新创业思想及精神与能力的养成，注重其为社会创造的贡献与价值。当前，美国高等教育已迈入普及化阶段，高校与社会的关系、高校如何与社会联动等问题，已成为美国高等教育界的热点难点问题。同时，在实用主义文化的长期影响下，美国教育更加偏重实际效益，这使得创新创业教育的目标定位与大学本身的目标定位相契合。创新创业教育以培养社会各行各业的创新创业人才为目标，成为了大学践行使命、履行服务社会职能的重要手段，显现出强烈的实用性。

2. 趋于专业化的创新创业教育管理

美国高校成立了专门的管理机构，推进了创新创业教育的有序运转。例如加州大学伯克利分校的就业服务工作始终围绕着"3C"核心，旨在帮助学生明确就业方向、提升就业竞争力、加强就业联系；斯坦福大学为充分调配创新创业教育资源，组建了斯坦福创业网络等。专门的创新创业教育管理机构以及机构之间的通力合作，保证了美国高校创新创业教育的高质量开展，使各项创新创业工作有条不紊地进行，推动了创新创业教育的常态化运行。

3. 职业技术一流的创新创业师资队伍

在美的师资团队呈现出三大特点：一是专兼职相结合：团队中不仅包含校内的专职教师，而且外聘创业成功人士、企业高管和创业校友等任兼职教师，扩充了师资来源的广泛性、多元性，使学生既能接受专职教师的理论知识，又能获得兼职教师的实用技能。二是强化创新创业意识：学校会定期举办创新创业教育论坛及其他各类培训讲座，搭建交流提升的平台，为教师充电，使其紧跟时代动向，提高创新创业的能力。三是不断提升教学水平：学校成立特色项目，在企业建立实习基地，鼓励并引导教师积极深入创新创业实践，使教师能够切身体验创新创业的全过程，进而在实践中积累教学经验。

4. 跨学科创新创业课程群的课程构建原则

纵向上，学校使设置的课程群之间前后相接、层层递进，将零散的各门课程整合成一个体系，学生可根据自己的修业年限和兴趣在丰富的创新创业课程资源中选择相关课程。横向上，创新创业课程已从管理学院逐步走进了其他文科、工科和理科院系等，打破了专业教育与创新创业教育的界限，打通了科学教育与人文教育相割裂的学科布局，拓宽了学生创新创业知识的宽度与广度。坚持理论课程和实践课程并重，强化了学生的实践能力，使学生在理论知识和具体实践上形成了有效对接。

5. 以创新创业活动为主的第二课堂教育形式

高校创新创业教育单凭第一课堂的教学是远远不够的，必须通过以丰富的创新创业活动为主的第二课堂加以补充。美国大学校内与创新创业相关的实践活动、学生社团、科研项目层出不穷。创新创业活动可分为两类：创新创业竞赛类活动和学术研讨类活动。创新创业竞赛类型多样、规模各异，学生可自由组队参加，大胆开发创业方案，享受由组委会提供的一整套资源。创业教育圆桌会议、创业周等学术研讨会也都会每年定期举办，为学生提供了良好的学习平台。创业俱乐部和创业投资俱乐部等更是与学生打成一片，每一个对创新创业感兴趣的学生都能在此获得各自所需的支持和服务。

6. 高校主导下的大学与企业及政府相结合的保障机制

美国高校创新创业教育疏通了大学、产业和政府的关系，三者之间形成了良性互动。其中大学居于主导地位，把握创新创业教育总方向；政府则侧重提供政策、法律、资金等的支持，充当着服务者的角色，但无权干涉大学内部的创新创业教育；而企业一方面接收大学输送的人才，享受大学提供的科研咨询与支持服务，另一方面也为大学提供实践基地、实践平台和师生培训等服务。如此无缝对接的"政产学研"的结构充分保障了高校创新创业教育的稳步开展。

二、加州大学伯克利分校创新创业教育的举措

1. 创业教育课程

创业教育课程主要关注成功创业的方法，同时也关注创业的社会影响与创业的科学技术领域。课程难度有浅有深，既有面向那些刚接触创业的学生的，也有适合深入到创业第三阶段，已深入学习风险资本、融资与创办企业的学生的。

哈斯商学院本科生的创业教育选修课程主要包括：创业导论，社会学创业，企业家精神，创业视点，风险资本、私人股权和避险基金：导论等。

全日制和非全日制的 MBA 以及高管教育 MBA 的创业教育选修课程主要包括：创业的社会影响、社会学创业、创业者的生活、风险资本专题讲座、私人股权专题讲座、创业社会影响专题讲座、企业家精神、风险资本和私人股权、机遇识别：硅谷的科技和创业、新创企业融资、商业模式创新与创业策略、投资学、创业实验室、社会投资学等。

2. 创业专项活动

伯克利创业者论坛。该论坛每学年举办 4 次，主要由两部分构成。首先是一个主题演讲活动，演讲的主题都是旧金山湾区创业者和风险投资者们感兴趣的话题。其次，在主题演讲之后是一个小时的伯克利加州大学学生与旧金山湾区创业者面对面交流时间。论坛上的主题演讲视频两周后可以从官方网站上获取。

创业最佳实践案例系列讲座。每学年举办 4~5 场，主要是邀请伯克利加州大学创业实践者与硅谷著名的创业家来到哈斯商学院为学生们讲述有关创业和风险资本的实践性知识，并传授个人经验。

伯克利加州大学创业竞赛。它的目标聚焦在那些已被证实有效的产品的创业项目上，资助他们建立实体公司。大赛的评审委员会一般是旧金山湾区的风险资本家。大赛共分为初赛、半决赛和决赛三个阶段，参赛团队在整个竞赛过程中都将配有专业指导老师，以给予他们相应的辅导与支持。

全球社会创业大赛。该大赛是由来自美洲、欧洲、亚洲、非洲和南美的 13 个大学商学院共同参与的全球性创业大赛。每一个合作的商学院背后都有一个强大的创业生态系统的支持，为大赛提供诸多资源，还给下一代有潜质的创业者提供辅导、接触实际创业的机会以及 50000 美元的创业启动基金去资助他们将创业想法转化为现实行动。

风险资本投资竞赛。它是一个由 6 所高校共同组织的国际性创业竞赛，共有三个竞赛阶段：在伯克利加州大学获胜的参赛团队可以再去圣克拉拉大学参与地区性决赛；地区性决赛获胜者将会去北卡罗来纳大学参加国际性的决赛。这个大赛不同于其他的创业竞赛，参赛的创业者需要在竞赛过程中把他们的想法陈述给风险投资家。参赛学生是风险投资家考察的对象，一些真正的创业者会把他们的创业想法陈述给参赛学生，让参赛学生亲身动手实践并体验风险投资的艺术与科学，风险投资家观察参赛团队学生表现并给予评判。

3. 创业咨询与辅导

辅导老师来自旧金山湾区的成功企业家、风险资本家或者律师等校外专业人士，他们慷慨地贡献出宝贵时间来听取伯克利加州大学学生的创业想法。目前莱斯特创业中心共有 53 名这样的辅导老师。每周一莱斯特创业中心就会把一周的咨询与辅导时间和辅导老师人员安排表张贴出来，供有需要的学生去注册预约。每次的咨询与辅导时长为 20 分钟，多数情况下是面对面的形式或者视频的方式。

4. 创业加速器

创业加速器的使命是促使伯克利加州大学的一些科研成果能迅速商业化，通过加速创办各类实体企业把它们投放市场。创业加速器绝妙地结合了硅谷传统创业加速器的技术诀窍和伯克利加州大学的众多创业资源。为了提高入驻加速器的创业项目的质量，它要求入驻的创业团队(通常由 2~7 人组成)必须提交一份优质的创业计划、一种可被证实有效的技术或者产品以及明确的消费者定位。一旦被允许进驻，驻留者可以在其中停留 6 个月，间隔 3 个月后可以再次申请。

5. 学生创业社团

伯克利创业者协会。其主要目标是使伯克利加州大学充满创新与创业精神，努力帮助学生会员习得创业技能与知识、建构交流平台、提供一系列的创业项目与机会，并将伯克利加州大学有创业想法的同学全部组织到一起，形成彼此之间相互支持创业追求的氛围。哈斯商学院 MBA 班中每年至少有三分之一的学生选择加入伯克利创业者协会。伯克利创业者协会所开展的重要活动有如下两项：一是伯克利创新者大会，它给整个伯克利加州大学里具有创业想法的学生一个分享和交流他们创业想法的机会。这个活动也鼓励学生开展跨校的创业合作，以更好地达到头脑风暴、问题解决、相互支持与发展对方创业想法的目的。二是创业交流会。伯克利加州大学学生与企业家的交流会活动，每年秋季在硅谷举办一次，伯克利加州大学学生与企业家的交流会活动每年春季在旧金山举办一次。那些想要从事风险投资行业或者想要获得风险资本的学生创业者在这两个重大的交流会上有机会近距离地与旧金山湾区的风险投资者、天使投资者和成功的创业家会面，并同他们深度交流与讨论，聆听他们的创业经验与故事。

哈斯风险投资者协会。这个学生创业社团的成员主要来自哈斯商学院 MBA 班、想要亲身体验风险投资行业并积极加强哈斯商学院与旧金山湾区风投行业沟通关系的精英学生。社团活动主要有如下两类：一是风险投资项目工作。社团成员能够通过从事旧金山湾区著名风险投资公司的项目工作来亲身经历并感受风险投资产业。这个社团发展与风险投资公司的合作伙伴关系，同意从事公司的部分项目，并直接把工作结果传递给风险投资公司。二是创业实践实验室。哈斯风险投资者协会的创业实践实验室给伯克利加州大学的创业者们一个将他们的创业想法应用于实践中的机会，并得到有关他们创业想法的真实客观的专业反馈。哈斯风险投资者协会也积极地同伯克利加州大学的校友以及伯克利加州大学的创业项目保持积极的沟通与联络，以为社团成员争取到宝贵的实践机会。

6. 创业种子基金

创业种子基金专门资助那些由哈斯商学院学生创办的种子期创业项目，并提供 5000 美元的创业基金支持。创业种子基金每年有

20 个名额。基金会对学生的申请有明确的规定和要求：第一，申请书必须包含有"问题提出、解决方案、市场概述、消费者访谈结果、团队成员信息，以及经费使用计划"等要素。第二，如果这个创业项目是学生课程作业的产物，也要求提交一份课程教师一页纸的推荐信。第三，消费者访谈与市场调查。针对学生的申请，哈斯商学院会组织一个评审委员会来选拔。这个委员会由哈斯商学院的教师以及来自伯克利加州大学创业生态系统中的商业创新机构的领导者和投资者组成。评审委员会要求资助那些高风险、高回报的原型开发项目，最好能够展现出哈斯商学院的院训——"质疑现状"。评审委员会优先考虑那些跨学科且团队成员来自不同院系甚至不同学校的合作项目，但必须保证团队中至少有一名哈斯商学院的学生。在接受基金资助后的 6 个月，受资助创业团队需要提交一份简单的书面报告和公开的"经验学习"视频，此后 2 年也都要接受基金会每年两次的考核与检查。

7. 学生创业奖学金

该创业奖学金由哈斯商学院的成功毕业校友或者知名企业家创办，主要是为了鼓励学生的创业精神并支持其创业实践。目前莱斯特创业中心共设有 7 大项学生创业奖学金：格劳瑞亚·阿佩尔杰出创业领导力奖，主要面向哈斯商学院 MBA 二年级有杰出才干与热情并且对哈斯商学院创业项目有着重要贡献的学生，该奖项配有 5000 美元的奖学金，哈斯商学院的教师、职工和学生每年春季可以提名奖项的候选人。杜姆克奖项，主要面向哈斯商学院 MBA 二年级的学生，他们暑假在新创业公司从事没有报酬的实习工作（至少 8 周的全日制工作），奖金从 1000~2500 美元不等，主要视申请者的总数、总资助金额以及雇主的补偿而定。汉森·李奖学金，给 MBA 一年级的学生提供一笔奖学金，主要给那些想在一年级暑假期间全职从事创业工作的学生。拉尔森奖学金，主要面向那些有创业热情、家庭困难需要被支持的本科学生，每年资助 3~5 个名额，奖学金额度是 2500 美元；研究生主要面向全日制 MBA 项目二年级的学生创业者，每年有 3 个名额，每位获得者将荣获 12500 美元的奖学金。约翰·马汀奖学金，选拔那些开办企业或者在暑期从事心理健康方面实习工作的优秀学生，每年仅有 1 个名额，奖学金额度是 10000 美元。特纳奖学金，主要面向哈斯商学院非全日制 MBA 班级的学生，主要选拔那些学业优秀、有创业经历、职业目标明确且需要资金支持的学生，奖学金额度是 5000 美元。麦克维斯奖学金，每年共资助 40000 美元的总额，主要选拔那些展现出创业精神并有创业想法和创业项目的哈斯商学院学生。

三、加州大学洛杉矶分校创新创业教育的举措

1. 创业教育课程

UCLA 创业教育课程的内容涉及范围广泛，主要涉及四类创业教育内容。第一类是基础课程，主要传授基础的创业知识，激发学生的创业意识和创业精神；第二类课程包括一些基础的经济学原理课程以及与创业过程相关的基础知识课程，如创业计划设计、创业财务与资产管理等；第三类课程是技术商业化及产品开发类创业课程，如房地产创业、生物技术创业等；第四类课程为应用研究和实践类课程，如企业实习、创业实地调研考察等。

2. 创业教育课外活动

形式多样、内容充实的课外活动成为该校大学生创业生态系统的一大特色。UCLA 课外活动形式包括商业年会、创业主题研讨会、创业论坛、展示日工作坊、创业集训营、创业大赛等等。以创业集训营为例，它是一种新兴的高强度创业培训，短则几天，长则几周，为学生进行集中创业授课。

3. 大学生创业人力资本支持

人力资本主要指科研、校友、创业专家团队等资源。UCLA 作为世界顶尖高校，其强大的校友力量是其他高校无法比拟的，校友遍布美国的各行各业，并且通过其自身影响力为母校带来了优质资

源。UCLA 与毕业校友联系紧密，常常邀请校友分享自己的创业感受，并与学生交流互动。目前该校校内有撒尔文家族基金会、UCLA 风险投资基金、创业启动概念基金等众多创业基金；洛杉矶地区的天使海岸科技、天使清单等天使网络集团也对学生创业提供助力。

4. 校企深度合作

校企合作的方式可以实现高校和企业的共赢。UCLA 通过在企业创立创业教育实践基地的方式，为学生提供了锻炼的平台，也在一定程度上提升了创业成功率。同时由于校内学生组织与各大优秀企业建立的良好关系，企业界富有创业经验的资深人士也乐于担任大学生创业教育导师，以完善学生的创业知识背景和相关经验架构。

四、中美高校比较

	中国创新创业教育特征	美国创新创业教育特征
理念方面	未完全认识到创新创业教育工作的作用，仅当做单一的企业家、创业者养成教育，作为大学生解决就业问题的一种途径，填补完善教育模块的一种象征性形象工程	认识到了创新创业教育在人才培养中的重要作用，将创新创业教育作为常规教学的重难点，贯穿于整体教学生涯中
文化方面	长期在传统文化浸染下的中国人，形成了谦逊与内敛的性格。故中国老师比较关注学生的缺点，希望通过弥补不足来完善学生品格，提高能力，因而中国创新创业教育多以教师的经验为主	美利坚是一个拓荒者的民族，美国人崇尚民主、张扬个性、重视实用，故美国教师善于发现学生的优点，通过鼓励、欣赏来提高学生的积极性，激发学习兴趣，因而美国创新创业教育注重实际，以学生自主思想为中心

	中国创新创业教育特征	美国创新创业教育特征
管理机构	由教务处、团委、学生处、就业指导中心等职能部门主管，其余部门予以配合，工作分散、整体性差、过程繁琐	成立了诸如创业中心、创业服务中心等专门的管理机构，整合各项资源，负责创新创业教育的全部教学、研究等整体性服务工作，过程精简
师资力量	以理论性知识储备为主，较缺乏实际创业创新的经验，且极少实时关注行业创业动态，存在学工系统人员经过初步培训后即刻上岗的情况	专兼职相结合，创业技能不断更新，创新意识不断强化，并面向全球外聘创业成功人士、企业管理者、风险家和投资家担任课堂嘉宾及兼职教师，极大扩充教学资源
课程资源	课程之间相互割裂，缺乏整体联动性。多以全校公选课为主，教授效果参差不齐，且未能与相关专业课程形成有效对接，无法辐射其他专业学科	分阶段设置课程，且课程之间衔接紧密、循序渐进，形成了创新创业课程群，并在横向上打破了专业教育与创新创业教育的界限，课程从管理学院逐步走进了其他文科、工科和理科院系等，打通了科学教育与人文教育割裂的学科布局

五、借鉴和举措

1. 提升创新创业教育在素质教育中的作用

当前，严峻的就业形势使得我国高校倾向于把创新创业教育等同于就业教育或择业教育，成为解决大学生就业问题的一条出路。在这样的背景下，高校很容易将创业教育当成"企业家速成教育"，过于注重创业技能的训练，而忽视创业素质的发展。因此，在创业教育内容的设计过程中，我国高校须在理念层面正确定位，走出企业家速成的理念误区，避免功利性价值取向，确定以素质教育为基础，以培养学生创业素质为核心，以实现创新创业型国家为最终目标的教育理念，使创业教育能够真正面向未来，培养具有"创业遗传代码"的创业人才，不再将其作为填补教育模块的象征性工程。

2. 培育创新创意文化，引领创造创业思潮

我国高校当以打造创新创意文化为重任：一方面可以在课堂中增添案例教学的模式，或者邀请知名企业家、创业者走进课堂，使理论教学向动态教育转变。另一方面可以搭建各种创业平台，通过举办创业赛事、建设创业园区、打造学生创新项目及教师科研项目，挖掘师生的潜能与创造力，鼓励其主动参与实践。此外，还可大力宣传创新创业典型人物及其事迹，号召学生积极参与融入相关活动，释放学生个性，鼓励推陈出新，引领创造创业思潮，为学生打造理想创意的孵化地。

3. 整合完善高校创新创业教育内外部资源

我国高校要加快建立创新创业教育中心等专门的实体机构，在此基础上，配套学校内部资源，形成中心统筹管理、上下一致辅助、架构有序运行的创新创业教育管理体系，推动创新创业教育各项工作的有效开展。此外，学校也可组建一支专兼职相结合的创新创业教育师资队伍，保证师资来源的多元化。重视创新创业课程资源建设，坚持课程之间的衔接，坚持与专业课程的融通，坚持线上和线下课程并存，坚持理论课程和实践课程并重。

4. 建立富有远见性的校友、政府反馈体系

校友工作是一项基础性、长期性和战略性的工作。我校除了继续推进建立校友工作机制、建立校友组织网络、提供校友服务、完善校友信息等具体举措之外，更应通过一个系统性的工程，联系学校各个部门，真正贯彻"以学生为本"的服务理念，用真心换取真心，使学生获得价值认同感，以培育更加浓厚的校友文化，并可通过高校创新创业教育疏通大学、产业和政府的关系，使三者之间形

成良性的互动，通过建立"政产学研"的结构以充分保障高校创新创业教育的稳步开展。

综上所述，我国高校应通过借鉴、研究美国等其他国家在创新创业教育中积累的经验，充分利用其成果以及有利条件，促进学校整体对创新创业教育观念的更新、教育管理的改革。

◎ 参考文献

[1] 刘川生.美国加州高校创新创业实践育人研究及启示——以斯坦福大学、加州大学伯克利分校和洛杉矶分校为例[J].学校党建与思想教育，2016(23)：15-18.

[2] 王旭燕，叶桂方.大学创业生态系统构建机制研究——以加州大学洛杉矶分校为例[J].中国高教研究，2018(02)：36-41.

[3] 曹启娥.中美大学思想政治教育比较研究[J].河南工业大学学报，2018(05)：119-124.

[4] 张靖晞，李洪军，贺稚非.中美本科教育模式比较分析——以圣本尼迪克与圣约翰大学为例[J].教育教学论坛，2018(29)：95-96.

[5] 陈润瑶.中美高校创业教育内容比较及启示[J].湖北经济学院学报(人文社会科学版)，2018，15(07)：131-133.

美国高校产学研协同创新的经验
及对武汉大学实践的启示

石立特

（武汉大学测绘遥感信息工程国家重点实验室、
地球空间信息技术协同创新中心）

一、引　言

　　产学研协同创新是指企业、高校、科研院所三个基本主体投入各自的优势资源和能力，在政府、科技服务中介机构、金融机构等相关主体的协同支持下，共同进行技术开发的协同创新活动。[1]这种活动由产、学、研、政、介、金协同完成，其核心是产学研三方合作的技术开发，政府通过法规、政策进行引导和鼓励，科技服务中介机构提供信息服务，金融机构提供资金支持，共同完成技术开发和技术创新活动。

　　产学研协同创新是全球科技创新的趋势，近年来，我国在这方面取得了长足的发展，然而，和众多世界发达国家相比，仍具有较大的差距。长期以来，企业、高校、科研院所、政府各自为战的局面得到了改善，却未能实现协作发展。学习和研究美国等发达国家的高校协同创新经验，对改善我国协同创新存在的问题，促进我国高校协同创新发展具有极其重要的意义。

二、美国高校产学研协同创新的经验

1. 政府制定具有驱动力的科技政策，并出台法律法规保障、规范合作各方利益

产学研协同创新过程中，各个参与者都有自己的需求和动机，而政府作为"游戏规则的制定者"，其制定的法规和政策会对整个合作产生直接或间接的影响。从科研规划上来说，美国制定了诸如《走向全球——美国创新的新政策》等科技战略规划，对国家创新平台的构建、科研制度的改革、科技投资的鼓励等进行了强调和推动。从产学研创新计划来说，美国陆续推出了众多大学—产业合作研究计划、中小企业均等研究计划等，鼓励科学研究和企业发展紧密结合。同时，针对美国重大的技术创新，则由政府出面进行引导、规划、设计、投资，持续激励完成那些需不断投入短期内却难以有直接回报的基础性研究，再由相关企业完成商业化应用和扩散推广。

产学研创新合作是多方共同的合作，各方的利益关系必须运用法律来规范和保障。为更好地促进技术创新和产学研合作，美国在不同的历史时期，依据环境和形势的变化，制定和修正了一系列的相应法律条款，从而具备了相对完备的法律保障能力。[2]这些法律规范了知识产权的归属、利益分配、人员奖励、促进成果转化等产学研创新合作过程中必须涉及的诸多问题，为美国产学研合作取得巨大的成功提供了坚实的法律法规保障。

以美国硅谷为例，美国政府是硅谷创新创业的制度环境和政策的提供者，政府间接地引导和支持了硅谷的创新。政府作为硅谷背后最大的"风险投资人"，主导了硅谷的"军转民"和高端产业的产生和发展。国家层面的基础科学研究，由设置在大学里的联邦大科学装置和国家实验室来承担，如斯坦福大学的斯坦福直线加速器/国家加速器实验室、伯克利大学的劳伦斯伯克利国家实验室等，[3]斯坦福大学预算的40%来自政府的资金。

2. 正确处理政府与产、学、研的关系

产学研协同创新是由多主体共同参与的创新形式，如何有效地定义各创新主体的地位，描述创新主体间构建联系所产生的创新关系链条，对产学研协同创新稳定健康发展具有重要的意义。学者们以三重螺旋关系来描述企业、高校、科研院所与政府间的关系，指出在产、学、研关系逐渐密切的创新关系里，应一方面由政府进行支持和促进，另一方面应由政府对其价值差异和冲突进行缓解和协调。[4]

这一理念在美国高校的协同创新中得到了较好的体现。大学作为科学技术创新的主体，是培养高素质创新型人才的摇篮，是产生新思想、新知识、新理论、新技术的土壤；企业作为技术创新的参与者和推动者，负责成果的转化、推广的主要任务；政府则为协同创新提供政策引导、资金支持和法律法规保障，充当产和学、研之间的桥梁，其作用不可或缺。

在硅谷，企业是科技创新成果转化和推广的主体，大学和国家实验室成为其重要的创新梯队，风险投资是促进其发展的动力，而政府则主导了科技投资的第一次浪潮，引导了重大科技创新的具体方向，同时，政府制定了风投行业的游戏规则，保障了科技创新的顺利进行。

3. 坚持以市场为驱动

高校实施产学研协同创新的目标之一是科研成果满足市场经济的发展，因此高校在协同创新过程中不应该局限于基础研究，而应该以市场为导向，主动迎合市场的需求，建立多方位、多样化的协同创新教育模式，从单纯的理论研究逐渐转变为适应市场经济发展的应用研究，结合市场需求和经济发展中的技术难题来选择研究课题，从而实现科研成果成功转化并创造出新的社会效益和经济效益。

在斯坦福大学，面向市场的各种实践活动非常丰富，培养塑造了学生的创业精神。校内的创业相关组织会定期邀请业界人士参加有关创业的报告或沙龙，为学生讲授真实的创业经历。同时，针对

创业，斯坦福大学还有各类企业孵化器、加速器，其主要任务是向新企业提供场地和各种支持性服务，为技术、管理、融资援助创造条件，促进和加速创业公司的诞生和运营，并为创业公司提供法律、管理协助，安排有创业经历的校友进行管理及运营指导。

4. 正确的资金引导

资金是科技成果转化最基础最核心的力量。长期以来，美国科研经费投入总量巨大，且自二战以后，一直保持快速增长的态势。美国并不设立研究机构，而是通过竞标、签订研究合同的方式，将科研任务交付大学或企业。而依据美国法律，研究发展资金可享受特殊的减税政策，从而使得企业可以利用产学研合作获得隐形、长期的利润回报，促进企业投资高校科研，这实际是变相地对高校协同创新进行资金支持。同时，联邦政府对重大科技项目的投资可以保障对国家科技创新方向的掌控，借以形成有效的引导和鼓励。

斯坦福大学拥有超过 5100 个外部资助项目，在 2013—2014 年度获得资助项目总金额为 13.5 亿美金，其中，联邦政府资助的金额占到 83%，包括多个国家重点实验室项目，为美国科技创新指明了主要攻坚方向。[5] 同时，充足的科研经费，保证了斯坦福大学在科学研究方面的领先地位，也保证了能吸引全世界人才的工作福利，这为斯坦福大学的科技创新提供了有效的保障。

三、对我国实践的启示

党的十八大以来，习总书记认为，在现有形式下，我国加快以创新驱动为主的发展路线刻不容缓，应以科技创新、科技成果产业化促进我国科技、经济、文化的发展。而武汉大学作为我国排名前列的"双一流"大学，是我国科技创新及科技成果产出的核心力量之一，在推进科技成果转化和产业化建设、专利申请和授权、推动高新科技成果产业化方面成果显著。结合武汉大学的产学研科技创新现状，在深入学习美国高校产学研协同创新经验的基础上，我们可以获得以下启示：

1. 出台政策鼓励，健全完善法律制度、高校管理措施等保障机制

尽管政府不作为产学研协同创新模式中的主体，但整个协同创新过程离不开政府的推动、鼓励等积极作用。政府应该采取相应措施，引导协同创新的开展，把握创新的重点科技方向，同时制定相关政策，规范和调控协同创新中的利益分配、风险承担等，高校需要依据国家出台的相关制度法规，保障知识产权归属、人员奖励及技术转移等问题。

我国于 2015 年修订并实施了新版《促进科技成果转化法》，将科技成果的使用权、处置权、收益分配权授予高校院所等单位，去年底又将评估备案权下放至高校院所。武汉大学参考科技创新经验规定科技成果净收益的 70% 奖励给研发团队，释放了高校院所及科技人员的积极性。由此，武汉大学的科技成果转化收益从 2015 年 1300 多万元增长至 2017 年的 5300 万元。2016 年，《关于完善股权激励和技术入股有关所得税政策的通知》(财税〔2016〕101 号)将作价入股税收递延至实际收入时缴纳，今年的新政《关于科技人员取得职务科技成果转化现金奖励有关个人所得税政策的通知》(财税〔2018〕58 号)将职务科技成果许可、转让现金奖励减半征税，在保障知识产权归属的前提下明确了人员奖励政策，大大增强了科技人员的获得感。

2. 充分发挥高校作为协同创新主体功能的作用

高校作为产学研协同创新的主体之一，应充分发挥自己的主体作用，加速高校科研体制改革，积极营造科技创新、产业转化的创新氛围，实施激励政策，保障经费来源，建立产业孵化基地，培养塑造学生的创新意识，提供专家和企业家们的交流机会。

对此，武汉大学依据国家产学研科技创新鼓励政策，发挥高校的主观能动作用。在人才培养上，大力扩展专职科研人员，在职称制度中加大横向科研(含成果转化)的肯定度；在政策上，扩大科研项目负责人自主权；在资本运作上，加强与大型企业及经济发达

地区的合作、科技中介机构的引导作用、产学研合作工作的组织协调，加强知识产权布局、挖掘与管理；在市场引导上，以需求为导向，加强高价值知识产权培育、评估以及学校与发明人共享知识产权的探索。根据科技事业发展的实际，不断改善科技创新与经济社会融合的大环境与小环境，促进产学研合作与知识产权、科技成果转化的大发展。

3. 加大高校产学研协同创新的资金支持

高校产学研协同创新资金体系是高校协同创新不可或缺的一个重要环节，可能动促进高校协同创新体系的发展。政府应有效引导银行、证券、保险、信托、投资、担保等机构广泛开展针对高校协同创新需求的高校协同创新金融体系建构；开发各种金融衍生工具，以鼓励和支持各类风投、私募等民间资本参与高校产学研协同创新；推广知识产权和股权质押贷款，鼓励支持各类担保机构加强面向高校协同创新的担保服务；推进完善科技保险工作，协助高校降低协同创新风险。同时，政府还应推广高校协同创新税收减免政策，这能有效促进刚刚起步的企业、实力较弱高校及较小中介机构的发展和成长，保障其生存能力。

从发达国家的经验来看，产学研创新多具有不确定性和信息不对称性的特点，不符合银行资金的投资原则；资金需要投资大、周期长、风险高，完全依靠政府财政也难以支撑，而风险投资就成为企业创新发育成长不可或缺的要素。2018 年 4 月，武汉大学积极推动、参与首届中国高校创新创业投资与孵化高峰论坛，依据中国高等教育学会副会长、武汉大学党委书记韩进的介绍，该论坛的核心内容之一就是发挥投资孵化在高校创新创业教育教学实践和产学研协同创新方面的重要作用。武汉大学充分认识到了风险投资对于精准服务大学生创业、创新的作用，并从多个角度积极引导、鼓励风险投资对于高校产学研协同创新的资金支持。

四、结　语

现阶段，科技创新已成为经济社会发展的主要驱动力，高校作为科技生产力和人才资源的结合机构，在构建我国科技创新体系中具有举足轻重的地位。尽管政府自推行科技成果转化以来，我国科技成果转化、产业化能力有了进一步的提升，但对比发达国家，仍存在较大的提升空间。产学研创新合作模式，有效地整合了创新资源，改变了成果总体转化率低、科研与社会需求脱节的现象，成为促进创新发展的重要支撑。

在充分学习欧美产学研科技创新经验教训的基础上，武汉大学原党委书记李健认为：实践表明，我们必须坚持发挥政府的主导作用，以市场为导向，充分发挥企业的主体作用，发挥应用和用户在技术创新中的重要作用，不断进行制度创新，走一条有中国特色的产学研合作道路。遵循这一思路，武汉大学既鼓励一些教师去做"顶天"的工作，去攀登世界科学高峰，跻身世界科学前沿；又鼓励一部分教师去做"立地"的工作，从事产学研合作和成果转化，进入经济建设主战场。在产学研协同创新方面，武汉大学做了一些有益尝试，充分发挥人才、技术与品牌优势，吸引社会力量，推动了产学研合作和科技成果的产业化。

◎ 参考文献

[1]王贵成，朱琳，赵文亮．充分发挥高校在产学研协同创新平台建设中的重要作用[J]．商丘师范学院学报，2016(6)：58-61.
[2]卢现祥．美国高校产学研合作的制度创新、特色及其对我国的启示[J]．福建论坛：人文社会科学版，2015(5)：60-66.
[3]王文礼．斯坦福大学协同创新的成功经验和启示[J]．学术论坛，2015(2)：89，154-160.
[4]全继刚．美国高校产学研合作创新实践及其启示[J]．中国高校科技，2005(6)：66-67.
[5]李德仁．高校产学研一体化发展的实践与前瞻[J]．世界科技研究与发展，2003，25(6)：12-18.

融入产业经济促进校企合作，
加强人才培养推动科技创新

20 世纪 70 年代以来，硅谷在科技与产品上的成功创新推动了全球科学技术的进步与发展，新的商业模式、组织形式与社会文化层出不穷，成为巨大社会财富的产生与运作中心。对于硅谷的成功经验，有很多学者从制度、资源、政策、人才、地理等各种因素去解读，世界各国包括美国都希望能够复制硅谷的成功经验。本文参照硅谷与加州高校的全面合作机制，并考虑中美高等教育制度与文化的差异，在比较中寻找适合中国高校融入区域经济、加强校企合作发展的现实路径。

一、硅谷发展与加州高校的关系

硅谷的腾飞与加州高校的支持密不可分，加州高校在人才培养与输送、科技成果转化等方面起到非常重要的作用，世界前 10 名顶尖大学有 3 个在加州，其中两个在硅谷。硅谷创新创业的机制中，非常重要的一点是世界一流大学与产业、企业的密切互动。优秀大学吸引全球最优秀的学生，硅谷吸纳全球最强大脑，比如斯坦福大学具有很强的凝聚力与延伸力，不仅在校生、教授们参与创新创业，学生毕业后也更希望留在硅谷工作或者创业，硅谷成为高科技劳动者的主要聚居地，这是硅谷具有的科技创新创业重要优势之一。

二、融入区域经济、加强校企合作的现实需要与重要作用

（一）武汉城市发展与武汉大学发展的关联

高校是人才的摇篮，创新的源泉。高校的发展关键是人才，在人才引进过程中，高校所在的区域优势与城市环境是重要的影响因素。武汉大学的发展与武汉城市发展息息相关，武汉大学为城市与区域经济提供创新动力与智力支持，同时，武汉城市的区位优势越突出，武汉大学对人才的吸引力也越强。武汉正在打造国家中心城市，以光通信、生物制药、移动互联网、存储芯片、液晶面板、地理信息服务等为代表的新兴产业初显集聚效应，武汉大学在新一轮城市发展的竞争中，可以结合学校的优势学科，融入和助推区域经济，学校的影响力最终将通过科研成果、人才培养和社会服务来体现。

武汉是全球大学生人数最多的城市，根据智联招聘发布的报告数据，武汉也是 2017 年全国高校校园招聘规模最大的城市。武大、华科两家高校进校招聘单位数各达到 4000 家以上，占据了武汉校招市场的 70% 以上。众所周知，武汉是全国最重要的人才培养基地，然而，武汉市政府自启动"百万大学生留汉计划"后，我校留汉就业毕业生人数并没有显著变化，武汉在成为国家中心城市的过程中，武汉大学应该可以起到更加重要的推动作用。

（二）现实需要与重要作用

1. 学校排名

在 QS、UNnews 等世界大学排名的指标要素中，既单独就毕业生就业竞争力进行排名，同时，全球雇主评价排名维度占综合排名具体指数 10% 的权重，可见就业竞争力与雇主评价指标对于进一步提升我校世界大学排名具有重要影响。

2. 人才输送

人才培养"顶天立地"的目标要通过就业引导来实现，我们在重要的就业市场不主动出击，就会被其他学校占领，一旦形成他校校友优势，未来则更难突破。一方面要把毕业生输送到国家战略的重要领域、重要行业、重大项目中去，另一方面加强校企、校地合作，主动占领和融入产业、区域经济发展，发挥集聚效应。以南加州大学为例，全球共有校友 41 万余名，其中 2/3 在南加州地区，还有 3 万左右在旧金山湾区，8000 名在大纽约市，校友间经常以各种关系组织交流活动，共促事业发展。此外，我们还要加强对毕业生理想信念、家国情怀、责任担当的教育，鼓励毕业生报考中央选调生、国家机关公务员、各省地方基层选调生。"顶天"要送武大学子进中央办公厅、国家部委、中直与省直机关；"立地"要选送优秀毕业生主动下基层，到中西部边远基层艰苦地区锻炼与成长，既为经济欠发达地区作贡献，同时也更有利于校友未来的发展。

这些目标的实现，必须以对外加强校企关系、校地关系为前提，对内加强对学生就业观、择业观的教育与引导。目前，我校在航空航天、国防军工、装备制造、大飞机、电子科技集团等重要领域和重大项目就业的人数，比同等类型的 985 院校如浙江大学、华中科技大学、哈尔滨工业大学等有较大差距，以今年来就业市场最为紧俏的计算机类专业为例，2018 届我校某对应专业毕业研究生中 31 人去了华为、29 人去了腾讯，去国防军工电科集团等单位的没有 1 人。如果毕业生都仅以个人的薪酬高低作为择业的主要标准，可能几年以后，这些单位将不会再到武汉大学来举办招聘会，学校也有可能失去这些重要的就业阵地。

(三) 合作形式

1. 就业引导

一是做好招聘服务，实行雇主分级制度。根据上年实际签约人数、主营业务行业排名、企业社会知名度、对我校捐赠支持等情况实行等级管理，对 VIP 企业优先提供招聘资源，包括：宣传渠道、场地使用、学生组织等全方位服务。二是加强就业引导，通过组织参观交流，挂牌实训基地，搭建实践平台，增强在校生与重要雇主的联系、交流、体验。

2. 联合培养

大学的培养目标是科学精神和博雅文化，但也需要关注社会用人需求与人才标准，雇主评价也是对人才培养质量的积极反馈，可以通过互聘导师，开设行业、企业特色前沿领域课程，让学生有机会提前了解到行业发展趋势与职业岗位知识结构与能力素质要求，提前做好积累与准备。

3. 业务培训

为企业提供业务培训、在职学历和继续教育是履行高校社会服务的一种常见形式。目前我校开展的各类业务培训也比较充分。

4. 创业教育

培养创新拔尖人才，使得创新创业教育的作用越来越凸显。围绕武汉市规划重点产业，尤其是光谷核心产业和我校优势学科，应促进学生科研项目向创业项目孵化。全美大学生自主创业比例达到 20%～30%，创业项目孵化也是企业吸引高层次人才的新途径。拔尖科技创新人才往往更追求自由空间和自我价值的实现，传统校园或者社会渠道很难招聘到顶尖科技人才，通过对创业项目的投资或收购，成为互联网为代表的高科技行业越来越重要的人才招募渠道。我们应进一步整合创新创业教育资源，为具有创新性、科技性的创业项目提供场地、资金、政策、导师等指导与支持，促进创新精神培养、创业能力提升和大学生创新创业项目的孵化。

5. 项目合作

关于科技转化，产学研合作，共同研发前沿性重大攻关课题，硅谷的研究机构主要有以下几种：政府资助机构、规模企业研发中心、市场化研发机构、草根级研发机构和高校。以腾讯公司为例，腾讯现在非常重视在基础研究与应用研究层面与高校的合作，同时公司内部也组建了大量的科学实验室，如优图实验室、音视频实验室、量子实验室、AI LAB、医疗 AI 实验室等，这些实验室关注领域前沿发展，也推动科研成果落地，负责人均为学界或工业界顶尖学者或研究人员，有越来越多的权威学术期刊论文和顶级学术会议的科研成果发表。在实验室和科研过程中表现优秀的同学，还能以共同作者在科研论文署名并获得教授推荐等。

6. 共建实验室

例如小米公司已在我校计算机学院联合建立实验室，开展协同创新，共同研究解决前沿领域方向性的技术难题。在上例中列举的腾讯内部大量科学实验室，也正在探讨与在该专业领域具有优势学科的学校共建实验室，或者利用高校实验室来进行科研，公司给予资金补偿和支持。

7. 教授创业

一部分信息学科或工科专业教授将科研成果转化，甚至自己开办公司或者由自己的研究生开办公司，自己在背后做技术支持，这种情况在加州高校中很常见，学校对此显得比较宽松，规定只要不太影响专业教学即可。

8. 经费支持

目前我校校友捐赠力度大、成效显著，但是社会捐赠还可进一步挖掘潜力。美国高校社会捐赠之普遍自有其文化与制度背景，但学校为企业提供支持与服务，赢得大额资金支持促进办学的思路可资借鉴。可积极支持校院两级单位与对口行业、企业签订全面合作协议，争取企业和个人捐赠，为学校软硬件发展提供更加充足的资金支持。

三、推动校企合作的困难与建议

1. 研究人员激励机制

青年教师的职称评定标准主要是纵向科研项目及高水平论文产出，具体来讲他们将主要精力集中在自科、社科和教育部研究课题上，对于企业以技术应用型为主的横向课题的关注度与积极性并不高。然而，以腾讯公司为例，企业开始关注科学前沿理论的研究与探索，甚至已经投资开展基础科学领域的研究，大企业研发机构的研究实力已经今非昔比，需要开始关注产业发展的新动向，激发青年研究人员对企业应用型横向课题的研究兴趣。

2. 知识产权成果归属

与企业合作，发明专利或科研论文的著作权归属问题，是归个人所有还是学校所有还是企业所有，权利归属问题需要提前从制度上予以解决。

3. 相关部门配合联动

多形式校企合作的建立与开展，可能不是单个部门或一两个工作人员推动就能够完成的，就业中心只是信息渠道与沟通媒介，最终合作落地是依靠学校教学、学（研）工、科研管理与学院（系）、培养单位的联动与配合。

4. 部门个人绩效激励

事业单位的宗旨是为社会提供优质的公共服务，并不具有主动创收的绩效动力，然而高校的发展除了靠政府财政拨款外，强大的社会筹款能力无疑对加强学校软硬件设施建设、加大人才引进力度具有重要作用。以加州大学尔湾分校为例，就业中心与继续教育学院是一个单位，其中有一个 5 人培训小组创收了 500 万美元，整个部门一年创收 5000 万美元。

人才引进、培养及考核

高校人力资源管理存在的问题及改进对策

金 晨

（武汉大学国家网络安全学院）

一、概　述

随着社会的迅速发展，国际竞争力的强弱成为国家发展程度的衡量标准，国际竞争力依靠的是科技水平，科技离不开教育，因此，教育特别是高等教育被各国提升到重要战略高度。高校的特点是知识密集和人才密集，同时高校教师也是非常重要的一种人力资源，这个群体传道授业、培养各行各业高级人才，剖析高校人力资源状况是研究高校人力资源管理的前提。

本次美国名校研修之行，看到美国高校人力资源管理的一个重要特点是人才流动灵活，高校人才"跳来跳去"，这种现象背后的运作理念和制衡机制值得我们研究剖析。

在大力发展经济的过程中离不开尖端人才，离不开高校教育，离不开高校人力资源管理的研究。目前我国大力开展人才战略，出台了一系列的改革措施，精简学科专业，积极有效地进行校企合作，提高科研水平。虽然取得了一些成绩，但高校人力资源管理滞后问题也浮出水面，优化提升管理水平势在必行。

二、高校人力资源管理存在的问题

通过努力，我国高校人力资源管理状况得到了改善，但总体尤其是与发达国家相比，管理层次和水平还有待进一步提高。随着高等教育的发展，学生人数增加，教师的数量却相对不足；非教学人员比例过高，专任教师与研究人员的比例较低。职称结构层次大大提高，高学历教师占专任教师总数的份额得到了显著改善，但仍有提高的空间。教师"近亲"现象严重，高级人才硕士和博士难以引进。某些高校人力资源管理水平较低，主要体现在数量和人力资源结构上。接下来我们从战略层面、管理实务层面分析某些高校人力资源管理存在的关键问题。

（一）战略层面存在的问题

现代人力资源管理相对于传统人事管理，除了包含人事管理的战术性职能外还具有战略性职能。从战略的高度理解人力资源是因为人力资源的战略地位早已被学界和企业界广泛接受。以学校资源为基础的理论告诉我们，学校拥有人力、物力、财力和技术等资源。人力资源是学校绩效的最终决定因素，是学校战略上的核心要素。

1. 对人力资源的认识问题

高校普遍认识到了人力资源的重要性，但对人力资源的认识还存在着局限性，如职工职业生涯的发展需求还没有被重视起来，只要求维持其现状，表现为对这部分员工管理目标定得比较低，做好本职工作即可，导致高校发展战略和发展目标难以实现。

2. 定位问题

目前，大部分高等院校对人力资源重要性有了一定的认知，但是不够全面和深入，只重视高校人力资源中少数高层次人才而往往忽略了占大多数的基础人才；忽视了与高校发展紧密相关的人力资源的战略层次问题，只关注高层次人才的引进等事务性工作；高校人力资源管理现状与现代人力资源管理的要求还有一段距离，还没有将其提高到决策层的高度，大多数高校不能主动为领导决策提供咨询、参谋和支持，还在被动地执行上级领导命令。职能机构和职位的设置与人力资源管理的定位紧密相关，很少有高校专门设置人力资源总监一类的职位，依然保留人事处等传统部门行使人力资源管理的战术性、事务性人事管理职能，人力资源管理依然是准行政事务型的管理运作形式，还处在老旧的管理模式下运作，不符合现代人力资源管理的要求，不能满足现代高校发展的需要。

3. 政策制定和实施问题

高校是创新思维最活跃、最具创新传统和意识的单位，高校不同其发展战略也不同，如斯坦福大学专注于精英教育，学科设置和办学规模适度；加州大学洛杉矶分校则选择全学科和大规模的综合性大学的战略；加州理工学院办学策略是少而精等。我国高等教育迅速扩张，大家公认一流大学必须要大规模、全学科，于是各高校大兴土木、招兵买马，学校升格、合并蔚然成风。很多高校发展战略趋同毫无特色，大搞评估竞争，形式主义盛行，教育投入高却缺乏效益。由于上述原因，制定高校的人力资源战略变得非常困难，各种外部力量（如来自政治的、政策的和世俗的）严重影响了高校的发展目标和战略的确立和稳定性。

人力资源战略在某些高校目前还很难实施。某些高校的人力资源管理总体上还处于起步阶段，而执行部门通常是高校发展战略的执行者，还不能充当决策者的角色，这是由高校的学校架构和权力体系决定的，这种权力高度集中的模式好处是管理和决策的效率非常高，坏处是因为缺乏有效的权力制衡机制、参与机制和利益表达机制等，学术群体的建议很难进入决策层，存在决策隐患。此外由于制度的不完善，高校发展战略能否实施、能持续多久是不确定的。领导层变动频繁，上届好不容易引进的高级人才在这一届由于管理理念不同而遭弃用，人才浪费严重，一些有能力的高层次人才不得志而远走高飞，人才离职率很高。

(二) 管理实务层面存在的问题

1. 人力资源配置与流动问题

人力资源配置是指学校对人力资源进行合理、有效的配置，使其很好地发挥个人能力，形成良好的工作团队，从而给学校带来更高的效率，为学校带来更高的回报。人力资源的流出、流入和在学校内流动所发生的人力资源变动，它影响到一个学校人力资源的有效配置。

当前，大部分高校人力资源由两部分组成，一部分是高校教师从事教学和科研工作，另一部分是管理人员从事高校的管理和服务。高校内部的人力资源流动就是指这两部分人员间的互相流动。

第一种是高校教师向管理人员流动。当前，高校的一个特点是行政权力强于学术权力，即学术权威让步于行政权威，其结果是作为学术权威的高校教师的声音往往被忽略，为了获得话语权，一些有管理特长的高校教师寻求转为管理人员。教师转向管理人员对人力资源配置的优化效果具有很强的不确定性，其原因如下：通常只有知识层次较高的高校教师才能获得重要管理职位和管理权力，这些优秀人才转为管理人员序列之后，教学和科研就会出现空缺，高校的教学和科研创新就会受到影响。总体上，这种人力资源流动的结果通常会造成高校内部的人力资源配置的恶化。

第二种是管理人员向教师系列的流动。高校的管理架构是金字塔形，管理层级越高职位越少。因此高校管理人员越往上走竞争越激烈，大多数的管理人员最终会原地踏步甚至被淘汰，这时，高校管理人员向管理职位特别是重要管理职位的流动使管理人员的境遇更加困难。为了自己的职业生涯发展，他们的选择有两个，第一个选择是向校外流动；第二个选择是通过继续教育等方式转为教师序列，以使个人发展的空间得到拓宽。

2. 维持与开发问题

某些高校的人力资源管理理念落后，把关注点放在了从社会招聘高学历人才上，对学校原有人员很少关注。为了迎接评估或提高学校的师资水平，每所学校都不惜花费大量财力物力去引进各种人才。为了吸引高层次人才，高校对新引进的高学历人才往往待遇极高，造成学校员工之间待遇差距过大，原有的职工心里会失衡进而丧失工作的热情，对学校也会由忍耐到失望甚至不满，稍有机会就可能离开，这种结果只能加大高校成本，严重威胁其稳定性。

许多高校一方面担心对现有人员开发会加大成本，另一方面担心培养的人才流失。这种不负责任的行为不仅不会提升现有人力资源的水平，最终还会对整个高校的人力资源建设造成伤害。各高校的所谓人力资源流动现在还没有走出高校这个藩篱，校级之间的沟通和交流还不频繁。在高校体系中，省会的高校相比其他地区而言人力资源开发的力度稍大一些，受益也更多一些；经济文化落后地区人力资源开发程度较低自然受益就少。

3. 激励问题

人力资源管理的一个非常重要的课题就是激励，激励的效果显而易见，因此激励在私营部门和公共部门都深受管理者重视。高校的人事改革实践中，不管是人事制度改革还是薪酬改革，都是高校人力资源管理应重视的重要工作。

（1）分配制度激励的局限性

岗位津贴作为按月发放的福利，高校教职工已经对其漠视起来，因为许多高校员工岗位津贴水平太低。

（2）激励方式单一

伴随经济的快速发展，全国人民生活水平有了很大提高，高校教职工也不例外，尤其是2000年工资调整之后，高校教师基本处于社会中产阶级的地位，物质生活无忧。加之整个社会尊师重教风气的形成，高校教师需求从生存转换到发展，很多理工科背景的教师纷纷和政府、企业合作，谋求个人更大的成长空间，也带来更多的物质利益。然而与物质利益相比较，他们更加关注高层次的需要，如成长空间、发展机会等，所以只依靠物质方面的激励对他们会越来越不起作用。

（3）激励的标准欠公平

高校教师的工作时间一般都比较宽松，劳动时间不好统计，公平、客观地考核这个群体的工作量难度较大。现在全国通用的以绩效为重要考核指标设计的薪酬制度，往往低估了高校员工特别是高级人才的价值，大量优秀人才对这种考核体系不满，要么选择降低付出，要么干脆跳槽到别的高校或者单位，造成人才流失。

三、高校人力资源管理改进对策

（一）战略层面的对策

1. 战略定位的解决策略

在确立高校的战略定位时，一定要将高校的人力资源管理定位于决策层，同时也一定要将人力资源管理部门定位为核心部门。高校的战略定位是人力资源管理战略层面需要被优先解决的问题，它是妥善解决其他问题的基础，其内容包括确立人力资源管理在学校中的地位和人力资源的正确定位。

不同的学校对人力资源管理的战略定位也应有所区别。①规模小的学校首先考虑的应该是生存和维持，然后才是发展，学校的人力资源层次要求不高，学校战略目标十分明确，单一做好管理和监控即可。针对这一类学校，人力资源管理定位于执行层更有利于学校的发展。②外部环境变动剧烈、竞争激烈的学校，人力资源管理理所当然定位于决策层，因为人才是学校的核心竞争力，是学校持续发展最重要的资源。

2. 制定高校人力资源战略

战略就是整体性、长远性、基本性的谋划。高校战略就是对高校发展进行的整体性、长远性和基本性的谋划。

某些高校的整体情况不容乐观。不少高校大力扩张办学规模，最终造成省内高校的同质化竞争。从国际视角看，世界上的著名大学也不都是学科齐全、规模超大，其往往重点发展某个学科领域，最终凭借各自学科研究优势获得相应的国际学术地位。

这些高校应选择差异化的竞争策略才能在激烈竞争中得到立足和发展。首先，高校结合自身的内部环境和外部环境进行评估和分析，审视自身在人力资源、物力资源、财力资源和知识资源等方面的优势和不足，对自身的发展正确定位。其次，确定重点发展的学科领域（比如高校自身有优势的学科或其他高校还没有发展的前沿学科）。最后，加大人力资源引进发展该学科，获得相对的人力资源优势，进而转化为高校的竞争优势。只有在激烈的竞争环境中寻求相对的竞争优势和安身立命的资本，才能避免出现全面出击、全面落后的结果。以此为基础，高校人力资源的发展战略还要充分契合高校的发展战略，充分契合学校文化，并与高校其他方面的管理协调一致。

3. 保持人力资源政策的相对稳定

政策支持和资源支持是影响人力资源战略实施的两个关键性因素。公立高校的资源主要依靠政府财政统筹拨款，财力资源供给相对稳定，高校内部政策则决定着人力资源的稳定性，决策实施者的个人好恶影响着人力资源战略的制定和实施。

本文建议采用如下策略以使高校人力资源战略的政策环境更加稳定：首先，依据适度分权的原则，对高校教师的权利进行重新定位，使其拥有学校发展战略和实施的建议权、咨询权甚至否决权等，建立高校教师参与高校重大决策和利益表达的渠道，从而形成集体决策机制，进而促进制衡机制在高校内部的形成。在集体决策和制衡机制下制定的战略和政策更具有代表性，不会因为领导层的更迭而中断执行，可有效保障战略的长期稳定执行。其次，依据行政权力和学术权力适当分离的原则，除了结合当前的体制环境和高校自身的实际情况，还应该参照教育发达国家的先进经验组建由教师代表组成的常设权力机构，该机构参与高校有关学术方面政策的制定，使学术政策的制定更科学，执行更有延续性，有助于提高高校在学术领域的地位。

（二）管理实务层面的对策

1. 解决高校人力资源配置与流动问题

（1）解决高校内部人员的配置和流动问题

高校内部教师和管理人员的流动是个人志向选择的结果，受到现行体制的影响，行政权力是高校学术群体的追求目标。行政体系是金字塔形结构，管理人员职位越往上升迁竞争越激烈，部分管理人员为了个人的发展重新选择自己的专业，流向教师群体。一定程度和范围的人力资源流动对人力资源配置是有好处的，但是如果逾越这个范围就会产生副作用，人力资源配置将出现整体恶化的趋势。

本文建议采用"教授会"制度，以减少因教师和管理人员互相流动而引发的人力资源配置的恶化问题：构建由优秀教师代表组成的常设权力机构，赋予该机构一定的权力（如高校长期规划、发展战略等的咨询和参与决策的权力，甚至否决权）。

（2）解决各高校之间人力资源的配置和流动问题

目前高校的人力资源特点是人才特别是高级人才非常稀缺，不能满足高校发展的需求。本文认为目前高校存在的人才短缺现象靠自身很难解决，可通过政府构建高校人力资源合作机制和平台给各高校共享，借此改善师资不足、配置不均等状况。利用此平台进行校际科研合作，这是一种实现人力资源优化配置较为可行的方案。

高校人力资源共享平台的资金来源，建议一部分由政府设立专项经费解决，另一部分由各高校按各种业务需求承担。共享平台人力资源的构成包括两部分，一是高校的富余教师和退休但有余力的教师、外籍教师等；二是来自社会的各研究机构和政府、企业的专家。

高校人力资源交流与合作机制的建立，对各高校的相互了解与互信大有裨益，可全面提升高校的人力资源管理水平。人力资源竞争往往会呈现强者更强、弱者更弱的竞争格局，实力较强的高校会集中更多人才，实力较弱的高校情况更加恶化。这时处于弱势的高校往往对人力资源培训没有意愿，担心为他人作嫁衣，更倾向于引进人才，最终形成重招聘轻培训的局面。

2. 高校人力资源维持与开发问题的解决对策

（1）构建学习型学校，改善工作绩效

本文认为高校应该构建学习型学校以应对激烈的竞争环境。学习型学校是指能持续地扩展自己的能力并用以开创未来的一种学校，它能够熟练地创造、获取和传递知识，并且能善于为了适应新的知识和见解而修正自身的行为。高校通过构建学习型学校促使教职工获取新知识，更新教职工思想观念，改变教职工思考方式，重塑教职工行为方式，激发教职工创造性思维，最终达到全面提升高校人力资源水平的目的。

另外，高校通过构建学习型学校建立起教职工团队互动式学习机制，教职工协同关系得到加强，进一步融合了教职工共同思维能力，团队整体效能获得提升，学校发展和个人全面发展最终会达到和谐统一。

（2）建立心理契约提升忠诚度

为了留住人才资源，最合适的方式就是建立人才和高校之间的心理契约。所谓心理契约，就是依靠感情和责任来维系高校和人力资源双方关系。高校应该认识到这个心理契约的重要性并制定有效的机制维护这个心理契约。

（3）打造学校"品牌"，依托品牌建设增进吸引力和凝聚力

高校人力资源管理品牌化效应对实现高校持续发展具有十分重要的作用，受到越来越多高校的关注。为获取优质人才资源，高校应深度挖掘自身独具特质的人力资源管理文化，并将其演变和凝聚成人力资源管理品牌，以有效促进提升高校的吸引力和凝聚力，最终促成高校人力资源持续、稳定的发展。

（4）推进高校内部教职工满意度互评制度

不仅重视对外部及服务对象的满意度测评，同时推进高校内部教职工满意度互评制度，打造和谐的工作环境以使人力资源发挥最大效能。

3. 解决人力资源激励问题

（1）薪酬制度要深度改革

①公平性应优先体现。高校针对相同的群体要制定一样的标准。

②优化绩效考核。虽然说任何一种薪酬方案都可能或多或少地有缺陷或不足，但是多劳多得、效率优先应该得以体现，不能搞大锅饭，让薪酬绩效考核流于形式。

③标准要适度。制定的标准太高会抬高学校管理成本，太低则员工会丧失积极性。

（2）激励方式要注意多元化

①物质激励与精神激励相结合

近几年来，高校教职工的薪酬和福利有了一定的提高，可是相对于医疗、教育和住房等支出的急剧增长，现有待遇远远不能满足他们的物质需求。高校的物质激励一般在变动初期才会产生比较理想的激励效果，而且效果持续时效短，因此应注重精神激励的作用。精神激励通常包括目标激励、情感激励、职业发展激励、荣誉激励和人际关系激励等非物质激励。

②短期激励和长远激励相结合

比较而言，短期激励的刺激效果优于长远激励，更加适合高校的重大任务；长效激励更适用于高校长期目标的实现，强度虽不占优势但胜在保持的时间久，更能维系高校员工对学校的情感，形成稳定的心理契约。所以高校运行激励制度应该把二者相结合，更好地调动高校的人力资源，确保各项工作的顺利实现。

③激励兼顾个体与团队

要想制定最优的激励策略不能只有个体激励，还要和团队激励相互结合。随着学校分工越来越细，工作任务越来越复杂，依赖个人能力很难在规定的时间内完成任务，这就要求加强团队协作。单纯采用个体激励会使另一部分人员工作热情降低和合作意愿减退，团体绩效下滑。

（3）适度、及时和公正

在高校中如果过度激励的"阈值"上升，以后的再激励就会困难重重，频率的适度是指频率要适中，任何激励都存在时效性，如果激励频率过低就会使教职工丧失积极性，在面临重大攻关任务时人人退缩，同时频率过高激励对象就会产生激励疲劳，同样不能起到激励的作用。

所谓激励及时就是指激励的时机要恰当，不论是事前激励还是事后激励都要选择恰当的时机进行激励，要想达到激励的目标就要求激励必须及时，太早起不到作用，太晚就会打消员工的积极性，只有掌握了准确的时机才能达到激励的效果，激发员工发挥更大的热情投入到预定的任务和工作中。

激励还要严格遵守公平的原则，尤其是程序公平。在高校的激励付诸实践过程中，总会有部分教职工对激励方案的某些方面不满，除去个人因素原因，更主要的原因是决策层在制定分配政策时该公开的不公开，流程混乱，一把手权力过于集中，不能最广泛地发挥民主听取群众的呼声，评审依据不公示，人为地给教职工提供了很大的想象空间。如果在激励过程中技术方面存在无法解决的困难，就很难保证绝对公平的激励机制的设计和实施。

◎ 参考文献

[1]刘淑杰，周晓红. 国外教师绩效工资实施效果评价的研究进展及其启示[J]. 外国教育研究，2016(4).

[2]李孝河. 学校管理中的教师专业化发展实践与思考[J]. 中国教育学刊，2017(2).

[3]俞启定，等. 审视与反思：我国高职教师职称评审标准的套用问题[J]. 教师教育研究，2016(1).

[4]王雁，等. 当前我国高等院校特殊教育专业人才培养现状分析及其启示[J]. 教师教育研究，2016(1).

[5]周海涛，李虔. 大学教师发展的模式探析[J]. 大学教育科学，2017(4).

美国高校个性化学业指导的
启示与借鉴

胡法拉

(武汉大学数学与统计学院)

为学生提供学业指导是高校的重要职能，学业指导工作富有成效是人才培养质量的基本保障。高校为学生提供的学业指导也对青年的人生发展起着至关重要的作用，学生通过学习不断自我成长并为追求实现个人目标而不断努力，最终为社会做出贡献，这是高校促进学生学习发展的意义所在。我有幸参加了赴美研修学习，走访斯坦福大学、加州理工学院、南加州大学、加州大学伯克利分校、加州大学洛杉矶分校等8所高校，实地感受到了世界一流大学的优越环境和自由的学习氛围。美国高校基于学生个性化发展提供学业指导，依托多项途径和资源促进学生学习能力和创新能力的发展，在帮助学生学业成功的同时更为学生实现更长远的发展目标创造了条件和机会(本文中提到的学生学业指导实例主要是面向本科生的学业指导和服务)。

一、美国高校个性化学业指导的
基本概念和发展历程

根据美国国家学业指导协会制定的学业指导手册，学业指导是一种发展性过程，通过教育帮助学生认清人生和职业目标。学生通过和指导者的交流获取信息，认识到自己所受教育带来的最大潜能。学业指导者关注学生的学业成功，并考虑学生的个体差异，提供学业决策指导以及高效的学习活动等。指导者的作用包括促进有效的交流，以课程、职业规划和学业进步的视角协调学生的学习经验，并在必要时获得其他部门的支持和帮助。学业指导的目标是帮助学生有效地进行终身学习和发展。学业指导在设计、执行、评估等各个环节都与其他学生工作、师生教学活动以及学生的全部生活相辅相成。

美国学业指导的发展历程分为三个阶段，在 1636—1870 年，不存在独立的学业指导工作，其与学生事务杂糅在一起。随着办学规模扩大和学科数量和复杂性不断增大，在 1870—1970 年，学业指导从学生事务中分离出来，高校设置专门职务、配备人员负责学业指导，20 世纪 60 年代，美国高校的师生关系从"管教型"向"发展型"过渡，"发展型"学业指导不仅关注个人问题和职业选择，还关注学生的理性过程、与环境的互动、人际关系、问题解决能力和评价技巧。"发展型"学业指导是基于师生协商后达成的共识，这个阶段的标志性事件是哈佛大学设立专人负责指导学生选课。随着全球化和国际化发展，新时代竞争压力增大和学生个性化需求增加，1970 年美国成立国家学业指导协会，表明美国学业指导体系进入了完备和专业化的阶段。从 1970 年至今，学业指导进入了专业化时期，逐渐发展成为以专门理论、专门学术组织为支撑，由专业人员为主力的高校专业职能之一，学业指导涵盖选课、学习方向、学业计划、学习援助、学习动机和心理等多方面的指导和服务。

二、美国高校个性化学业指导机构介绍和实例

1. 美国高校就业指导机构建设

美国高校设立学业指导机构开展工作，常见的机构主要有两类：一类是依托于教务体系的学生教育办公室等；另一类是依托于学生事务中心的注册办公室、各种学生服务和学习中心，如学术成功中心、学生服务中心、学习支持中心等。

　　学业指导队伍主要由四类人员构成：专业咨询师、机构职员、院系指导教师和受过培训的高年级学生。他们的辅导侧重各有不同，专业咨询师负责对学生进行全面的指导；机构职员为学生提供学校规章制度、课程安排、专业选择和程序方面的指导；院系指导教师可能是授课教师也可能是职员，根据身份不同对学生的指导也不同；受过培训的高年级学生一般提供同辈辅导。以走访的几所美国高校学业指导机构为例，其机构设置情况见表1，表格中的数据来源于2018年9月高校主页上公布的数据。

表1　　　　　　美国高校基本情况和学业指导机构

高校名称	成立时间和学生人数	学业指导相关机构
斯坦福大学	1891年成立，7032名本科生，9304名研究生	本科教育办公室、教学和学习办公室、学生事务中心
加州理工学院	1891年成立，961名本科生，1277名研究生	教学和学习发展中心、多样化发展中心、学生事务中心、师生合作项目办公室
南加州大学	1880年成立，19000名本科生，26500名研究生	注册办公室、学生事务部门、教务办公室、入学服务办公室
加州大学伯克利分校	1868年成立，30574名本科生，11336名研究生	学生事务部、本科教育办公室、入学管理办公室
加州大学洛杉矶分校	1919年成立，29633名本科生，12212名研究生	资源中心、社区学习中心、教学发展办公室、学生事务部、本科教育办公室
加州大学尔湾分校	1965年成立，29307名本科生，5935名研究生	入学管理办公室、学生事务部、本科教育部门
旧金山大学	1855年成立，6745名本科生，4274名研究生	入学管理办公室、学术事务办公室、学生生活办公室

2. 学业指导开展的形式与内容

美国高校开展学业指导的形式多样，主要通过一对一学业咨询、学业辅导、团体辅导、工作坊等，还开展各类项目指导学生学习和参与科研，多样化的学习中心面向全校学生免费开放，学生可以在网上预约学业咨询、学业辅导、学术技能指导等一对一服务。学业指导部门整合校内资源为学生提供专业的学业指导和服务，还为学生提供海外学习或实践机会，拓展全球化学习资源。

高校提供信息化服务支持提升课堂内外学习效率，为教师使用新科技改进教学提供技术支持和指导，帮助学生巩固学习内容提升学习效果。例如，加州大学洛杉矶分校的教学发展办公室负责的共同协作学习空间（CCLE）项目，通过 Moodle 开放学习管理系统实现网络学习管理，教师可以通过网站上多个工具实现布置预习任务、在线讨论、管理作业等，如通过 Zoom 工具在线平台为学生进行答疑和课业指导。

3. 斯坦福大学个性化学业指导实例

斯坦福大学整合校内外资源为学生提供学业指导和服务，有多个部门或办公室为学生提供个性化的学业指导，主要通过本科教育办公室，学生事务中心，教学和学习办公室下设的办公室、学生学习联合中心或者相关项目来进行学业指导（表2）。除了学校设立专门的机构为学生进行学业指导外，各学院也为学生提供学业指导和服务，以下主要介绍学校层面的学业指导相关机构和项目。

本科教育办公室成立于 1995 年，为全校师生提供学业咨询、组织学习项目，帮助他们适应大学学习并为将来从事研究和工作做好准备，提供咨询服务、组织课程、研讨会、研究项目、出国交流等等。促进教师与本科生建立联系，帮助教师进行课程设计并不断改进教学方法，进一步提高学生的学习效果。办公室由 Bing 海外研习项目、在宿舍园区开展的教育项目、斯坦福入门学习指导、学生学业咨询与研究等机构组成。它与学生事务办公室

105

和招生办公室紧密合作，为学生提供指导和服务，促进本科教育的创新和进步。

学生事务中心是一个多元化的部门，负责为学生提供广泛的服务和支持，有超过 25 个办公室或中心，通过领导力提升、宿舍项目、公共服务、职业探索等促进学生发展，负责学生事务的助理副教务长还监管行政办公室、学生办公室、职业教育、宿舍教育、注册和学术服务、Vaden 健康中心的工作。

教学和学习办公室成立于 2015 年，提供一系列的学习支持服务，帮助学生提升学习潜力和创新能力，为学生提供学术技能指导、辅导和语言能力，可通过 Lathrop 学习中心的团队和校园内的宿舍园区的计算机顾问，为学生提供一站式服务，另外还有数字语言实验室为语言学习和教学提供资源和支持服务等等。

表 2　　　　斯坦福大学学业指导机构和服务内容

主管机构	办公室或项目	内容与形式
本科教育办公室	Bing 海外研习项目（BOSP）	为在海外的学生提供学习的机会，是课程的重要组成部分，所有的 BOSP 课程都纳入学分，BOSP 还拓展了多形式的项目，包括学期制项目、实习等
本科教育办公室	在宿舍园区开展的教育项目	包含多个项目，主要面向大一大二学生，如，"大一大二学院"项目成立于 1999 年，通过申请的学生集中住在相邻的两栋宿舍，由大约 100 名大一和 60 名大二学生组成，为学生提供工作坊、辅导和系列主题的小型研讨会等，邀请杰出的教授、企业家、社区领袖和艺术家与学生交流，与院长共进晚餐。另外还有面向新生的艺术学习项目（ITALIC 项目）、人文教育项目和利兰学者项目等，利兰学者项目是开学前为期四周的项目，帮助新生提前进入大学

主管机构	办公室或项目	内容与形式
本科教育办公室	斯坦福入门学习指导	斯坦福入门学习指导面向一年级和二年级的必修课和选修课项目，有 300 多名终身教员在 SIS 项目中授课，项目包括：思维方式、入门研讨、自我塑造的教育、大二学院、艺术强化课程等
本科教育办公室	学生学业咨询与研究	每一位学生都可以在这里找到学业咨询师或学术导师，为不同年级的学生、学生运动员等提供一对一学业指导咨询，包含选课咨询、专业选择咨询、就业咨询、升学指导等等，提供丰富的网站资源促进学生学习和科研，如有学生独立科研网站，为需要参与科研的学生提供教师科研相关信息，帮助学生参与到教师的科研项目中等等，促进学生独立开展科研项目
学生事务中心	注册办公室	为学生提供课程等相关信息，遵守学校相关的学术政策进行学生注册、学位毕业审核等，维护学生信息系统，负责教室和活动场所的预定和安排、课程安排等等
学生事务中心	宿舍园区教育	在学生的宿舍园区开展多个项目或活动，有全职人员常驻学生宿舍园区为学生提供服务和指导，开展促进学生学习和科研相关项目，促进学生的学习和生活良性发展
学生事务中心	Schwab 学习中心	该中心是一个促进终身学习的中心，为学生、教职员工和校友提供各种免费服务。为有阅读障碍、多动症的高能力学生提供专家咨询和服务，为他们提供评估并帮助他们提高学习技能；开展时间管理、学习策略等指导，还提供各种教育会议信息等等

续表

主管机构	办公室或项目	内容与形式
学生事务中心	语言中心	语言中心开展各类语言课程、在线测试以及多样化项目为学生提升外语能力,以提高他们的学术水平,使他们能够在不同的国家生活、工作、学习和研究,能够与来自其他文化背景的人进行交流
学生事务中心	Hume 写作和演讲中心	为在校学生提供写作和演讲技能的指导和服务,有专业教师进行学习指导,也聘用通过培训和考核的在校学生作为同辈辅导员,同辈辅导员需要经过申请、推荐信和面试来进行筛选,为在校学生提供一对一指导,帮助他们提高写作和演讲能力
学生事务中心	Markaz 资源中心	为所有来自非洲、中东、中亚、南亚和东南亚以及对美国穆斯林文化或体验感兴趣的学生服务。通过多个项目活动促进学生发展,鼓励学生多样化表达,以学生的谈话、小组讨论和表演为特色。Hume 写作和演讲中心的写作辅导也为 Markaz 资源中心提供服务
学生事务中心	多样性发展和第一代大学生办公室	通过研究、论坛、课程和研讨会,培养学生的能力和信心,以体验归属感,并与来自不同背景的人建立真正的联系。注重支持第一代和低收入大学生的学业和发展等等
教学和学习办公室	专业发展中心	为在校学生、在职研究生提供学业指导和服务,提供证书项目、选课咨询服务,发布课程资源,开展在线研讨学习等等。例如对于选课人数众多的专业课程,录制上课视频并通过在线课程平台发布,为在校学生和在职研究生提供远程学习平台并帮助他们获得学分
教学和学习办公室	学生学习联合中心	为学生开展学业辅导和学习技能工作坊,学习技能辅导员为学生开展工作坊,围绕学习策略、时间管理、帮助学生提高学习效率等提供服务

续表

主管机构	办公室或项目	内容与形式
教学和学习办公室	学生技术服务	通过在 Lathrop 学习中心的团队和校园内的计算机顾问，为学生提供一站式服务。帮助学生设置和连接设备，保护信息，解除故障等。学生可以使用 24 小时学习空间，以及 3D 打印机等
教学和学习办公室	Lathrop 学习中心	Lathrop 学习中心是学生学术和技术支持服务的中心枢纽，在 Lathrop 图书馆的一楼可得到所有服务，其他基于 Lathrop 的服务在校园其他地方也得到广泛应用
教学和学习办公室	学生导师和博士后	为高年级本科生和研究生提供培训、指导和支持，帮助他们承担课程助理、课程讲师和未来教育者的各种角色。提供专业的一对一咨询服务，提供课程支持等服务
教学和学习办公室	在线学习指导	在线学习资源由学校教学和学习办公室管理，为校内外的师生提供免费的终身学习平台，提供学习机会和证书，与许多学校和部门合作。斯坦福在线提供了 100 多种免费的在线课程或大规模开放在线课程，促进学生的终身学习和自我提升

　　除了以上机构外，斯坦福大学严格的研究生助教制度也为学生学业指导提供了广阔的平台，大多数研究生都会被要求参与到教学或科研项目中，在一定范围内为在校学生提供学业指导服务并获得报酬和资助，助教岗位丰厚的劳酬也是研究生愿意利用业余时间投入学生学业指导的重要因素，例如博士生参加助教岗位可以减免学费并按照时薪发放劳酬。完备的研究生助教奖学金制度为研究生指导学生学习和科研提供了有力保障，制度中对助教岗位类型、工资发放标准等作了规定，例如规定研究生从事的助教工作需要与自身的科研和学习经历相关，担任助教的研究生还需要经过培训获得就

业资格才能胜任助教工作，教学型助教为学生提供课程上的学业指导，协助教师开展教学活动，指导学生学习和实验，主持复习课和考试评分，维护现有课程网站等等。斯坦福大学大多数课程按照每20人配备一名研究生助教指导学生学习，进一步保障了学业指导的专业性和有效性。

三、美国高校个性化学业指导的优势

1. 美国高校个性化学业指导体系完备

美国高校个性化学业指导经历了长期的发展历程，形成了完备的科学化体系，大多数美国高校有专门的学业指导机构以及多元化的学业指导队伍，学业指导的专业化和系统化都得益于学习科学流派理论成果的支撑，学校从行政管理到教师，都十分重视为学生创造良好的学习环境和学业指导服务，学业指导机构和学校其他部门也互相协作，为学生个性化发展提供机会和支持。

2. 个性化学业指导覆盖面广泛

学业指导始终以学生为中心，为第一代大学生、亚裔、残障学生、国际学生、同性恋群体等多样化的学生群体提供服务，成立专门的服务中心提供便利的学习条件和平等的氛围，学习中心也依托社区中心为学生提供便利的学习辅导和服务，学业指导部门根据学生的年级、专业不同，开展教育指导项目，教师和管理人员也到宿舍园区为学生提供指导和服务。除了提升学生的学习能力和帮助他们发现兴趣和发展方向，帮助学生与教师建立联系，鼓励学生参与教师的项目外，还不断拓展学习资源，帮助学生参与跨学科跨地域的项目或实习，为学生提供多样化的学习资源和指导服务。

3. 科学化信息管理和服务提供有力支撑

美国高校管理的信息化程度很高，所有的服务都可以在网站上查到相关介绍和预约方式，学业指导相关机构都有相关的网站，并考虑学生的需求设置板块和项目，院校两级的资源信息也进行了充分的整合和共享。此外，美国高校网上课程也非常丰富，通过网络化的信息管理，可以更好地搜集学生学习反馈的相关数据，学业指导人员也可以根据学生咨询的反馈情况开展学业指导研究，进一步促进对学生学业指导工作的开展。

4. 同辈辅导为学业指导拓展新空间

美国高校的学业指导机构大多采用专职和兼职老师相结合的方式开展工作，学业指导机构的主管一般都具备相关教育背景的博士学位，有着丰富的工作经验，学业指导机构有全职的专业的学业咨询师，也会聘请高年级学生做同辈辅导员，担任同辈辅导员的高年级学生要经过相关的培训，通过了考核才能担任同辈指导员的工作。同辈辅导员为高校学业指导队伍的重要力量，例如，2013年，美国加州大学伯克利分校学习中心有20位专职人员和250余名学生辅导者，负责为全校学生提供跨学科、数学、自然科学、社会科学、学习方法策略、写作等7大类学业指导服务，每学年接待来访学生8500人次。

5. 科学化评估和学生反馈促进学业指导发展

美国高等教育标准提升委员会负责对美国高校的学业指导工作进行评估，整个评估过程包含确定目标、设计评估指标、收集数据、解释数据、反馈评估报告、做出规划决策指导六个环节，高校自身也建立了科学化的评估体系，在咨询服务中搜集学生的反馈意见，不断提高学生对学业指导工作的满意度。

四、美国高校学业指导对我校的启示和借鉴

由教育部高等教育教学评估中心编制的《中国高等教育评估词汇》将"大学生学业指导"定义为高等院校对于在校生进行学术与非学术、课内与课外、大学学习与终身学习乃至职业生涯规划等在内的所有学习活动的指导。内容包括学习思想与观念、学习目标与内

容、学习方法与手段、学习心理与道德等。目的是最大限度地挖掘学生潜力，拓宽学生受教育经历，帮助学生顺利地完成学业，培养学生的学习能力，促进学生更好的发展，可以看出国内外学业指导的范畴基本一致。我校为学生提供学业指导的人员有任课教师、外聘学者、学生辅导员、班级导师、部分行政人员、部分高年级学生和研究生，学校本科生院、研究生院、团委、各学院教学办公室、学院团委和学生工作办公室均为学生提供学业指导和服务，但都不是专门的学业指导机构，学业指导模式也以分散型组织模式为主，我校学业指导工作还有很大提升空间，美国高校个性化学业指导对我校有很强的启示和借鉴意义。

1. 提升教学质量强化全员育人意识

学生学习和受教育的主阵地仍然是课堂的课程学习，教学质量的提高是学业指导效果提升的重要保证，教学质量的提升需要依靠一批学术水平高和教学能力强的师资队伍，并需要在教学管理上不断提升，可以借鉴在国外一流高校的本科生培养中推行的小班授课和倡导研讨的教学和学习模式，让学生在教学过程中不仅获得知识更能受到启发从而自主探索新知识。另外，应不断加强全员育人意识，学校各部门应通力协作为学生提供高效便利的服务，为学业指导发展创造有利环境。

2. 建设好专兼结合的指导人员队伍

学业指导问题往往不只是单纯的课程学习的困惑，有时交织的是心理问题或发展困惑等等，学业指导也需要有专业的知识和相关经验，建设好专业的学业指导队伍是为学生做好学业指导的必要前提，可以邀请专家开展培训或者组织网络课程学习，帮助提升教师、辅导员、教务行政人员的学业指导能力，为兼职人员提供岗前培训，对学业指导的现状进行调研和分析，根据各学科领域的学习规律特点探索形成我校的学业指导工作规范，使学业指导逐步向专业化方向发展。此外，加强研究生助教的建设也是为学生提供学业指导的有效途径。

3. 逐步成立专门机构优化学习资源

学生面临的发展问题日趋复杂，学习竞争压力也越来越大，学生个性化需求和自主学习意识将逐渐增强，学校需不断为学生提供丰富的学习资源，除了图书馆的资源和信息以外，应发挥学校优势学科的作用，加强跨学科之间的合作与联系，逐步成立专门的机构为学生提供学业指导和服务，积极帮助学生参与到老师的科研项目中，在帮助学生拓展学习的广度和深度的同时，帮助学生进一步明确发展方向，提升学习能力。

4. 拓展校内外合作的形式和内容

积极拓展校内外的发展机会和资源，与国内外高校和科研院所开展交流合作，利用校友资源和校企合作，拓展能力提升课程、实习实践项目等等，除了现有的国际交流合作项目以外，应为学生提供更多校外学习机会和资源，不断丰富学业指导的形式和内容。

5. 加强信息化建设提高指导的效果

通过信息化建设紧密加强各部门的联系与合作，倡导信息共享，规范工作流程，不断完善学生信息系统的模块和功能，通过信息化建设为学生提供一站式服务。集中和优化学业指导的人力资源和网络学习资源，为学业指导提供科学工具和数据支持。此外，还应不断丰富 MOOC 平台学习资源，拓展在线学习内容和功能，最大限度地提高学业指导的效率和效果。

◎ 参考文献

[1]韩玉青，魏红．美国高校学业指导模式初探[J]．高教发展与评估，2016(6)：83-88.

[2]孙荪．基于"以学生为中心"的高校学业指导体系探究[J]．江苏高教，2017(2)：70-72.

[3]宋春燕．美国高校基于学生多样性的学业指导[J]．现代教育论丛，2015(6)：85-89.

浅析美国"雇主"理念及对我校 "双一流"建设人才引进的启示

余 丽

（武汉大学生命科学学院）

2017 年 1 月 24 日，教育部、财政部、国家发展改革委联合印发了《统筹推进世界一流大学和一流学科建设实施办法（暂行）》，要求以中国特色、世界一流为核心，落实立德树人根本任务，以一流为目标、以学科为基础、以绩效为杠杆、以改革为动力，推动一批高水平大学和学科进入世界一流行列或前列，为实现"两个一百年"奋斗目标、实现中华民族伟大复兴的中国梦提供有力支撑。

武汉大学一直以办人民满意的大学为宗旨，为加快推进"中国特色、世界一流大学"建设目标，计划于 2020 年，将学校建设成为：稳步提升在国内高校第一方阵中的地位，初步跻身世界一流大学行列，若干个学科处于世界前列，初步建立与一流大学相适应的现代大学管理体制和支撑机制，拥有一支具备较强国际竞争力的师资队伍。[1]

那么，世界一流大学是怎么样的？什么样的学科才算世界前列？如何打造较强国际竞争力的师资队伍？可以从哪些方面提升武汉大学的大学管理体制？带着这些问题，2018 年 7 月，我们作为武汉大学派出的第二批青年管理干部赴美研修团成员，赴美国加州大学伯克利分校、斯坦福大学、加州旧金山大学、南加州大学等多所知名高校，以及硅谷创业园、高通公司、威瑞森电信等多家企业进行研修，实地学习。

一、从学科评估结果、"双一流"建设名单和 "全球高被引科学家"名单,看我们的进展和短板

2017年12月28日,教育部学位与研究生教育发展中心公布全国第四轮学科评估结果,第四轮评估在95个一级学科范围内开展,共有513个单位的7449个学科参评,全国高校具有博士学位授予权的学科有94%的学科申请参评。第四轮评估结果根据"学科整体水平得分"的位次百分位,将排位前70%的学科分为9档公布:前2%(或前2名)为A+,2%~5%为A(不含2%,下同),5%~10%为A-。[2]

其中武汉大学在本轮学科评估中排名第七,比第三轮评估排名有所提升,具体排名情况见表1,表格以各校A档以上学科数量为标准排序。

表1   第四轮学科评估中A档以上学科数量排名前七名名单

第四次学科评估排名	学校名称	A档学科总数	A+	A	A-
1	浙江大学	39	11	11	17
2	清华大学	37	21	8	8
3	北京大学	35	21	11	3
4	上海交通大学	25	5	10	10
5	复旦大学	23	5	8	10
6	南京大学	21	3	11	7
7	武汉大学	16	4	4	11

其中武汉大学获评为A+学科的分别为马克思主义理论、地球物理学、测绘科学与技术、图书情报与档案管理4门学科,获评为A学科的有法学、生物学、软件工程、公共管理4门学科,获A-学科的分别为哲学、理论经济学、中国语言文学、新闻传播学、数

学、物理学、化学、地理学、计算机科学与技术、水利工程、工商管理11门学科。另外还有9门学科获评为B+学科，分别为中国史、世界史、生态学、土木工程、环境科学与工程、口腔医学、药学、管理科学与工程等。[3]

2017年9月21日，教育部、财政部、国家发展改革委联合发布《关于公布世界一流大学和一流学科建设高校及建设学科名单的通知》，世界一流大学和一流学科建设高校及建设学科名单正式确认公布。[4]

武汉大学进入国家一流大学建设A类名单，10个学科进入一流学科建设名单，分别为理论经济学、法学、马克思主义理论、化学、地球物理学、生物学、测绘科学与技术、矿业工程、口腔医学、图书情报与档案管理学科。而北京大学有41个学科，清华大学34个，浙江大学18个，复旦大学、上海交通大学各17个，南京大学15个，人民大学14个，北京师范大学、东南大学、中国科学技术大学、中山大学各11个，[5]武汉大学的一流学科个数排名不够理想，仅列第12名。

结合第四轮学科评估与一流学科建设名单来看，理论经济学、法学、马克思主义理论、化学、地球物理学、生物学、测绘科学与技术、矿业工程、口腔医学、图书情报与档案管理学科十门优势学科为武汉大学的高峰学科；软件工程、公共管理、哲学、中国语言文学、新闻传播学、数学、物理学、地理学、计算机科学与技术、水利工程、工商管理11门学科为武汉大学的高原学科；将这十门高峰学科和11门高原学科建设成世界前列学科，并发挥武汉大学综合性大学多学科优势，深化学科交叉融合，是我们学科发展的目标。

习近平总书记强调，人才资源是第一资源，也是创新活动中最为活跃、最为积极的因素。[6]

一流学科的发展离不开一流的师资，一流的师资队伍是建成世界一流大学的关键要素，要拥有一支具备较强国际竞争力的师资队伍，除对现有师资队伍的持续性培养外，还需要继续进行顶尖优秀青年人才的引进，壮大人才储备，确保师资队伍的梯队建设。

而 2017 年 11 月 15 日,科睿唯安(Clarivate Analytics,原汤森路透知识产权与科技事业部)发布了全球 2017 年"全球高被引科学家"名单,来自美国的"高被引科学家"人数最多,达到 1644 人,中国位居第三,有 249 位科研人员入选。从统计来看,仅美国硅谷地区,包含我们研修的斯坦福大学、加州伯克利大学在内的高校就有 149 人入选,而国内入选者为中国科学院 37 人,清华 15 人,浙江大学和北京大学各 13 人,[7]武汉大学仅 1 人,国际顶尖人才数量显得十分匮乏。

二、从世界一流大学困境洞察人才引进壁垒

2018 年 9 月 26 日,泰晤士高等教育(Times Higher Education)公布了 2019 年世界大学排名,美国已经连续第 15 年在全球排名中占据主导地位,TOP100 大学榜单中美国就占了 41 所,中国(含香港)共 5 所上榜。

我们研修的美国加州几所高校全部上榜,其中斯坦福大学为第 3 名、加州理工学院为第 5 名、加州大学伯克利分校为第 15 名,加州大学洛杉矶分校为第 17 名,南加州大学为第 66 名,加州大学尔湾分校为第 96 名。[8]

研修团在加州大学伯克利分校就业中心的访问中,就业中心国际学生就业顾问 Jing Han 向我们咨询中国就业政策,中国就业市场最需要什么学位/专业人才?学生是否获得更高的学位才能提高在中国就业市场的竞争力等相关问题,他们也苦恼亚洲留学生的就业问题,但是不太了解中国的就业政策和行业形势。在中国驻洛杉矶总领馆访问中,教育组参赞衔领事张泰青高度关注"美国大学博士后回国后能否做 PI"以及"博士后情况、博士后经费来源、博导平均年龄"等等国内高校的具体情况,帮海外学子打听国内高校的具体政策,以帮助美国收紧经济后的华人学子找到更合适的去处。

他们的疑问突然启发了我,原来国内在焦虑如何更好引进海外优秀人才的时候,世界一流大学的学子们也在焦虑无法更多了解国内的具体情况,无法做出更好的判断。

同时，在这些世界一流大学研修近一个月的时间里，我们多次在各高校的就业中心、校友会部门还有硅谷公司的讲解中听到"Employer"一词，不同于国内"用人单位"的概念，他们将这个词诠释为"雇主"，涉及打造雇主品牌、提升雇主声望、加强雇主关系维护、雇主企业文化认同、雇主评价体系等等理念。

若将我们求才的角度转换成武汉大学也是世界一流大学学子的雇主，换位思考，结合美国"雇主"的种种理念，我有了以下几点启发。

三、美国雇主理念对我校"双一流"建设人才引进的启示

1. 打造雇主品牌(The Employer Brand)吸引力，提升雇主声望(Employer Reputation)

优秀的雇主要思考如何吸引人才，实施人才强校战略，打造一流师资队伍。作为优秀的雇主，不仅在师资人才引进的时候有"筑巢引凤"的人才理念，除薪酬福利外，还要让人才看到发展前景。

人才都希望进入一个蓬勃发展、增速较快的科研单位，与时俱进、稳打稳扎，才有信心跟着学校一起发展和成长。武汉大学要想吸引顶尖人才，我们需要明确优势，加强国际宣传，打造武汉大学的雇主品牌的吸引力，提升武汉大学在顶尖学府学子们心中的雇主声望。

"世界一流"与大学排名紧密联系。QS 世界大学排名(QS World University Rankings)作为由教育组织发表的年度世界大学排名，与泰晤士高等教育世界大学排名、世界大学学术排名，被公认为世界三大最具影响力的全球性大学排名。2018 年 6 月 7 日，英国 QS 全球教育集团发布了第 15 届世界大学排名，武汉大学居全球第 257 名，中国内地高校第 8 名。[9] 相较于去年的全球第 282 名，排名上升了 25 位；在中国内地高校中，排名比去年上升 1 位。这是我校连续第四年稳居 QS 世界大学 300 强(表 2)。

表 2　　QS2019 世界大学排名中国内地高校前十名名单

2019 年排名名次	2018 年排名名次	学校
17	25	清华大学
30	38	北京大学
44	40	复旦大学
59	62	上海交通大学
68	87	浙江大学
98	97	中国科学技术大学
122	114	南京大学
257	282	武汉大学
285	325	哈尔滨工业大学
291	316	同济大学

　　QS 2019 年世界大学排名的指标和权重如下：学术声誉(权重为 40%)、雇主声誉(权重为 10%)、师生比(权重为 20%)、文献引用数(权重为 20%)、国际学生比例(权重为 5%)和国际教职工比例(权重为 5%)。[9] 从这几个指标来看武汉大学在国际大学中的排名较为不错，名次比去年有大幅提升。

　　另一个排名 ESI(基本科学指标数据库的英文字母大写简称)为基于 SCIE/SSCI 所收录的全球 12000 多种学术期刊的 1000 多万条文献记录而建立的计量分析数据库。按被引频次的高低分别排出居世界前 1% 的研究机构(高校)、科学家、研究论文和居前 0.1% 的热点论义，基本上能衡量我国各个学科在世界范围内的具体实力排名。[10] 2018 年 9 月 ESI 最新排名公布(表 3)，武汉大学有 16 项居于前 1%，1 项居于前 1‰。

表 3　　ESI2018 世界大学排名中国内地高校前十四名名单

全国排名	大学名称	前 1% 数	前 1‰ 数	全球排名
1	北京大学	21	7	95

全国排名	大学名称	前1%数	前1‰数	全球排名
2	中国科学院大学	15	7	97
3	清华大学	18	5	108
4	浙江大学	18	8	121
5	上海交通大学	18	6	127
6	复旦大学	18	4	166
7	南京大学	16	2	211
8	中国科学技术大学	13	4	218
9	中山大学	19	2	219
10	山东大学	15	2	286
11	华中科技大学	15	3	287
12	四川大学	16	3	301
13	吉林大学	11	2	313
14	武汉大学	16	1	356

2. 加强雇主关系维护

近几年武汉大学十分重视新媒体的宣传力量，"吾心归处即是珈，武汉大学交叉学科论坛走进欧洲遍揽英才""五月上旬法德英，漂洋过海只为您！武大院长、院士招聘团邀您欧洲面谈""吾心归处即是珈，武汉大学诚聘青年千人""QS世界大学排名武大居第257名，较去年上升25位""武汉大学2018年美国高端人才恳谈会预告""武汉大学美国海外学者交流恳谈会（波士顿、芝加哥站）即将举行"等等在武汉大学的公众号上向全球华人进行宣传，并且学校校长、院士、院长、学院书记纷纷带队赴海外招募顶尖人才。

这些都是为了保持武汉大学的持续性发展，进一步加强武汉大学和海外学子的联系和互动。

3. 雇主企业文化认同

高校的雇主企业文化包含大学文化、大学精神、学科可持续发展等内在品质。加州大学洛杉矶分校行政副校长 Jack Powazek 强调，员工和雇主企业之间的关系是相互依存的，要发展和实施人力资源理念，让员工认同企业文化，才能在组织中发挥最大的人力效能。

我们要进一步凝练和弘扬武汉大学"求是 拓新 自强 弘毅"的武大精神，彰显大学核心价值，将社会主义核心价值观融入师生的日常工作和生活中，培育大家共同认同的优良校风学风，构建富有武汉大学特色的大学文化体系，形成可持续发展。

4. 人才引进与雇主需求紧密对接

人才引进工作要与学校的规划布局进行衔接。"双一流建设"要求进一步凝练学科方向，将更多的资源向优势高原学科倾斜，打造更多的高峰学科，以提升学科的国际地位，优先引进急需人才。除了加大引进资金投入以外，还可以采取项目合作、技术咨询等柔性引进的方式，引进所需人才，壮大人才储备和梯队建设，尤其是要加快全球顶尖人才引进和优秀青年人才选拔培养力度，[11]确保武汉大学"双一流"建设拥有充足且持续的人才资源输入。

人才引进中除了考量待引进人才的专业方向、学术水平，还需考量其与学科发展的契合度以及在团队中能否发挥引领作用。

5. 优秀的雇主要如何留住人才

人才争夺战，人才经营战，"引得来"更要"留得住"，让人才转化为战略影响力。

要管理体制给力：引进人才从入职到融入再成长为学科建设中流砥柱的过程，离不开人力资源部门和管理体制的支撑和帮扶，岗前培训、经费支持、科研平台打造、办公用房、住房保障、家人安置、子女教育、医疗保障、学术交流平台等等均应到位，为人才发展奠定稳定的服务基础。

要职业规划清晰：帮助吸引来的人才梳理好职业发展轨迹，提供相应的支持和容错的机会，帮助人才形成良性的短期和长期发展目标，构建人才成长需要的动力体系，激发引进人才将自身的发展与学科的发展、武汉大学的发展融为一体，不断夯实学科建设发展的深厚基础。

6. 优秀的雇主要如何培养人才

优秀的雇主会将员工看做资源，会去投资、培养他们，使他们发展成为更好的资源。

良好的人才制度和政策环境是人才强校的重要保障。在武汉大学加快"双一流"建设的契机下，尝试推进适合优势学科、交叉学科发展的特殊政策以及特优环境，通过重点人才和创新团队培养、高层次人才服务保障等，加快推动人才制度和政策创新，构建多层次、多元化的人才体系。应建立高端人才聚集的人才创新团队，培育学科领军人才，实施青年拔尖人才出国培育计划和青年学术带头人引育计划。[1]

7. 建立科学的评价体系，进行过程考核和结果考核

探索构建"师德为先、教学为要、科研为基、发展为本"的完整、系统的人才质量评价体系，建立完善的人才评价激励机制，科学使用评价结果，优化人才成长生态环境。[1]

四、两点建议

目前国内高校对海外顶尖人才的争夺已经形成白热化态势，人才的争夺战也是一场信息覆盖战，如何吸引人才，如何让人才更了解我们、愿意选择我们，是我们的难题。但海外学子学成之后，无法更多了解国内具体情况，无法做出更好判断，也是他们的难题。

建议武汉大学人事部人才与专家工作办公室设专人，常年负责与海外华人领馆和海外顶尖大学毕业生就业办对接，或者聘用/邀请目前在海外华人领馆任职或海外顶尖大学任教的校友担任兼职联

络员，定点关注科研成就突出又愿意来中国发展的科研人才，定点常年宣传武汉大学的人才引进政策，不仅做到"一人一议，一事一议"的量身定制，更能做到"一问一答"解析所有引进人才想了解的具体情况。

另外，建议加强相关工作统筹，减少多部门交叉管理，打造一站式服务，整合政策、资金、项目等，加速推进武汉大学的招才引智工作。

◎ 参考文献

[1]武汉大学. 关于发布《武汉大学一流大学建设高校建设方案(精编版)》的通知［EB/OL］. http：//www. whu. edu. cn/info/1118/9221. htm.

[2]全国第四轮学科评估工作概览［EB/OL］. http：//www.cdgdc.edu. cn/xwyyjsjyxx/xkpgjg/283494.shtml.

[3]学科评估 A 类学科数量及排名 top 最新版［EB/OL］. https：//kaoshi. china. com/gaokao/news/1426528-1. htm.

[4]中华人民共和国教育部. 教育部 财政部 国家发展改革委关于公布世界一流大学和一流学科建设高校及建设学科名单的通知(教研函〔2017〕2 号)［EB/OL］. http：//www. moe. gov. cn/srcsite/A22/moe_843/201709/t20170921_314942. html.

[5]世界一流大学和一流学科［EB/OL］. https：//baike. baidu. com/item/世界一流大学和一流学科/22135305？ fr = aladdin # reference-［4］-22774171-wrap.

[6]习近平. 在十八届中央政治局第九次集体学习时的讲话［N］.人民日报，2013-10-02.

[7]2017 年科睿唯安"全球高被引科学家"(中国部分)［EB/OL］. http：//bbs1. netbig. com/thread-2828891-1-1. html.

[8]泰晤士 2019 世界大学排名出炉，百强学校大更新！［EB/OL］. https：//www. sohu. com/a/256469951_656798.

[9]QS 世界大学排名武大居第 257 名，较去年上升 25 位［EB/OL］. https：//mp. weixin. qq. com/s？ __biz = MzA5MjM3MzUxMA = =

&mid = 2655698543&idx = 1&sn = d89d239dff33b399a968fb464852 d62b&chksm = 8bd00906bca78010bf3bff7c9d8278faa2554efab0940 e2b8a2af540238e4c8330e559f611cd&mpshare = 1&scene = 23&srcid = 10254nq5sS71ONTwC87J7lau#rd.

[10]路哥看教育.2018 年 9 月份 ESI 排名公布[EB/OL]. https:// baijiahao. baidu. com/s? id = 1611936323621827021&wfr = spider&for = pc.

[11]白云朴.我国新一代人工智能发展的人才现状及其对策建 议[J].互联网天地,2018(3):26-30.

论以生为本视野下的国际化人才培养

田业胜

（武汉大学健康学院）

一、引　言

高等教育国际化已成为当今世界高等教育发展的趋势和主流。《国家中长期教育改革和发展规划纲要（2010—2020 年）》明确指出，高等教育要适应国家经济社会对外开放的要求，培养大批具有国际视野、通晓国际规则、能够参与国际事务和国际竞争的国际化人才，要加强国际理解教育，推动跨文化交流，增进学生对不同国家、不同文化的认识和理解。中共中央办公厅、国务院办公厅2016 年 1 月印发的《关于做好新时期教育对外开放工作的若干意见》指出，要"坚持扩大开放，做强中国教育，推进人文交流，不断提升我国教育质量、国家软实力和国际影响力"。上述文件和要求将我国国际化人才培养提升到了新的境界新的高地，必将激励高等院校抢占国际化人才培养制高点。很显然，国际化办学和国际化人才培养已经成为高等院校人才培养体系中的重要一环。

如何培养国际化人才，不同高校基于自身的校情和办学状况，因地制宜，因势利导，积极进行了探索并取得了长足进步，为中国高等教育发展做出了重要贡献。其中，把学生利益作为推动国际化办学的动力之本，重要的一环是关注人才本身，落实以生为本，在国际化办学中强调人性化管理模式，切身体会学生所需、所想、所求，努力培养出具有国际意识、国际交往能力和竞争能力的人才，提升学校的国际影响力。

二、美国高校以生为本理念与举措

为深入学习和研究以美国为典型的西方国家高校管理经验，2018年暑期，武汉大学青年管理干部研修班赴美国进行了为期28天的学习、培训，对美国部分高校的国际化办学进行了考察交流，初步了解了美国高校以生为本思想在国际化人才培养中的趋势与特点。

美国是高等教育国际化发展最快的国家，政府对高等教育国际化非常重视，高等教育国际化目前已上升为国家战略。在相关政策的强有力推动下，美国高校的国际化程度日益加深，成效显著，特别是在国际化人才培养方面，以生为本的理念润物细无声地贯彻落实在人才培养的各个环节、各个阶段、各个领域，处处体现"以学生为中心"的工作理念。

实行开放式办学。学校没有围墙，也没有宏伟的校大门，慕名而来的学生或家长都可以自由出入校园参观访问。有些教室也是开放式的，或在树林里或水池边，各种肤色的学生在一种自然、轻松的环境中学习、讨论。此外，世界各地的游客、学生或家长，只要与学校的相关部门和人员联系好，学校都可以安排学生讲解员或接待员，带领他们参观、游览校园，介绍学校的办学历史和办学政策，并发放宣传资料等。学校都设有纪念品超市，小纪念品及印有校名的T恤衫、遮阳帽等体现了学校的办学历史和办学特色，无形中宣传了学校开放式的办学理念，提升了学生对学校的凝聚力和向心力。

管理与服务措施多样。研修团所考察的美国高校在国际合作与管理、服务方面的主要措施有：为国际学生安排导师，对他们的学习、生活、心理等进行辅导、指导。针对来自不同国家和地区的学生，举办丰富多彩的校园文化活动，加深不同国家和地区学生的相互了解和交融。为本校学生创造出国学习、实习或者研究的机会。

尔湾分校国际交流办公室牵头成立了包括学生服务、安全部门、政策法规等部门人员组成的工作小组，小组成员定期会面，讨论危机处理和学生服务方面的有关工作。利用网络建立起全球各国学生间的联系，为他们提供更多的学习资源。积极帮助学生，为他们提供国际实习和学习的机会。

斯坦福大学设有国际学生中心，工作人员帮助国际学生适应当地生活，比如为学生提供办理签证方面的帮助，给研究生及研究生的家属开设相关课程，老师在学生正式进校之前作为寄宿家庭接待学生。

加州大学伯克利分校按照学生的特殊要求，为国际学生安排专职的就业辅导员，同时与学校其他部门合作，提供就业指导服务。每个就业辅导员根据自己的服务对象群体设计特定的项目，组织有关签证和移民政策的工作坊。

综上，美国高校在国际化人才培养过程中，明确工作主体，以学生为中心，支持学生成才。目前，我国高等教育正朝着大众化和国际化的方向发展，在此关键过程中，高校更应明确将学生确立为工作主体，努力打造以学生为中心的管理服务体系。同时，迫切需要改变传统事务工作模式，找准角色定位，视学生为服务对象，将更多的精力用于服务学生解决问题，尽力为学生创造开放的学习和生活环境，为国际化人才培养培植沃土。

三、启示及建议

（一）为国际化人才培养提供支撑

在不断完善国际化办学硬件基础之上，应优化办学机制，完善国际化办学过程。如制定办学评估指标、调整办学奖惩条例、建构办学监督制度等，形成国际化办学和人才培养的合力。进一步加大国际化交流的投入，设立国际化人才培养专项经费，为学生创建更多的国际化交流平台，提供更全面的经费支持，包括国际交换生项目、假期短期培训项目、假期游学项目、国际实习生项目等。

营造丰富的校园文化。努力打造国际化的育人环境，吸引更多的国际学生来校学习、交流。如通过开展丰富多彩的校园文化活动，培育良好的教风、学风、校风、考风，适应国际教育和高水平教学的需要。加强硬件建设，建设干净、整洁的校园环境，提供舒适、便捷、安全的学习条件和文体活动场地，为国际学生快速融入校园生活、顺利开展学习提供可靠保障。

将教学和实践环节融合起来。转变思路，转变教学理念，将国际化人才培养与毕业生就业工作紧密结合起来，制定并落实学生出国(境)留学激励机制，完善国际交流个人补助办法。此外，定期召开出国出境深造学生座谈会，推进境外交换生工作，推进境外学习互认制度，做好出国出境学习的指导与服务工作，积极为学生拓展多元化的教育机会。加强本校生与海外留学生交流互动机会，进一步促进国际文化的融合，从而推动校园学习环境国际化。

(二)加强队伍建设

对于高校行政管理工作而言，一支高素质、专业化的工作队伍是践行服务理念的关键，首先，注重在职人员的培训，强化职业素养和服务水平。服务理念在国际化人才培养工作中的渗透，其目的是为了建立更为高效、公平、和谐的管理服务模式，促进学生全面、健康发展。其次，注重互联网技术参与，创新服务通道，真正为学生发展服务。比如，可依托学校内部网络，嵌入实时、动态的信息交流模块，使管理服务部门与师生在最短的时间内进行信息交流。最后，对传统行政管理服务平台进行优化，建立更集约化的实体服务平台，不断拓展工作范围，提高工作实效。

应持续实施人才强校战略，优化师资队伍。积极探索优秀师资的培养途径，充分利用海外名师项目、高层次文教专家引进计划、高端外国专家项目等国家项目，聘请高层次专家来校合作研究、讲学。结合国家公派、单位公派等多种形式，选派不同层次的教师赴海外知名高校进行访学研究，确保国际化师资稳定发展，进一步激发国际化办学动力，为国际化人才培养注入源头活水。

(三) 优化课程与教学资源建设

积极采用新技术成果，加大力度建设数字化校园，开放课程教育资源，实现课程资源共享，扩大高校在世界的持续影响力。根据高校的办学目标和定位，调整专业结构，优化课程体系和教学内容，聘请具有国际背景的师资等。根据参与国际化办学的相关学科特点或专业特征，编制课程目标，依据课程目标建构课程框架并选择课程内容。注重国际化课程开发，合理分配国际性与本土性课程比例，适当开设一些有关世界文明、国际关系、国际政治、世界经济等课程，满足外国留学生和本校出国学生的学习需求。引进外文原版教材，积极倡导双语教学，逐步由简单化向系统化发展。

拓展教育教学体系的兼容性，促进人才培养体系与国际接轨。立足人才培养和学生成长需求，构建国际化的培养方案、课程结构、学分制度、学籍管理等体系，努力实现在学历、学位、学分的相互承认以及质量认证等方面取得重大突破，满足本国学生和留学生培养的个性需求，这是推进高校国际化进程的重要手段，也是我国高校以及高层次人才参与国际竞争的基础条件。

四、结　语

长期以来，高校管理工作因受传统行政化管理思维的影响，柔性化管理思维欠缺。新形势下，高校在国际化人才培养方面，特别需要引入人文因素，不断加强教学管理改革和转型发展，更好地完成立德树人的神圣使命。因此，在国际化办学进程中，高校应坚持"以生为本"的基本理念，关注学生的全面发展及与此相关的教学管理服务思路和方式的转变，努力实现国际化办学新的跨越、新的腾飞。武汉大学敢为人先，将2018年作为学生为本年，用最好的师资、最好的教学、最好的服务来体现以学生为本的理念，这对于国际化办学提供了更多的启示和思考。

美国终身教职制度对武汉大学
教师队伍建设的启示

王 浩

（武汉大学法学院）

一、引 言

美国是高等教育强国，2017 年 US NEWS 全球大学排名前 100位中，美国占 50 所，前 20 所高校中，美国占 17 所，前 10 所高校中，美国占 8 所。加州聚集了斯坦福大学、南加州大学、加州大学伯克利分校、加州大学洛杉矶分校等世界一流的高校，在美国高等教育方面居于领先地位。

加州高等教育的特点代表了美国高等教育的优势和长处。以上高校在教师队伍建设方面有很多值得我们借鉴的地方，笔者有幸在以上高校进行短期学习，了解到终身教职制度是美国高校教师聘任制度的核心和保护学术自由的重要途径，对教师队伍尤其是高层次人才建设有着重要作用。

武汉大学在对于千人计划创新人才长期项目和长江学者特聘教授层次的人才招聘宣传工作中，已经提出了提供终身职位的待遇这一概念。但对于如何运用与实施，截至目前还没有出台具体的政策。笔者选取该视角予以分析，希望对我校教师队伍建设能有一定的帮助和启发。

二、美国终身教职制度概述

1. 终身教职制度的产生与现状

1940 年，美国大学教授协会和美国学院协会联合发布了《关于学术自由与终身教职原则的 1940 年声明》，将终身教职定义为："在聘期内除非学校财政困难或教师所授课程停开、专业停办，或教师出现重大违纪违法行为，否则教授可以一直工作直至退休。目的主要有两个：一是保证教学、研究和相关活动的自由；另一个是提供足够的工作安全，吸引有能力的人从事这一职业。"从该概念可以看出设置终身教职制度的两个重要意义，一是维护学术自由，二是提供"工作安全"，终身教职"绝不是终生的职业保证，它只是为了保障教师在经过一定时间的试用期之后，不会被任意地解聘"。在美国高校中，教师岗位大致分为助理教授、副教授、教授三个级别。教师的教职又分为兼职教师、全职正式教师和终身教职教师，在全职正式教师与终身教职教师之间还存在终身轨教师（tenure track 或者 tenure line）。

斯坦福大学、南加州大学、加州大学伯克利分校和加州大学洛杉矶分校等加州主要高校都对教师实行终身制与非终身制相结合的教师聘用制度。助理教授（assistant professor）可以申请进入终身轨教师（tenure track），经过 5 年到 7 年的努力，进入终身轨的助理教授通过考核后，晋升为终身教职的副教授，终身教职副教授可以一直保持这个职位，或者再参加考核最终晋升为终身教职教授。若在规定期限内未通过评审被聘为副教授，则需另谋出路，即"非升即走"政策（up or out）。

2. 终身教职的聘任流程（以 UCLA 为例）

第一，助理教授的竞聘。在 UCLA 每年各个学院会根据本年度各专业教师退休、去世等原因确定并公布聘任岗位，在专业需要的基础上进行公开招聘。至少提前半年时间公布招聘岗位。名额极少，且是面向全球公开招聘。一般不招收本校毕业的博士生。

第二，tenure track 的试用考核期，UCLA 一般规定 6~8 年的考核期，这段考核期对申请人的教学、科研、社会服务等各方面有严苛的要求和考核规定，又被称为"魔鬼试用期"，分为年度考核和最终评议：年度考核是指这期间每年都会对助理教授进行考核，申请人每年需要提交详细的材料，陈述自己本年度的教学材料、课程进展、论文发表情况和社会服务情况，经系人事委员会、系主任、院长、校人事委员会、学术副校长、校长等层层审核，才能决定是否可以通过考核并继续留任；最终评议是在试用考核期的第六年，助理教授将接受最终评议，除年度考核中的常规审查外，是否能够晋升终身教职还需要接受国际同行的评议，由十几名资深终身教职教授组成的专家委员会对受审人的学术水准及其他指标进行综合评议。专家委员会的具体成员名单对受审人保密，其权威性和严苛程度可见一斑。

学校会在试用期结束前告知其是否被授予终身教职，如果未被授予终身教职，即按非终身教职对待；非终身教职的教师必须在一年内或者合同期满、合同资助款用完后终止聘期。从博士到终身教职的遴选可谓是"百里挑一"，哥伦比亚大学曾作过统计，所有被该校招收的助理教授中，最后能拿到终身教职的只占 10%~20%。

第三，终身教职后评估(post tenure review)。终身教职制一方面保护了教师的学术自由和职业安全，但其过分重视前期考核与审查、疏于后期评估的制度设计使得终身教职教师缺乏有效的激励和约束，而传统的年度评估、休假奖励评估等对终身教职教师来说形同虚设，终身教职后评估制度因此应时而生。根据现有美国加州法律规定，获得终身职位的副教授、正教授每五年必须进行一次考核。标准也是制定好的，一般不低于 tenure track 的标准。

已经获得终身教职的就不能解聘，考核达不到标准的，系主任会给被评估人设定目标和时间帮助其完成任务，有时候校长也会给其写信。一般获得终身教职的老师为维护已取得的学术影响和地位，都能完成考核任务。而且对正教授有激励机制，如果评估结果优秀的话，可以额外加薪，这样保证学校已经获得终身教职的老师仍然保持较高的学术水平。

三、终身教职制度本土化的思考

1. 武汉大学教师队伍的现状与不足

武汉大学现有人才建设政策是针对新进人员和原有师资队伍分类实施，提供了从国字号千人计划项目到普通博士后招聘等多种人才招聘机制。一般新进人员以博后，或特聘研究员、副研究员的身份进行应聘入职，分两个聘期，每个聘期3年。第一个聘期结束时需要参加考核，考核通过则获得固定编制副教授或教授的职位，未通过可以续聘第二个聘期，聘期结束未达到副教授水平，则解除合同，即国内特色的"非升即走"；现有教师基本属于固定编制的教师，如果想获得身份的提升，可以根据学校现有不同人才项目进行申请，新进人员中科研、教学能力突出的也可以直接申请相关人才项目，达到相关项目标准的，可以申请转入特殊人才聘用体系。多种人才项目可以提升教师队伍综合实力，提高学校综合竞争力。学校人事制度改革的目的是通过人才项目的系统建设将现有教师队伍按照人才项目的标准逐渐升级改造，达不到人才项目遴选标准的，在原岗位不动、选择转其他非教学科研岗位或者离校。进入人才项目的教师收入采用年薪制，薪酬标准与原有体系中相应岗位相比获得大幅提升。

聘期制教师最低以副教授的标准进行考核，囿于武汉大学的区位劣势，与北京、上海等地高校在高水平引进人才计划的竞争中处于劣势地位，因此如何提升武汉大学教师队伍建设的质量和效率，是我校亟待解决的问题。

武汉大学2018年各类人才项目见下表：

武汉大学 2018 年人才项目列表

序号	人才项目		项目级别
1	千人计划	长期项目特聘专家	国家级
2		短期项目特聘专家(含非华裔外国专家)	
3		青年千人计划	
4		外专千人计划	
5	长江学者	特聘教授(自然科学类)	教育部
6		特聘教授(人文社科类)	
7		青年长江学者(自然科学类)	
8		青年长江学者(人文社科类)	
9	杰青、优青	国家杰出青年基金获得者	自科基金委
10		国家优秀青年基金获得者	
11	青年拔尖	青年拔尖人才(自然科学类)	中组部
12		青年拔尖人才(人文社科类)	
13	百人计划	创新人才项目	省级
14		青年百人	
15		外专百人计划	
16	其他人才引进	文科杰青、优青	校级
17	其他人才引进	特聘系列(研究员、副研究员)	校级
18	重点资助博士后		校级

2. 终身教职制度的可行性分析(优越性)

2017 年 9 月,教育部、财政部、国家发展改革委印发《关于公布世界一流大学和一流学科建设高校及建设学科名单的通知》,公布世界一流大学和一流学科(简称"双一流")建设高校及建设学科名单。"双一流"建设方案是在国家中长期人才发展规划纲要的"服务发展、人才优先、以用为本、创新机制、高端引领、整体开发"

的人才发展指导方针下提出的，从国家到地方，都将人才作为经济社会发展的第一资源摆在了突出位置，各个高校均加快了人才队伍建设的步伐，在人才竞争中能否取得优势地位是各高校"双一流"建设有所建树的关键因素。

我校当前人事制度改革工作同国外高校的教师制度相比还存在一定的滞后性，必须将终身教职制度进行本土化改良，同现行的人事制度共同发挥作用。终身教职制度能够在以下几个方面提高武汉大学教师队伍建设水平，促进学校综合发展。

第一，提高优秀教师的职业荣誉感和职业含金量。首先，终身教职制度应该是占高校教师中少部分人的一种政策，这同终身教职制度在国外的运行状况也保持一致，以斯坦福大学为例，管理科学与工程系在 6~8 个科研方向里，过去十年，有好几个方向的年轻教师几乎全部无法通过终身教授的考评，合同结束后不得不另谋高就。这并不代表这些教师水平不高，他们很快成为其他排名略低的高校哄抢的目标。申请终身教职的过程形象地被称为"坐 tenure 监"，终身教职制度不可能也不应该针对校内大部分教师实施。如此苛刻竞争过程之后，终身教职首先带来一种收入分配上的差别，获得终身教职意味着获得更高的经济收入；其次是一种权力的差别，获得终身教职的教师是大学系统最核心的力量，是大学系统的主要决策者，对于高校各类资源的配置具有充分的控制能力；另外，终身教职还具有学术声望的差别，终身教职处于学术声望系统的顶端。终身教职因其来源于学术界的承认，继而获得了社会的广泛认同，成为了学术界具有崇高荣誉的职位系统，而获得终身教职也成为学术人的学术追求和价值实现的重要目标。

第二，理顺教师队伍退出机制。学校设立终身教职制度，可以避免以前全体教师队伍都是事业编的"铁饭碗"，能够促进高校教师的合理流动，增强岗位激励。提高入职门槛后，通过严格的审核机制，教师聘任程序能够成为真正的双选过程，审核试用期的设置提供了充分的时间和机会给申请人施展自己才华的机会，而未能通过使用审核，在一定程度上证明了其不适合在本校从事教学科研工作，能够有效实现自然淘汰和优化教师队伍结构的目的。

美国主流高校在终身教职制度的运行机制中，都增设并落实了终身教职后评估制度，评审不合格的教师将受到惩罚，有的高校甚至规定连续两次评审不合格的终身教职教师将失去终身教职，美国大学教授协会也从以前反对终身教职后评估制度转为有条件支持。我们可以通过强化后评估制度，避免出现一劳永逸的弊端，不断鞭策教师深入教学和科研。

第三，提高教师待遇与保障。终身教职是大学与资深教师之间的社会契约，是各大学必不可少的社会合同形式，优秀人才出于对智力挑战、思想自由、人才培养的兴趣而选择从事经济激励不大的学术工作，"以经济报酬较少的损失，换取终身教职的保障"。现有教师考核体系带给教师繁重的考核任务，也迫使部分教师为了通过各种短期考评，急功近利，产生学术泡沫，而不能真正潜心学术和科研。终身教职制度能够一定程度上解除教师的考核压力，让教师可以长期专注于特定学术项目的研究，从而有利于教师学术积淀和成果产出，为真正学术大家的产生提供制度保障和学术环境。

3. 终身教职制度面临的挑战和需要解决的问题

终身教职制度需要与现有人事制度有效衔接才能发挥作用，我校现有教师管理体系大致分为固定编教师序列、聘期制教师序列和高层次人才序列。终身教职制度如何与相关教师体系有效融合也是需要考虑的问题。

第一，终身教职制度与固定编制教师制度的衔接。终身教职教师的数量占比应该不超过学校全体教师的 10%。终身教职制度主要针对具有科研潜力和科研成果的教师实施的，学校在全员聘任制的推广过程中，将全校科研为主型的教师比例设定为 10%，这也正是与终身教职制度相符合。终身教职教师应能代表所在学科的一流学术和科研水平，首要考量的是科研能力和水平，不能苛求全体教师都具有相应的科研水平，在学校保持科研水平的前提下，还要有一批以教学为主和教学科研并重的教师队伍承担大量的教学和科研任务，这批教师队伍就可以沿用现有固定编制教师的考评机制予以考核，同时也应以终身教职教师的标准为最终目标，缓慢提高固定编制教师的考核标准，从而实现提高整体教师队伍综合水平的目的。

第二，终身教职制度与聘期制教师制度的衔接。截至 2017 年 10 月，聘期制教师共计 799 人，岗位设置有特任研究员、特任副研究员、博士后研究员及助理研究员。考核实行年度专项考核和聘期期满考核。2014 年首次开展选聘固定教职工作，截至 2017 年底，共有 75 位聘期制科研人员选聘为固定教职。学校实行的聘期制科研队伍，定位为学校科研产出生力军和后备人才资源库。聘期制教师制度是现有大部分年轻教师的入职程序，由于是参照普通固定聘期教师标准进行聘期考核的，考核标准与程序相对比较宽松，不利于优秀人才的选拔，武汉大学在加快建设成为"双一流"高校的过程中，终身教职制度有必要逐步替代聘期制。

第三，终身教职制度与高层次人才协议工资制的衔接。目前我校主要是按照《武汉大学实行高层次人才协议工资制暂行办法》《关于做好 2017 年教师和实验技术等系列专业技术岗位聘任工作的通知》等相关文件开展人事工作。高层次人才协议工资制主要是为了吸引在学术界已经取得一定学术成果和产生一定学术影响的人才加入学校教师队伍而推出的政策，目前国内顶尖高校都是举全校之力开展人才争夺战，武汉大学如果能够对其中的优秀人才提供终身教职的保障，将能够在与兄弟高校提供同等待遇的前提下取得领先优势。

四、结　语

我校人事制度改革当前坚守着"以增量撬动存量"的渐进式改革理念，增量改革所触及的利益关系较存量领域更易理顺；然而在政策衔接层面由于对原有存量教师在"转轨"及"接轨"后如何继续激发其学术积极性方面考虑不足，人事制度改革容易陷于"优化增量教师有余、盘活存量教师不足"的尴尬局面。笔者认为在现有固定编制制度保留的前提下，增加终身教职制度，不仅可以提高增量教师整体学术实力，也能够有效刺激存量教师参与竞争，在提高教师队伍学术自由、学术贡献和职业荣誉等方面能够发挥一定的积极作用。

◎ 参考文献

[1]鄂璠. 美国高校如何挖人才[J]. 小康，2017(13)：61.

[2]庄丽君. 美国高校终身教职后评估制度[J]. 高教发展与评估，2017(4)：70.

[3]葛冬冬. 我对终身教职制度的一点思考[N]. 文汇报，2016-09-02(7).

[4]蒋凯. 终身教职的价值与影响因素[J]. 教育研究，2016(3)：132.

高校职员业绩考核和评估
制度完善路径研究
——以加州大学洛杉矶分校为例

　　高等学校肩负着培养人才、发展科学、服务社会的职能，除了师资力量是高校发展的主要驱动力和推动力之外，行政管理人员也是高校的必要组成部分，职员的素质和工作能力直接决定着一所高校的发展速度和服务质量。如果说高校是一台高速运转的加速器，教师力量是加速器的发动机，那么管理职员就是其中的润滑油，发挥着润滑、辅助、防锈、清洁和缓冲等作用，维持着整个机器的健康、稳定、良性运行。笔者走访了加州大学洛杉矶分校，并着重了解了高校职员的业绩评估和考核机制，以给我国高校的人事管理工作提供借鉴。

一、现状：当下高校管理职员考核评估
存在的主要问题

　　业绩考核，是借鉴于企业绩效管理中的一个环节，是指考核主体对照工作目标和绩效标准，采用科学的考核方式，评定员工的工作任务完成情况、员工的工作职责履行程度和员工的发展情况，并且将评定结果反馈给员工的过程。对业绩进行考核和评估的最终目的并不是单纯地进行利益分配，而是促进部门与员工的共同成长，通过考核发现问题、改进问题，找到差距进行提升，最后达到部门

与员工的共同进步。

高校的人事部门对管理职员每年都有例行的考核和评估，但是考核方式比较单一，主要是年度考核，而且考核形式多以填表为主（部分高校辅导员系列往往有着单独的考核体系）。职员在表上简述自己一年来的工作内容，然后由单位内部确定考核等级上报。评估等级往往分为优秀、合格、基本合格、不合格四个档次。这种考核方式，既没有科学全面的考核指标，也未重视职员的发展情况，最后也只是将考核结果通报给职员，数额微小的奖励金额对员工的激励作用也并不明显。除此之外，它还有以下几个特点：

1. 考核指标重共性轻个性

在高校人事部门的考核方式上，不同系列的职员考核评估基本上都是填同一张表，不同职级、不同部门、不同岗位的职员使用同一套考核体系，忽略了个体的差异性。对管理职员的综合评价指标没有以岗位分析和岗位要求为基础，故不能充分体现管理人员的个体特征、岗位职责和工作内容，评价指标不够科学、明确，没有根据不同职员的不同工作性质，反映评价对象的真实情况，从而不能真实反映职员胜任本岗位工作的能力和发展潜力。

2. 考核体系重总结轻发展

目前高校职员的考核体系重在对职员过去一年工作的评估，即对职员提交的个人年度工作总结进行评估，既没有和年初的工作计划参考对照，也往往忽视了职员在过去一年中遇到的困难、有意向的培训诉求和下一年度的发展计划。对于高校目前日益年轻化的职员队伍来说，帮年轻职员做好职业规划和职业生涯设计，关注青年职员的发展诉求，有利于培养职员对高校的忠诚度，挖掘职员的工作潜力，使他们以主人翁的心态和视角更好地为高校发展服务。

3. 考核过程重评价轻沟通

考核方式一般是：每年年底，根据统一的考核内容和上级部门下达的优秀指标，由各单位负责对管理人员进行考核，管理人员撰写个人总结、填写年度考核表、部门述职测评、按优秀指标推荐优秀人员，其余为合格或称职，结果由人事部门存入个人档案，考核工作宣告完成。年终考核结束后，当事人只会得到一个评估结果。此外，大多数情况下，获"优秀"档次的人员是在单位或部门内部轮流坐庄而来，并未根据职员的工作绩效来据实评估。

4. 考核结果重当下轻长期

所有的年度考核资料和数据只作为当年考核结果，并未作任何整体归档和年度比较，且未对职员的发展进行跟踪培养和持续关注。纵观我国高校，职员对高校的忠诚度较高，离职跳槽情况不多，很多职员会在同一所高校度过自己的终身职业生涯，这就更迫切需要高校在对职员考核评估时从高校建设和职员本身出发，做好职员发展路径的长期规划和对职员考核体系的更新，以求达到"双赢"局面。

5. 考核运用重完成轻改进

对于勉强完成工作任务或者只是没有出现重大工作失误的职员，具体考核时一般会给予其"合格"的年度考核评价，而且在"优秀"名额有限的情况下，大部分职员同样被给予"合格"的评价，并以总结表格的填写、上交、存档作为本年度考核工作的完成，这往往会让"合格"职员有心理落差，出现"得过且过"的心态，工作积极性减退，下一年度只是参照最低工作量完成即可，同时使勉强完成工作任务的"合格"职员下一年度继续按照上一年度的状态和心态开展工作。这在客观上会使考核结果催生"劣币驱逐良币"的局面。

二、借鉴：加州大学洛杉矶分校的职员考核经验与特色

加州大学洛杉矶分校是加州大学联盟的九所高校之一，近几年学校排名稳步上升，稳居加州大学联盟高校的首位。在 US News 等

多个排名中，UCLA 均高居美国公立大学第一名①②，在 2018QS 毕业生就业力排名中位列世界第二③，在 2018 年福布斯最具价值大学排名中位列全美第一④。

一所学校的综合发展，离不开其顶尖的学术水平、完善的治理结构、优秀的师资力量、和谐的校园文化支撑，但一支高效的行政服务团队也是必不可少的因素。笔者有幸参加了武汉大学第二期青年管理干部美国研修团到访 UCLA，并停留了一周时间。在此期间，笔者发现 UCLA 校园中活跃着一支业务水平高、服务意识强的行政服务团队。笔者仔细研究了 UCLA 的职员业绩评估和考核制度，以求借鉴它的优点和长处。

UCLA 的职员业绩评估包含自我评估表（Self-Appraisal）和员工绩效评估表（Employee Performance Evaluation Form）两部分，其中涵盖了员工自我评价（主观指标）和部门主管评价（主观指标和客观指标兼有）两种考量方式。

自我评估表主要是开放式问题的问答，包括以下四个问题：

（1）总结您在此任职期间对您所在的部门的主要贡献。这可能包括成就、完成的任务、报告、演示文稿、重要结果等。

（2）您是否在此任职期间遇到任何挑战？如果是的话，您是如何解决它们的？

（3）列出有助于您在下一次绩效考核期间更有效的行为、知

---

① 数据来源：UCLA is No. 1 U. S. public university in Wall Street Journal/Times Higher Education survey ［EB/OL］. http://newsroom. ucla. edu/releases/ucla-number-1-us-public-university-wall-street-journal-times-higher-education.

② 数据来源：UCLA ranked No. 1 public university by U. S. News & World Report ［EB/OL］. http://newsroom. ucla. edu/releases/ucla-number-1-public-university-us-news-and-world-report? _ga = 2. 263609676. 1178615254. 1536547824-906267472. 1535795559.

③ 数据来源：QS Graduate Employability Rankings 2018 Just Launched! ［EB/OL］. http://www. qs. com/graduate-employability-rankings-2018.

④ 数据来源：UCLA ranks No. 1 in Forbes' Best Value Colleges［EB/OL］. http://newsroom. ucla. edu/releases/ucla-ranks-no-1-in-forbes-best-value-colleges.

识、技能或能力。

(4)写下您希望在下一次绩效考核期间可以实现的具体目的和目标。这些目标应与改进组织表现和个人绩效相关。

与此相比,由部门主管填写的员工绩效评估表就显得复杂许多,包括绩效要素审查、对员工绩效的总结回顾、整体绩效评级、下一次审查期间的业绩目标(专业发展的目标和进展)等四个部分。

第一部分"绩效要素审查"和第三部分"整体绩效评级"均为客观评价形式,包括 26 个问题,涵盖"工作质量、工作效率、客户需求、业务知识、沟通能力、团队合作、改革、解决问题、自我管理、培训要求、监督管理、资源管理"等 12 个板块,采取从 1 到 5 分值打分的形式,分别代表:卓越的表现(杰出的成就远远超过所有预期的表现目标)、超出预期(表现始终超出预期目标)、完全满足期望(达到的目标令人称道)、部分满足期望(表现与目标不一致,很多方面需要改进以实现目标)、不符合期望(目标未得到实现,技能未得到证实,需要改进)。

第二部分"对员工绩效的总结回顾"和第四部分"下一次审查期间的业绩目标"采取主观评价、文字描述的形式。

相对于国内大部分高校而言,加州大学洛杉矶分校的职员业绩评估和考核制度体系更为全面、指标更为合理,它的职员考核制度具有以下特色。

1. 定性与量化并重:主观指标与客观指标相结合

在加州大学洛杉矶分校的整个职员业绩评估和考核制度中,定性评价与定量评价相匹配,主观指标和客观指标相结合,可以更全面地了解、评估职员近一年的工作表现,且定量的评分指标在操作上实现了对职员的追踪调查的可行性,可以量化和评价职员的表现是否有改进的趋势;而定性的描述性评价给职员和部门主管更大的空间来描述和完成对考核对象的全面介绍。

2. 当下与远景并重:计划管理、过程管理与结果管理相结合

在加州大学洛杉矶分校员工绩效评估表中的第二部分,部门主管需要对员工的绩效进行总结回顾，需要"描述在审核期间员工绩效的主要任务和成就、关键优势、任何绩效不足，以及其他表现"，并提供示例或信息。在加州大学洛杉矶分校员工绩效评估表中的第四部分，部门主管需要进行计划管理，明确列出下一次审查期间的业绩目标，即"主管确定即将到来的审核期目标，以确保员工在组织内持续贡献"。同时，职员在年中需要多次跟主管汇报任务完成进展。每一个年度考核都做到了对上一个年度的总结，又兼顾了对下一个年度的计划，使得部门主管和员工共同做好对本职工作的计划管理和结果管理。

3. 共性与个性并重：一致性的发展目标与差异性的需求激励相结合

加州大学洛杉矶分校员工绩效评估除了在考量所有职员与学校共同追逐的一致发展目标外，也很注重考量职员的差异化特性。比如区别对待不同入职年限的职员，在由部门主管填写的员工绩效评估表开始即需标注员工在本单位的工作时间是"超过一年"还是"一年以内"；注重不同职员对自身职业规划的差异性，有些职员更看重有更好的发展平台和发展机遇，有些职员更看重稳定上升的经济收入，有些职员更看重挑战性的工作体验，部门主管需要在考核表中"列出与员工的专业（或管理）发展相关的目标"，注重员工的个性需求。

4. 团队与个人并重：单位愿景与个人价值自我实现相结合

在自我评估表中，四个问题中有一半涉及部门愿景与个人价值的结合，比如"您在此任职期间对您所在的部门的主要贡献"，"您希望在下一次绩效考核期间可以实现的具体目的和目标。这些目标应与改进组织表现和个人绩效相关"。我国高校对职员的考核往往看重职员工作任务的完成、工作能力的提升，或者看重职员为部门作了哪些贡献，而并非看重职员和部门双赢发展，共同实现价值。

5. 完成与沟通并重：各司其职的明晰分工和良好合作的工作氛围相结合

加州大学洛杉矶分校的职员考核中有很重要的一个部分就是考察职员与同事的工作融洽度。笔者在洛杉矶大学访学过程中了解到，很多部门新职员入职的前三个月除熟悉自身工作岗位的职责外，要去拜访可能有工作交集的其他同事。在加州大学洛杉矶分校员工绩效评估表中的第四部分，需要考量职员是否"与同事协同工作，以实现既定目标"、"与部门内外多级员工建立富有成效的关系。以尊重的态度对待他人，并培养多样性和包容性的价值"。这些考量指标凸显了对协同合作和良好工作氛围的重视，因为在一流大学的建设中，正如同学科倡导协同创新一样，部门管理也需要合作。

6. 评估与发展并重：职员绩效考核与职员能力培训相结合

加州大学洛杉矶分校的人力资源部门除了负责职员的考核外，另外一项很重要的工作就是负责职员的培训，他们开设了高达数百种不同的课程供职员选择。在自我评估表中的第三个问题就是"列出有助于您在下一次绩效考核期间更有效的行为、知识、技能或能力"，充分考虑了员工对于能力提升和业务培训的诉求。在绩效评估表的第一部分，部门主管需要评估员工"及时完成加州大学强制性培训"的情况；需要评估是否"支持员工的职业发展，监督并最大化所有员工的现有技能"；在绩效评估表的第四部分，部门主管也需要列出"员工的绩效改进需求和行动计划，培训建议"，针对员工本年度的表现，为员工提出下一年度的培训建议，以评估促发展。

7. 物质与精神并重：可期许的薪酬奖励与可视化的荣誉鼓励相结合

据加州大学洛杉矶分校人力资源部门的员工介绍，对于优秀职员的奖励，物质奖励是很重要的一部分，比如获得学校的奖金奖励、固定停车位、低息贷款、学费减免、早教服务等。除了升职加薪外，加州大学洛杉矶分校的职员考核也有备受关注的荣誉奖励，比如优秀职员可以获得与校长或学校高级主管共进晚餐的机会，对于学校职员来说，这份难得的荣誉无疑也是激励机制的一部分。

三、启示：以科学的指标体系动态完善我国高校职员评估制度

完善高校职员业绩考核和评估制度，建设一支专业化、高素质的高校职员队伍，是确保高校健康稳定发展、提升高校行政管理水平的重要保障。在科技日新月异、社会高速发展、对高校职能更为重视和期待的今天，高校行政管理职员的工作素质和职业技能应该涵盖以下几个方面。

①具备尊重知识、尊重教育的职业素养，能以服务师生的心态去面对每一项工作；②具备本职岗位所需的知识技能，能遵守工作的程序化、规范化要求，并能高效地完成工作；③具备团队合作能力和与他人和谐相处、协作、交流的能力；④具备自我管理能力，能及时缓解自身不良情绪，培养积极心态，散播正能量；⑤掌握前瞻性知识和与时俱进的思维能力，时刻紧跟国家政策、紧跟学校未来发展方向，保持知识更新、观念更新、视野拓展的敏感性。

有鉴于此，我们可以借鉴加州大学洛杉矶分校的经验，以科学的指标体系，动态完善我国高校职员业绩考核和评估制度：第一，需要高度重视、科学部署高校职员的业绩考核工作，强化服务意识和竞争意识，使考核真正反映管理职员的工作态度、工作实绩和工作贡献。第二，构建有效可行的绩效考核指标体系，实现考核指标的目标一致化、设计人性化、内容全面化、对象差异化、职责具体化。第三，加强业绩考核工作中的过程管理和追踪管理，做到主观评价与客观评价相结合、上级考核与自我考核相结合、同事考核与服务对象考核相结合、计划执行与结果反馈相结合。第四，加强评估结果的沟通和反馈，把考核结果作为薪酬管理和职务调整的重要依据，把考核结果纳入职员整个职业生涯规划设计的长线条中，真

正发挥业绩考核与评估结果的激励和警示作用，调动职员的工作积极性，激发职员潜能。第五，实现评估结果的奖励形式多样化，注重物质性的薪酬奖励和精神性的荣誉奖励相结合，例如举办校长午餐会等作为对优秀职员的奖励，营造团结和谐、友好温馨、积极向上的工作氛围和校园文化。

◎ **参考文献**

［1］范灵．高校管理人员绩效考核若干问题与对策研究［J］．江苏高教，2015(2)．

［2］钟兰芳，曹鑫，方坤．建立现代大学制度下的高校管理职员考核评价机制［J］．中国行政管理，2013(4)．

［3］陈伟．我国高等院校高级管理人员绩效评价研究［D］．华中科技大学，2009．

美国终身教职制对我国高校科研激励的若干启示

屈路明

（武汉大学历史学院）

高等学校承担着人才培养、科学研究、社会服务、文化传承创新的任务。科研是高校的基本职能之一，也是培养人才和服务社会的重要途径和手段。建立起合理有效的科研激励机制，是保证高校科研质量和水平的重要前提。高校科研激励是一个比较复杂且深入的问题，涉及方方面面。笔者在此想结合此次赴美研修的所见所闻，谈谈美国终身教职制对我国高校科研激励的若干启示。

一、对美国高校教师而言，获得终身教职是最有力的激励

终身教职制（tenure system）起源于美国。它是美国大学的主流聘任制度，指的是"全职大学教师在试用期（最多不得超过 7 年）履行合同期满之后，就应该获得终身教职，除非在特殊情况下，经过正当程序，否则不得随意解聘大学教师"。[1]这一制度是对有成就的学者的一种肯定，为教师提供一种相对稳定的工作岗位和有力保障，提高了教师的经济地位和社会地位，也提高了教师对学校的忠诚度，为美国高等教育保持全球领先地位提供了可靠的师资队伍保障。同时，终身教职制度也成了高校教师保持学术自由的保障，尤其是为基础学科或冷门的学术研究提供了某种安全保护，为研究者们提供了试错的机会。虽然终身教职制度从 20 世纪 90 年代以来遭

到了一些质疑，也进行了一些变革，甚至有人呼吁要取消终身教职制度，但当今美国主要大学，特别是研究型大学仍然坚持执行终身教职制度。

美国终身教职制度得以实施的前提就是"非升即走"。一些学者认为，"'非升即走'制度是美国高等教育一直高居全球第一的核心保障之一"。[2]美国高校目前存在两种不同轨道的教师聘任制度，一种是非终身轨教师，也可以称为聘用制教师，他们是根据需要定期签约，临时签约，也可以反复签约。合同期结束后会进行考核，决定是否继续聘用。另外一种就是终身轨教师，其对教师要求更高，竞争非常激烈，程序也异常繁琐，一般至少要经过三轮左右的面试。但并非进入终身轨就意味着可以获得终身教职。教师进入终身轨之后，一般被称助理教授，这个阶段有 6 年左右的试用期，试用期满，如果能正式通过考核获得晋升就可以获得终身教职，没能通过考核就必须离开，这就是所谓"非升即走"。这个考核是非常严格的，在美国高校里，具有终身教职的教师比例并不高，比如哈佛大学大概有 10% 的比例，加州大学洛杉矶分校大概有 20% 的比例。高校水平越高，条件越严格，能通过的人就越少。"非升即走"原则直接决定了大学教师的学术前途，是一种残酷的竞争机制，也是大学最有力的激励措施。

反观国内，高校教师一直是事实上的"终身制"，即从入教职的那一天起，就获得了所谓"事业编制"，只要教师自己不提出辞职，是很难被解聘的。这就导致中国高校在教师激励方面先天不足。目前，包括北京大学、清华大学、浙江大学、复旦大学、武汉大学在内的部分国内一流高校都在推行以"非升即走"为核心的人事制度改革，希望打破高校教师的"铁饭碗"，形成新的人才选拔和激励机制。

二、国内高校推行"非升即走"制度的过程中，可以对美国高校的"终身教职制"加以借鉴

"非升即走"是对我国高校教师"终身制"和"事业编制"等传统

观念的极大挑战。[3] 就中国高校目前的情况而言，它可以说是最有力的一种激励方式。笔者认为，国内高校在推行这一制度的过程中，可以对美国高校的"终身教职制"加以借鉴，有以下四点需要注意。

1. 在终身教职的晋升考核中，美国高校把教学、科研及服务三大块作为考核的主要内容，而国内高校目前考核教师的重点就是科研，相对比较单一

在终身教职的晋升考核中，不同的高校有不同的标准，但毫无例外都是把教学、科研及服务三方面作为考核的主要内容，只是三方面的比重有所不同而已。一般来说，教学型大学主要依据教学业绩，而研究性大学更偏重于科研业绩。学校层次越高，排名越靠前，科研业绩所占的比重就越大。据明尼苏达大学商学院一位终身教职教授介绍，他感觉学院的主要评定标准80%来自科研。[4] 而注重服务是美国高等教育的显著特征之一。美国各层次和各类型的高校都要求教师参与服务。[5] 当然，与教学和科研相比，服务毕竟不是高校教师的核心职责，所占比例不会太高。即使是同一所高校，不同学科乃至同一学科的不同教师之间，这三方面的比重也是不同的。据科罗拉多州立大学助理教授向红艳介绍，他们学校是在每个教师聘任之初，就对三方面任务的比重作了规定，但每位教师这三方面的比重并不相同，也并非一成不变，会根据每年考核的情况加以调整。

相比之下，目前国内高校考核教师的重点就是科研业绩。教学方面的任务，只是在形式上加以考核，一般很容易达到，而服务工作则没有在聘用合同里体现。其实，国内高校目前普遍存在重科研、轻教学的倾向，而教育部也意识到这个问题，2018年1月发布《普通高等学校本科专业类教学质量国家标准》，并于6月召开新时代全国高等学校本科教育工作会议，会议强调，坚持"以生为本"，把本科教育放在人才培养的核心地位、教育教学的基础地位、新时代教育发展的前沿地位。要推进"四个回归"，把人才培养的质量和效果作为检验一切工作的根本标准。高校应该借此契机加强对教学工作的重视，将教学业绩作为教师晋升考核的重要依据。而服务对于高校也是非常重要的，可以提升教师的归属感和主人翁意识。美国一位担任过系主任的教授谈到："在我们学校，所有教师都得从事服务工作。教学不好学生不满意，科研不好学校不满意，不做服务同事不满意。服务工作总得有人做，需要大家一起分担。"[6]

2. 国内高校目前科研考核的标准"一刀切"，缺乏科学的科研评价体系

美国高校一般都把大学教师的学术水平及论著质量作为其晋升以及最终获得终身教授资格的基本标准。但是不同学校、同一学校的不同专业却有不同的标准。比如加州大学尔湾分校，市场营销专业获得终身教职的要求是2篇论文，而历史专业的标准则是出版1本专著。① 当然，学校越好，标准越高，竞争也更为激烈。同样是历史专业，科罗拉多州立大学的标准是5~6篇经过匿名评审的论文，或者1本著作加上2篇文章，而排名靠后的北科罗拉多大学的标准较低，只需要3~4篇文章即可。② 至于哈佛大学这样的顶尖高校，很多专业根本就没有确定的标准，这反而更难以达到。③ 在美国高校，科研业绩评审一般包括校内评审与同行评审两个环节。期刊的级别也是科研业绩的重要参考，在匿名评审的过程中，部分院系会给校内外评委提供权威期刊名单，或者是所在学科排名前十名期刊的名单。刊物级别越高，经过匿名评审的机会越大。但是美国对科研业绩的考核也并不完全依赖于刊物级别，一位担任系主任、多次参加校内外终身教职评审的美国教授就认为："判断候选人的科研业绩，不只是看他论文所载刊物的档次，还要看他的研究主题在其所在研究领域的重要性和影响，要看他的研究是否具有连

---

① 数据来源：加州大学尔湾分校国际事务办公室负责人 Victoria Jones 为武汉大学2018年青年管理干部赴美研修团的讲座发言。

② 数据来源：对科罗拉多州立大学助理教授向红艳的采访。

③ 信息来源：对哈佛大学博士后李晓娟的采访。

贯性，是否聚焦，是否围绕一个主题不断往深挖、朝前走，是否具有独立性。"[7]

而纵观国内高校，现行科研考核的标准单一化，一般全校实施同一政策，即"一刀切"的方式，不太注重考虑岗位差异和专业差异。在对科研成果的认定过程中，过分依赖刊物级别而忽视同行评价。当然这个问题不仅仅只关乎"非升即走"制度，也不仅仅是某一所高校的问题。习近平总书记在 2018 年两院院士大会上指出："人才评价制度不合理，唯论文、唯职称、唯学历的现象仍然严重。"可喜的是，目前国家已经在逐步改善这些问题。2018 年 5 月，国务院办公厅在印发的《关于进一步加强科研诚信建设的若干意见》中提出：突出品德、能力、业绩导向，克服唯论文、唯职称、唯学历、唯奖项倾向，推行代表作评价制度，注重标志性成果的质量、贡献、影响。10 月 23 日，科技部、教育部、人力资源和社会保障部、中科院和中国工程院联合发出通知，剑指"唯论文、唯职称、唯学历、唯奖项"的做法，要求各部门及其下属单位、科研院所开展专项清理行动。相信假以时日，中国可以建立起科学、合理、公正的科研评价体系。

3. 美国高校在考核教师的时候，比较重视学术力量的权威性，而国内高校的考核比较依赖行政力量

在终身教职的晋升考核过程中，美国高校在对候选人作最后评选的时候，都要经过系、院、校三级投票，最终由学校做出决定。一般首先是由该专业终身教授集体投票，然后再通过系主任、院长、教务长等层层审查，才能最终确定。这个过程中，比较重视学术力量的权威性以及本院教师的意见。

而在中国，目前很多高校普遍存在一定的"行政本位"现象，行政力量在高校中处于优势地位，而教师及学术力量失去了在大学学术活动中的主体地位。这一点也体现在"非升即走"的考核阶段。作为高等学府，高校应该重视教师、重视学术力量的权威性，应该让以教师为代表的学术力量更多地参与到学校、学院的重大事务决策中。比如目前武汉大学建立了教授委员会制度、学评会制度等，

就是为了让教师真正参与学校事务管理。在教师考核上，也应该以学术为导向，保证教师和学术力量在评审过程中的主要作用。只有这样，才能让教师产生归属感，提高创造热情，才能让高校真正发挥知识性、学术性功能。

4. 美国高校有完备、健康的人才流通渠道，而国内高校目前缺乏人才流动的氛围

美国很多高校，尤其是顶级的研究型大学，长期实行"非升即走"政策，加上晋升标准较为严格，很多教师在任职期间未能获得晋升，必须离开所在大学。但即使一个助理教授经过了5~7年的努力没能获得终身教职，他仍然有机会去其他高校谋得一个教职；而非终身轨教师，也就是兼职教师的流动更是非常频繁，经常从一所大学流向另一所大学。有的教师发现自己的兴趣并不在学术界，于是进入企业工作。这些因素导致美国具有健康的人才流通渠道和人才流动氛围，促进了校际之间以及大学与社会之间的学术交流，从而最大限度地实现了优秀人才的资源共享。比如哈佛大学著名教授、《文明的冲突》作者亨廷顿，1950年在哈佛大学取得博士学位后就开始在哈佛执教，工作了九年后没能获得终身教职，才转到哥伦比亚大学任教。三年之后，也就是1962年，他才重返哈佛大学工作，直至退休。美国著名通信公司高通公司的创始人马克·雅各布博士和安德鲁·维特比博士都曾经在高校中担任过教职。

而目前国内高校却缺乏人才流动的氛围和渠道。一般而言，因为长期实行事实上的终身制，很多高校教师进入一所大学之后都是工作一辈子。目前国内高校的教师流动往往是功成名就的教授或者崭露头角的学者被其他高校以高薪等优厚条件挖走，而年轻教师往往缺乏流动的渠道和途径。目前实行"非升即走"的高校大多是国内一流高校，能够受聘为"非升即走"序列的年轻教师大都也非常优秀，即使未能获得晋升，往往也能够获得另外一份教职。但在国内的大环境下，一方面是难以再进入同等级别的高校，另外一方面难免会被人戴着有色眼镜看待，面临非常大的心理压力。因此，想要顺利实施"非升即走"制度，一个重要的前提就是在国内高校乃

至社会上营造人才流动的氛围，疏通人才流动的渠道。

三、美国高校在教师获得终身教职之后依然
存在有效的动力和激励机制，相比之下，
国内高校的激励措施尚需进一步完善

正如加州大学尔湾分校国际事务办公室负责人 Victoria Jones 教授所说，能够通过美国终身教职考验的教师都具有很强的科研能力和工作热情，他们获得终身教职后，绝大多数都在努力工作。南加州大学教务长也曾说："有人说终身教职是养懒人制度，但真正的'懒人'只有 5%，而带来的 95% 的效益远远大于我们养 5% 的损失，这是我们能容忍的。"[8] 许多美国教授在进入终身教职后都说停不下来，已经程式化了。[9]

尽管如此，对于这些获得终身教职的教师，美国高校依然有着一套激励机制。主要来自四个方面：①物质激励。加州大学洛杉矶分校 Linda Rose 教授坦言，最大的激励还是金钱。一位教师获得终身教职后，还需要经过层层考核才能向上晋升，获得副教授、教授等职务。职务的晋升必然会带来经济的改善，这也是高校教师科研工作的动力之一。而各大高校也为教师们提供了各种优厚的福利措施，使教师们没有经济上的后顾之忧，专心科研。②相对完善的科研环境和机制。美国有一套完善的科研支持机制，可以为教师提供实验室、启动经费、项目经费、人才团队等，支持教师从事科研。③美国高校教师非常重视学术声誉。学生的评价、同行的评价对高校教师而言，都非常重要。保持自己的学术地位和学术影响更是至关重要。西方学术界有个非常流行的观念：publish or perish，字面翻译为"发表或死亡"，引申为：作为高校教师，不发表科研成果就意味着死亡。学术界相信，唯有不停发表成果才能保持自己的学术地位，证明自己的学术才能。④重视考核。即使获得了终身教职，教师依然要接受考评，虽然不会因为考核不合格而被开除。但是对于重视学术声誉的美国高校教师而言，他们难以接受自己考核不合格。近年来，美国大学教授协会还提出建议，"要求对获得终

身教职的教师每五年再考核一次，如果考核成绩不佳，学校有权依照程序减少科研经费、降低薪酬，或提出警告，规定考察期，直至要求自愿退休"。[10]这在事实上加强了对终身教职教师的约束和要求。

国内高校由于存在事实上的终身制，对教师缺乏约束及有效激励，一部分教师在获得一定职务后，会产生一定的松懈和倦怠心理，很可能出现多年没有科研成果或者对工作敷衍了事的情况。为了改善这一现状，国内很多高校也开始采取一些管理措施，比如"能上能下"、"转岗"等。当然，随着"非升即走"制度的施行，最后留下来的教师大多是具有科研激情和能力的学者，这一现象可能会得到好转。但高校依然应该建立完善的激励机制，为高校科研工作的持续发展提供有效的保障，具体来说有如下几点建议。

1. 切实提高教师的待遇，加强对教师科研工作的支持

一方面应该建立多元化薪酬制度，切实提高教师薪酬水平，提高各种福利措施，解决教师经济上的后顾之忧，能专心从事科学研究。比如哈佛大学为教师提供带薪休假的福利，制订了员工援助计划，甚至对教师的家人也提供全面的健康福利和保险项目。[11]加州大学洛杉矶分校也有专门的校园服务企业，为教职工提供早教、住房贷款、保险与风险管理等服务。① 另一方面应该加强对教师科研工作的支持，为他们提供良好的科研环境。比如提供科研场所，配备必要的科研设备，提供启动经费、科研项目、人才团队等。应该落实学术休假制度，让教师能够劳逸结合，心情愉悦，从而更好地激发学术创造力。

2. 建立科学合理的晋升考核机制

如前所述，在美国，一位教师即使通过了"非升即走"的考核，还需要经过层层考核才能向上晋升为副教授、教授等职。职务的晋

---

① 来源：加州大学洛杉矶分校前行政副校长 Jack Powazek 为武汉大学2018 年青年管理干部赴美研修团的讲座发言。

升正是高校教师科研工作的动力之一。国内教师的晋升路径也是如此。在这个过程中，需要进一步确立科学合理的晋升考核机制。

在考核年限上，可以将年度考核和聘期考核结合起来。除了合同(晋升)期满的考核，也应该进行年度考核。比如芝加哥大学医学院每年都要对教师进行一次评估，其结果直接与每年工资挂钩。在考核形式上，应采取外部评价和内部评价结合、他人评价和教师自我评价结合的多元化评价方式。芝加哥大学教师考核形式就比较多元化，包括由教师本人写学年总结报告、学生评估教师教学质量、终身教职教师听非终身教职教师的课实行层级打分等。在考核内容上，应对教师的教学水平、科研能力、服务程度都有所涉及，并根据教师的不同类别对三方面的比重加以调整，以做出客观而全面的评价，选拔出优秀的教师人才。在对科研成果的考核中，不能一刀切，应该对不同的学科建立不同的标准；不要片面依赖刊物级别和行政力量，应该更加重视同行评价和学术力量的意见。

3. 加强对教师的人文关怀，物质和精神奖励并重，要逐渐建立分类分层激励体系

科研奖励制度是"中国高校促进科研发展与繁荣的重要手段，其导向激励功能明显"。[12]目前很多高校都制定了相关的奖励办法，对教师的突出成果、项目、贡献等给予奖励，一般是以物质奖励为主，以奖金或者配套经费的形式下发，而精神奖励较为欠缺。有学者研究指出：国外人文社会科学奖励中精神奖励发挥了重要作用。[13]加州大学洛杉矶分校前行政副校长 Jack Powazek 介绍，他们学校会给优秀员工提供 T 恤衫奖励以及同校长共进午餐的机会，最重要的不是奖励，而是员工会获得成就感和认同感。① 北科罗拉多州立大学每年也会评选学校科研优秀工作者，除了荣誉之外并没有发放奖金。② 笔者认为，在满足物质奖励的基础上，应该提升对教师的人文关怀与鼓励，物质和精神奖励并重。一方面，加大对优

---

① 来源：加州大学洛杉矶分校前行政副校长 Jack Powazek 为武汉大学2018 年青年管理干部赴美研修团的讲座发言。

② 来源：对美国北科罗拉多州立大学刘嘉乘助理教授的采访。

秀科研成果和先进个人的宣传，可以通过报纸杂志、门户网站、广播台、电子显示屏、官方微博、官方微信等多种手段加以宣传，提升教师荣誉感，从而进一步激发其工作热情。另一方面，对于在科研方面做出突出业绩的个人，除了给予物质奖励之外，还可以采取一些精神激励措施，比如在正式的场合进行隆重的颁奖仪式、邀请举办讲座，安排与校领导面对面交流、共同进餐等。

另外，在现行科研奖励机制下，科研奖励大多集中在资历较深的少部分老师身上，这不利于激发广大青年教师的积极性。笔者认为，应该运用"分类分层"管理的原则，建立分类分层激励体系，要让不同类别、不同层次的教师经过自身努力都可获得奖励。奖励方式不能"一刀切"，而是对不同类别、不同层次的教师设置不同的目标和标准。在奖励方式上也应有所区别，比如可以设计"科研突出贡献奖"和"科研突出进步奖"，分别奖励优秀的资深学者和青年教师。

"他山之石，可以攻玉。"我们要从美国的终身教职制度中借鉴一些先进的经验和做法，结合现实不断思考和探索，建立起适合中国国情的、合理有效的科研激励机制。只有这样，才能真正激励教师提高科研工作的热情和创造性，增加提高学术水平、追求卓越的动力。

◎ 参考文献

[1]杨茂庆. 美国研究型大学的教师流动研究[D]. 西南大学，2011.

[2]顾天安. 高校"非升即走"制度适用性的争议与剖析[J]. 中国人力资源开发，2014(21).

[3]顾天安. 高校"非升即走"制度适用性的争议与剖析[J]. 中国人力资源开发，2014(21).

[4]葛冬冬. 终身教职制度"三高"并存[N]. 中国教育报，2016-9-19.

[5]蒋凯. 终身教职的价值与影响因素——基于美国八所高校的经验研究[J]. 教育研究，2016(3).

[6]蒋凯.终身教职的价值与影响因素——基于美国八所高校的经验研究[J].教育研究,2016(3).

[7]蒋凯.终身教职的价值与影响因素——基于美国八所高校的经验研究[J].教育研究,2016(3).

[8]赵丹龄,郑承军.美国终身教职制度与中国式借鉴[N].中国教育报,2014-8-18.

[9]赵丹龄,郑承军.美国终身教职制度与中国式借鉴[N].中国教育报,2014-8-18.

[10]赵丹龄,郑承军.美国终身教职制度与中国式借鉴[N].中国教育报,2014-8-18.

[11]朱欢欢.美国哈佛大学"非升即走"制度研究[D].山东师范大学,2017.

[12]张红伟.高校人文社会科学科研奖励办法比较[J].高教发展与评估,2017(2).

[13]胡化凯,胡晓军,邹经培.国外人文社会科学奖励分析[J].中国科技奖励,2008(5).

美国高校招生选拔机制研究
及对我校的启示

李　丹

（武汉大学水利水电学院）

随着精英高等教育向大众高等教育过渡，高等教育正在从数量时代向质量时代转变。二战后，随着高等教育改革和国际竞争不断加剧，世界各国开始高度重视经济发展和高等人才的培养，高等教育规模因此急速扩大。高等教育质量建设问题由扩大规模转向了提升质量。1998 年 10 月联合国教科文组织在首届高等教育大会上，向全球昭告 21 世纪应该更加注重质量，这标志着高等教育改革和发展开始由发展数量向提高质量上转移。

笔者 2018 年暑期前往加州知名高校交流学习，对加州大学伯克利分校（UC Berkeley）印象尤其深刻。作为美国排名第一的公立高校，该校目前已有 20 位诺贝尔奖获得者；30 位国家科学奖章获得者；超过 250 家公司创始人。本文试从美国高校同我国高校的研究生招生管理等方面进行比较，以期对今后我校的研究生管理工作提供借鉴。

一、中美研究生教育发展概况

美国作为当今世界上高等教育最发达的国家之一，吸引着全世界各国的优秀学子前往深造学习。美国自 19 世纪 20 年代开始招收和培养研究生。1826 年，美国哈佛大学率先开设较高层次的专门课程，招收研究生层次的学生，标志着美国研究生教育的开始。[1]

1876 年，霍普金斯大学的成立，标志着美国现代研究生教育制度的确立。[2]当今美国研究型大学已成为以一个小型本科生院为中心，拥有众多研究生学位类型并且能够合理进行管理。[3]美国高校秉承服务社会和国家的信念，享有优越的物资条件和高水平师资队伍，以培养各行各业的高级应用人才为培养目标，实行高度自由的招生办学模式，注重学生全方面发展潜能。美国大学的研究生院对于研究生培养无决策权，主要发挥教学管理、服务学生等功能。[4]美国这种将招生、教学、培养三者融于一体的研究生教育体系，受到各国教育机构的学习效仿。

为满足我国在社会经济迅猛发展条件下对高端人才的迫切需求，在未来世界教育队伍中起引领作用，我国以"面向现代化、面向世界、面向未来"为中国科技创新主攻方向，在研究生教育起步晚、基础较差的情形下，不断探求适应中国研究生教育的道路，提高我国研究生教育质量。据教育部发布的数据，2018 年考研报考人数达到 238 万，比 2017 年增加 37 万人，增长 18.4%。其中，应届考生 131 万人，比去年增加 18 万人，往届考生 107 万人，比去年增加 19 万人，考研增加人数和增长率均为近年来最高。由于我国研究生招生规模的扩大，考研政策的变动及教育结构的转型，引发了对研究生教育质量的关注，而研究生招生是研究生教育的入口，所受关注度更大。

二、招生选拔机制对比分析

(一) 招生管理体制

美国研究生招生方式的突出特点就是分权，美国以大学自治和学术自由为基本的法理依托，国家及地方的教育部门无权对研究生招生作统一规划，美国联邦政府主要运用政府拨款提供经济上的支撑，通过发文倡导方式协助进行研究生招生工作，对各高校的招生制度规定几乎不干涉，基本由各高校自主进行。[4]大学及研究机构等招生单位在关于研究生招生事项上具有自主决定权，它们根据自己的生源、师生配置比、教育基础设施承载量和导师科研项目等要素来决定每年的研究生招生规模，教授在招生过程中把握重要决定权，这有利于研究生的学术自由以及科研方向定位。同时民间学术组织与高校相互协作，确保研究生教育健康发展。UC Berkeley 作为美国最自由、最包容的大学之一，其研究生院在全美高校中保持最大规模，2019 年有 109 个研究生项目招生。目前研究生与博士后人数占全校学生总数的 1/3。学校 28%的资金来源于州政府的支撑，27%的资金用于科研。学院或院系有独立的录取招生权力，教授会在学校决策和管理中拥有相当大的权力，给科研人员足够的资源和学术自由。

我国高校及科研院所的研究生招生管理体制脱胎于计划经济的历史背景，计划主义色彩浓重，从某种意义上来说，是国家宏观调控的一个重要指标因素。招生专业必须经国务院学位委员会或其授权单位批准，招生规模均由国家统一把控。国家相关部委下达当年研究生招生指标计划总数，然后由省级政府相关部门根据各单位实际，下达各招生单位的招生指标数量与规模，同时各单位向上级教育行政主管部门上报研究生招生年度计划，上级教育行政主管部门再上报教育部待核准。教育部核准后以红头文件的形式发文到各招生单位。

(二) 招生程序

国内高校主要包括全国统考、免试推荐研究生(后简称"推免")。全国各高校推免工作根据教育部统一安排一般在每年秋季 9 月下旬至 10 月下旬开展：获得教育部推免资格的学生在全国推免系统中填报志愿，各个高校根据学校实际制定规则，招生院系在学校规定的基础上制定细则，各自组织面试录取相关工作。

全国统考报名时间一般在每年秋季 10 月下旬至 11 月下旬。以我校为例，学生在全国统一研究生招生信息网 https：//yz.chsi.com.cn/上报名(一般只能报考一所学校)，由学校依据国家及地方的具体规定对报考人进行资格审查，报考人通过资格审查后，参加全国研究生入学考试(全国统一部分科目考试和自主命题部分科目考试），学校参考国家标准划定一定的分数线，一般高于国家标准确定复试分数线。各院系在学校和国家规定允许的范围内，根据院系实际情况划定复试分数线，达到复试分数线的考生，由学院组织招生考试小组以综合考核的形式进行招生。复试录取后，学生方能通过导师—学生双向选择确定研究方向（图1）。相较而言，全国统考现行的招生程序容易导致学生未能录取到理想的学校。

美国研究生招生程序虽然也是先报名再进行资格考核，但是学生可以同时申请多个学校，根据各高校发布招生信息提交 GRE、GPA 等成绩、专家推荐信及个人推荐材料后等待录取结果即可，在录取学校中可选择最中意的学校（图2）。[5]

	规模与结构	选拔方式与考察内容	录取标准与工作程序
国家制度	国家、省级和招生单位的总规模与学位类型、学习方式结构	推免条件、招录时间、统考初试时间，科目构成，统一命题科目的内容	国家复试线（自划线高校除外）推免起止时间，初试时间，录取报到时间
高校制度	各学院（学科）规模与学位类型、学习方式结构	初试自主命题复试形式与内容	各专业复试要求各项工作具体安排

图 1　我国研究生招生制度典型结构[5]

（三）招生考试方法

GRE（Graduate Record Examination）考试作为美国的研究生招生入学考试，它是一种全面性的考试模式。GRE 的成绩是高校录取研究生的重要参考指标。GRE 是由美国教育考试服务处（Educational Testing Service，ETS）主办，是属于除政府、高校的第三方机构。GRE 是世界各地的大学各类研究生院（除管理类学院、法学院外）要求申请者所必须提供的一个考试成绩，但是并不设置最低分数线，可作为教授对奖学金申请者的评判标准。GRE 与 TOFEL 和 IELTS 不同，GRE 一方面包含了对基础知识的考察，十分注重发散思维的考察，另一方面还内在地契合了研究生科学研究

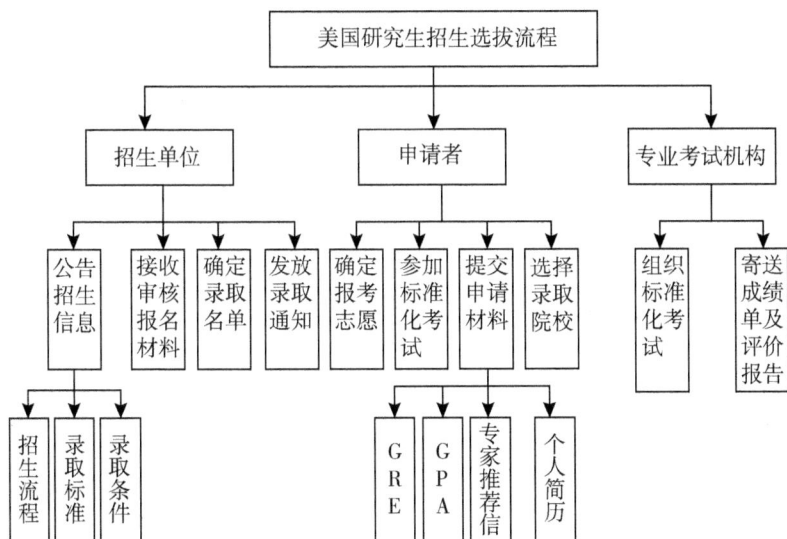

图 2　美国研究生招生选拔流程图[6]

的要求，考试范围广，同时采用标准化考试模式，真正注重发掘学生的各项综合能力，是一项能综合反映学生的英语水平、专业素质和学习能力的考试，也是 UC Berkeley 要求申请者必须具备的一个考试成绩，一年最多可以考 5 次，成绩 2 年内有效。

UC Berkeley 作为全球目前排名第四的世界一流大学，对于研究生最看重的不是成绩，而是专业研究成果。学校仅设置最低门槛，如 2018 年秋季招生，伯克利的研究生招生门槛为：①本科学历学位要求；②在校期间学习成绩要求：GPA>3.0/4.0；③语言能力要求：TOFEL（90IBT+570PBT），IELTS（7.0/9.0），GRE（各项目、研究方向要求不等）；④学术推荐信（3 封信）：需要推荐人在信中详细描述申请者的学术能力、专业水平、性格特点、工作质量以及未来获取科研的潜力；⑤其他要求：各系和各研究生招生项目针对性的相关要求，如相关领域研究、工作经历等。

我校研究生招生录取的途径目前有两种：推荐免试研究生和全国统一高考，都是在严格执行教育行政部门相关规定的基础上，院系在学校的统筹安排下根据各自的实际情况执行招生。虽然目前我校各院系在研究生招录过程中,推免和全国统考后院系的综合面试环节中,较早期增加了对学生综合素质的考核的占比,摆脱了笔试成绩决定一切的局面,但是由于分数线的划定是学校统一指导,迈过笔试成绩基本门槛才有可能进入综合素质考评,招生仍有一定的局限性。

三、对我校研究生招生的启示

美国高校研究生教育虽然位列世界前列,但是由于我国在教育资源、社会经济、文化基础等方面与美国存在差异,因此不能完全照搬美国研究生培养体系内所有机制。我国研究生教育改革应从我国实际情况与需求出发,制定适应于我国科研发展、人才培养道路的机制,逐步完善研究生教育体系,借以培养出面向世界的高素质、高质量人才。有鉴于此,美国研究生教育对我校的启示有如下几个方面。

(一)放宽自主招生权限

鉴于美国的世界一流大学都享有独立的自主招生权,省略了繁琐的政府与高校之间的制约。基于中国提倡"要加强对权力运行的制约和监督,把权力关进制度的笼子里"的理念,需要在强化高校内部权力运行的监督和制约的同时,又放宽高校自主选拔适应人才的权限,找到一个平衡点是难点。[7]因此,我国需要正视政府与高校之间的关系,找到彼此之间的平衡点。

另外就学校而言,如何平衡各学科之间的招录比例也是个难点。①全国统考考生综合面试分数线的划定:从学校内部管理来说,目前我校分数线的划定由学校研究生院根据当年考生成绩动态划定。研究生院根据学科类别统一确定一个指导分数线,各招生院系在此基础上制定对应分数线(一般是不低于该分数线)。目前部分高校的学生从大一入校开始就着手准备研究生入学考试,前三年的时间除了上课之外几乎全部用于准备应试,而许多一流大学的学生花了许多时间用于更全面的综合素质发展,因而导致许多有培养潜力的学生考试成绩远低于应试类考生，甚至进入不了学校的综合面试环节，导致部分极有优秀专业研究潜力的学生流失。学校可以考虑适当放宽院系自主招生权限，比如招生院系根据当年考生及全国相关专业考试成绩自主划定分数线，并上报学校研究生院，研究生院负责审核院系分数线。②招生院系招录环节中，可考虑适当增加导师招生建议权。目前招录环节中，从全国统一考试笔试到院系组织的综合面试，导师对于学生的招录基本没有决定权。学校招收符合导师培养理念的学生，究其根本是导师招收适合做研究并有科研潜质的学生，因此加大导师的招生决定权，对于学校今后研究生教育有着重要的实际意义。

(二)探索"招考分离"制度

目前我国的研究生入学考试体制中，全国标准化考试科目与招生单位自主命题科目混合，其中自主命题科目存在"单人单袋"封装、科目繁多、试卷传输风险高等特征，制约了我国研究生招生选拔机制。[5]而美国是由第三方专业的考试机构负责研究生标准化入学考试，这对于我国国情来说短时间内可能不易实现。可以考虑入学考试中仅针对学生的基本语言能力、科研素质和政治素养进行考试。全国针对基础科目确定基本录取线，高校各院系根据学科实际框录比例可适当放大，旨在给更多适合从事研究的学生进入下一轮考核的机会。而自主命题则纳入复试中再次进行，从而实现了适应于我国实际的"招考分离"，在降低选拔成本的同时，能在一定程度上避免在招生关卡使得优质生源流失这一现状。

(三)生源国际化

美国高校在全世界都享有盛誉，其考试中心在多个国家都设立考试网点，便于学生申请赴美深造，也利于研究生生源在全球流动。[8]在我国，来华留学研究生教育也进入了快速发展的新时期，但是在规模、学科范围、生源国家分布等方面需要继续完善。[9]

研究生教育国际化仍是武汉大学国际化进程中至关重要却也相对薄弱的一环。据统计，2018年，有来自141个国家和地区的各

类外国留学人员来我校学习，其中硕士和博士研究生共计约 342
人。其中"一带一路"沿线国家留学生 266 人，占总人数的 78%。
文科类专业的学生数量仍排名首位，占总人数的 69%，主要集中
于汉语专业和政法学科。因此，在目前高校国际化的潮流下，在追
求数量上的同时，我校应加强对生源质量的审核，规范国际研究生
招生过程，提高留学生研究生的生源质量。另外，如何完善适应国
际化需求的研究生培养体系，提供更广阔的科研平台，提升在世界
的学术影响力和竞争力，谋求世界各国人才，也是后续工作中需要
进一步探索的。

◎ 参考文献

[1]周广. 美国、日本、中国三国研究生招生制度比较[J]. 教书育
　　人(高教论坛)，2015(3)：78-80.

[2]罗利佳. 美国研究生招生考试制度分析及其启示[J]. 世界教育
　　信息，2007(8)：71.

[3]王孙禹，石菲，刘帆. 美国研究生教育的学位类型特征及其形
　　成——以哥伦比亚大学为例[J]. 中国大学教学，2016，18
　　(10).

[4]展立新. 西方高等教育理论一次深刻的社会学总结——评 T.
　　帕森斯和 G. M. 普莱特的《美国综合性大学》[J]. 北京大学教
　　育评论，2008，6(4)：179-187.

[5]朱鹏宇，马永红，林莉萍，等. 英美研究生招生制度对我国的
　　启示[J]. 研究生教育研究，2018(3).

[6]张秀三. 美国研究生招生选拔机制研究及启示[J]. 高教探索，
　　2015(8)：99-104.

[7]樊华强. 论我国高校自主招生权的监督与制约[J]. 黑龙江高教
　　研究，2017(1)：18-20.

[8]张月梅. 美国研究生培养模式对我国的启示与借鉴[J]. 继续教
　　育研究，2018(5).

[9]李海生，龚小娟. 来华留学研究生教育中的生源问题及对策分
　　析[J]. 学位与研究生教育，2017(8)：32-37.

校园文化建设

美国高校宿舍教育对我国宿舍文化建设的启示

——以 UCLA 为例

刘光明

(武汉大学土木建筑工程学院)

大学生宿舍是高校实施思想政治工作和素质教育的重要阵地，如何增强大学生宿舍文化建设在校园文化建设中的作用，如何提升宿舍文化的育人功能已经成为思想政治教育领域研究的一个新课题。2018 年 7 月至 8 月，笔者有幸参加了学校组织的青年管理干部出国研修班，赴美国加州大学洛杉矶分校(以下简称 UCLA)等高校进行为期一个月的学习。学习期间，通过与教师、学生交流及实地住宿等，对美国高校学生事务工作进行了考察学习。美国高校学生宿舍管理与我国高校学生宿舍管理有相似之处，也有不同之处，许多地方值得我们学习和借鉴。

一、美国高校宿舍教育

(一) 美国高校宿舍教育的主要形式

1. 住宿学院制

住宿学院制起源于英国的牛津大学和剑桥大学。美国的哈佛大学、耶鲁大学等高校在 20 世纪 30 年代采用此制度，成为美国第一批借鉴这种宿舍教育制度的高校。建立住宿学院制的主要目的是为学生提供亲密的、支持性的社区，从而促进学生的社交、智力和个性的发展。住宿学院制具有以下三方面的特征：一是入住方式上，不同专业和年级的学生混合住宿，打破了学科间的界限，实现优势互补；二是管理方式上，每所住宿学院都由有能力和有身份的教师管理，教师和学生宿舍事务人员没有分化；三是教育形式上，主要通过师生共同生活，形成潜移默化的影响。

2. 生活学习中心

当前美国高校的宿舍被称为生活学习中心（Living & Learning Center）。与住宿学院制不同，生活学习中心不仅使宿舍楼成为学生生活和学习的地方，而且营造了充满学术氛围的住宿环境。生活学习中心成员是由高校根据学生提出的申请进行选拔，学生住在具有学术性主题的宿舍楼内，和教师一起通过参加具有学术性的课程与活动，实现自我成长。它主要有以下三方面的特征：一是住宿方式上具有选拔性，学生在收到高校录取通知书的同时，会收到一份住宿申请表，学生根据自己的兴趣而不是专业选择某一个住宿，然后通过学校选拔后入住；二是管理方式上设有专门的宿舍事务人员，宿舍主管由取得职业资格的学生事务专业本科生或研究生担任，主要任务是教育项目管理、参加学生社交活动和师生互动等，学生助理则由高年级本科生或研究生担任；三是教育方式上具有主题性和学术性，生活学习中心强调项目和住宿主题的设立，常见项目包括领导力项目、跨学科项目、环保项目、健康生活项目、新生适应性项目等几大类别。

（二）美国高校宿舍教育的特点

1. 按项目相对集中居住

在 UCLA 校园内，每一个项目都有一个主题，学生以主题为单位相对集中地住在一起。参与哪个生活学习项目是以学生选择、申请为前提的，在填写申请时，如果学生对于自己的宿舍、舍友有一些要求，需要在申请表上填写清楚，校方会尽量满足。所以每个项目中学生均具有共同的兴趣主题，这非常有益于同学之间加强互动、建立友好关系以及项目的开展。

2. 课堂教育与非课堂教育一体化

美国高校住宿社区是学校专业教育的第二课堂，是学生学术学习在宿舍的延伸，负责在课程之外给学生提供学术帮助与指导。其目标是丰富学术发展，支撑学校的学术使命。随着教师更多地从事科研、社会服务，学生的事务管理逐渐剥离出来，学生事务越来越专业化，从而出现学术事务、学生事务两个分化的领域。但是，二者的割裂显然不利于学生的培养。生活学习中心则是学术事务与学生事务之间密切合作的产物，围绕主题，既有课程，也囊括课外活动，宿舍成为课堂教育的延伸，衔接起课堂教育与课外教育。

3. 师生交流互动频繁

良好的互动是带来教育成果的关键。学生与同伴、教师越进行互动，他们越会感到宿舍氛围中社交和学术的支持性，也越有可能达到理想的学习结果。有研究表明，课外师生非正式互动能够给学生在职业计划和人生抱负、对学校满意度、智力与个人发展、学业成绩、毕业率等方面带来显著的教育结果。相比较于走读生，住宿生有更多的师生互动机会。此外，生活学习中心又有针对性地设计这些互动机会。例如，中心既有教师、专职学生事务人员，也有兼职的研究生、本科生。由此，带来三种形式的互动：正式的师生互动、非正式的师生互动、朋辈互动。正式的师生互动是教师与学生通过课程实现的，非正式的师生互动是教师或专职的宿舍事务人员在系列的活动中互动，朋辈互动既有兼职宿舍事务人员与学生的互动，也有住宿生之间的互动。

4. 充分发挥学生自治功能

美国高校的住宿教育队伍人员配备充足，规模较大，专兼结合，岗位细化，专业化职业化程度较高。美国高校对学生宿舍教育的工作人员素质要求比较高，其工作职能是集教育、管理、服务于一体的。通常参与学生宿舍教育的工作人员都具有硕士或博士学位，并且经过专业训练和培训，具备教育学、心理学、管理学、学生事务、学生发展等专业知识。宿舍导师则多为知名教授，是专业领域内的行家。美国高校学生宿舍管理尊重学生的自主权，注重平等、双向，在学生管理上很大程度也是依靠学生本身。除了专业人员之外，学校还聘请了许多学生来参与宿舍管理，借以发挥学生自我教育、自我管理、自我服务的能力。对这些学生管理员采用公开招聘选拔的方法，自愿报名后经过面试，被录用的学生要先经过正规培训并经考核合格后方能上岗。

（三）UCLA 宿舍教育

1. UCLA 学生住宿情况

UCLA 有本科生近 3.1 万名、研究生 1.2 万余名，其中，在校住宿的本科生有 1.2 万余名，研究生有 3000 余名。每年 9 月中旬是学校的宿舍入住日，2017 年入住日搬进 1.4 万余名学生，其中包括 6000 余名新生。UCLA 之前是走读性质，只有几千名学生住在学校附近，后来学校希望学生能够成为校园社区的一部分才开始提供校内住宿。为帮助学生更好地融入校园生活并得到更多文化体验，近年来学校希望更多学生住在校内，仅今年学校就新建了 3 块住宿楼区。

2. UCLA 宿舍概况

UCLA 的整个宿舍区都坐落在西边山上，各个宿舍楼之间的距离不是很远，每座宿舍楼有自己的前台、食堂和 computer lab 等公用设施。宿舍房型分为三类：普通宿舍、住宿广场和套间，宿舍宽敞明亮，一般为 3 人间，大约 25 平方米。每栋宿舍楼都使用门禁刷卡系统，学生进入宿舍楼，需要经过宿舍楼门禁、大厅通道翼闸、电梯刷卡门禁以及宿舍房卡，安全系数很高。宿舍楼内基础设施完善，有专门空间放置微波炉、自动售卖机、洗衣机、烘干机等，还设有健身房。每层楼设有学习室（study room），供学生学习、讨论和开展活动。此外，UCLA 宿舍周围还建有生活学习中心，如自习室、电脑实验室、餐厅、泳池等，满足学生学习研究和生活娱乐需要。

3. UCLA 宿舍工作人员

UCLA 社区管理人员不多，但结构合理，分工明确。每个社区工作组由 5 名成员组成，其中住宿主任 1 名，副主任 2 名，专业教师 2 名，住宿主任负责制订学生发展计划，住宿副主任负责具体管理和实施学生发展计划，入住教师负责给予学生在学术、生活方面的指导，学生助理(CA)若干名，通常由高年级本科生或研究生担任，协助住宿副主任开展具体工作。UCLA 宿舍工作人员专业化程度较高，一般有学生事务或心理学的专业背景，同时，学校也会经常组织宿舍工作人员(含学生助理)进行心理援助、教育与社交、危机管理等方面的培训，他们可以为住宿生提供信息、项目策划、咨询等服务。

二、国内高校宿舍文化建设的现状与存在的问题

(一)国内高校宿舍文化建设的现状

由于高校后勤社会化改革措施的实行，大量社会资金被吸收到大学生宿舍建设中来，国内高校宿舍园区的基础设施建设水平得到很大程度的提高。目前，高校学生宿舍供需大致平衡，基础设施有所完善，住宿环境逐渐优化，高校建立了比较完善的宿舍管理制度，大学生的精神面貌整体呈现积极向上态势，大学生开展的宿舍文化活动形式多样，内容丰富多彩，大部分学生对宿舍文化有一定程度的了解，并认可宿舍文化的功能与作用。当前大学生宿舍文化建设总体情况良好，但也存在一些问题。

(二)国内高校宿舍文化建设存在的问题

高校宿舍文化是宿舍内部存在的特定人际关系、价值观念、行

为方式、制度规范所反映和体现的一切文化现象的总和，包含物质文化、制度文化、精神文化、行为文化四种文化类型。目前，国内高校宿舍文化建设主要存在以下问题。

1. 物质文化层面：大学生对宿舍的物质条件有更高要求

目前，我国大多数高校兴建或修缮了大学生宿舍，能够为学生提供基本的生活条件，满足大学生的基本生活需求，但学生对宿舍的物质条件有更高的要求。一方面，他们认为大学生宿舍的建设要具备现代化水平，不仅要满足基本生活所需，还要提高生活的舒适度。另一方面，学生希望在宿舍的建设中能够以人为本，多一点人性化的设计。

2. 制度文化层面：缺乏规范管理，体制不完善

在宿舍制度文化建设过程中，虽然大多数高校建立了比较完整的宿舍管理制度，但是仍然存在诸多不足。第一，宿舍过程管理不到位，执行力不强。调查显示，大学生宿舍经常有外来人员上门推销商品，有些楼栋的宿舍管理员并没有按宿舍管理要求过问、阻止，学校规定宿舍内禁止使用大功率、高压电器，但仍有少数同学违规使用。第二，宿舍管理队伍建设有待加强。当前大学生宿舍管理中，宿舍党团组织建设还不是很完善，宿舍管理人员整体素质偏低，服务水平不高，而学生的维权意识在增强，由此引发的不满将影响学生宿舍文化建设的成效。

3. 精神文化层面：受到多元价值观的冲击

改革开放以来，在思想领域出现了自由主义、个人主义、享乐主义等社会思潮，而当前大学生的思想非常活跃，这些思潮对他们的生活和个人成长带来严重的冲击和影响，他们的世界观和价值观逐渐呈现多元化的趋势。大学生宿舍的文化氛围较为复杂，有些宿舍文化品位有待提高，有的宿舍装饰渐趋世俗化，语言渐趋庸俗化。

4. 行为文化层面：网络行为文化盛行，宿舍凝聚力不强

随着经济社会的发展和网络科技的现代化，绝大部分学生拥有自己的电脑或手机，网络生活已成为当代大学生不可或缺的一部分。大学生对网络的依赖程度越来越高，同时所受的负面影响也越来越大：学生利用网络除了学习之外，更多的是玩游戏、看电影、听音乐、交友等，网络的存在淡化了宿舍成员之间的关系，网游的存在严重影响大学生的学业，网络游戏中的色情、暴力等不健康内容严重影响大学生的身心健康。此外，大学生只把宿舍当成休息、睡觉的场所，宿舍成员间很少讨论学习、研究学业，学风问题没能成为宿舍的主要话题，宿舍内没有形成互帮互学的氛围，宿舍凝聚力、亲和力不强。

三、美国高校宿舍教育对我们的启示

1. 科学认知大学宿舍的教育功能，拓展宿舍教育的发展功能

从美国高校的经验来看，学生的宿舍和教室一样，可视为学校环境的一部分，影响着学生的学习和发展。2008 年，美国学者提出大学宿舍有两个功能，一个是管理功能，一个是教育功能（见表1）。管理功能表现在一、二、三层次，教育功能体现在四、五层次。前三个层次强调提供一个物理环境，属于设备导向，而后两个层次强调提供一个人际环境，属于学生导向。五个层次是递进的关系，前一个层次是下一个层次的前提与基础。

表 1   宿舍功能与层次

环境	层次	功能
物理环境 （设备导向）	层次一：兴建、整修宿舍，提供满意舒适的物理环境	管理 功能
	层次二：良好地维修及保养各种设备	
	层次三：建立能够共处合作的宿舍规则	

环境	层次	功能
人际环境 （学生导向）	层次四：发展彼此关怀、有利学习、具有共同感的环境	教育 功能
	层次五：创造各种有助于个人成长及发展的机会	

美国学者并指出，对学生学习最重要的影响来自校园的整体，尤其是当学业的、人际的活动与课外活动相互连结，共同支持某种教育成果时影响最大。在此，宿舍充当了连结角色，促成学生课堂教育与非课堂教育的一体化、整体化。学生宿舍不再只是睡觉、休息的场所，而应重视其教育功能。我国高校应科学认知住宿教育在校园实践、社会参与、学术支持、心理健康教育等方面的发展功能，在宿舍教育上做好顶层设计，要正确认识宿舍在育人方面的重要作用。

2. 组建住宿教育专业化队伍，发挥学生组织"三自"作用

高校一方面要从数量上保证足够的公寓管理人员，另一方面要从质量上尽快提高公寓管理人员的整体业务素质，建立一支专业化、专家化、职业化的高素质住宿教育队伍。同时要鼓励学生参与宿舍管理，提高学生自治能力，发挥学生自律委员会、楼长、层长、学生党员、学生干部的作用。学生管理员除了担负检查卫生等职责外，应仿效美国高校的做法，增加其在组织楼层学生学术、文化活动，对学生进行学习方法的指导、学习资源的咨询，前台值班及宿舍楼内外的安全巡逻等方面的职责，真正做到让学生直接参与管理，实现学生自我教育、自我管理、自我服务的目的。

3. 建立宿舍文化育人体系，完善公寓管理制度建设

高校文化建设的重要内容之一就是宿舍文化建设，因为宿舍是学生除教室之外学习、生活、交流最多的场所。高校应高度重视校园环境和校园文化育人的隐性作用，重视公寓环境布置，针对学生关心的热点问题在宿舍中开展具有针对性、实效性的教育活动，让

宿舍真正发挥第二课堂的育人作用。此外，高校还应制定严格健全的宿舍管理规章制度，如入住协议签订制度、安静时间制度、会客及留宿制度、安全制度、惩罚制度等，以此来规范学生的权利和义务，约束学生宿舍行为，强化学生自律意识。

◎ 参考文献

[1]徐波，苍玉权．美国高校宿舍教育的历史分析：宿舍与人才培养[J]．复旦教育论坛，2014(5)：91-96.

[2]杜彬．美国高校学生宿舍管理及对我国的启示[J]．云南农业大学学报，2014(3)：57-61.

[3]尼那．高校宿舍文化建设融入大学生思想政治教育的路径探析[J]．新课程研究（中旬刊），2017(01).

以美为鉴，"双一流"背景下
高校管理文化建设路径

严　璨

（武汉大学药学院）

2018 年 7 月 16 日至 8 月 13 日，笔者有幸参加了武汉大学青年管理干部出国研修项目，赴美培训期间，对加州大学洛杉矶分校、南加州大学的大学管理和运营管理模式进行了全面深入的学习，并在斯坦福大学、加州大学伯克利分校、加州大学尔湾分校、加州理工学院等几所高校开展了管理工作交流。笔者结合自身管理学学习背景和在国内从事高校行政管理工作的经验，从凝聚共识的角度，谈谈高校管理文化的建设路径。

一、背　景

《教育部 2016 年工作要点》通知各高校，要加快"双一流"大学建设。所谓的"双一流"是指世界一流大学和一流学科，这意味着中国大学已吹响了冲刺国际前列、顶尖学府的"号角"。"双一流"建设作为在"211"工程、"985"工程取得一定成绩和经验基础上进行的一项具有整合和继承性的推进工程，要做到平稳过渡，实现机制更加完善、成效更加显著的结果，仍然存在诸多困难，而要解决这些困难，一流管理至关重要。因此，实施建设与改革并重的"双一流"建设，必须从一流的高校治理理念，一流的内部治理结构，一流的管理者入手推进"双一流"建设，这就需要高校的行政管理人员具备较高的文化道德素养、扎实的业务知识储备、先进的管理能力。一个高校的发展和进步，离不开两个支撑，第一个支撑，是核心实力，即学科排名、高层次人才、学生培养质量等硬实力。第二个支撑，就是文化的支撑，是一种软实力。笔者赴美研修期间，深刻感受到中美高校在学校物质条件上存在着一些差距，但这个差距相较于管理的理念和文化是不大的，在与美国高校普通的行政管理人员接触中，我无时无刻不感受到一种知行合一的责任。他们热情、守时、专业，尊重规则又充满活力，仿佛他们在共同做一项令人心潮澎湃的事业。

二、管理文化的概念及功能

高校管理文化是新时期在高校管理实践中，通过对高校管理经验和教训、管理理念等进行科学的总结而形成的一种高校文化。高校管理文化、高校学术文化和高校教学文化都属于高校文化的范畴，它们从不同的方面体现了高校的精神，而高校精神正是一个高校的灵魂和前进的动力。高校管理文化就像企业文化一样，它会直接影响身处其中的广大成员的软环境，对于增强人文氛围、提升精神境界、增强凝聚力、弘扬主旋律、优化组织风气、激发创造力等，都有不可替代的积极作用。现代管理学普遍认为，管理由低到高可分为三种境界：人管人(低层次管理)、制度管人(中层次管理)、文化管人(高层次管理)。高校文化管理是以文化为基础，利用文化要素和文化资源实施调控的学校管理活动，它是最高层次高校行政管理模式的一种最直接体现。

笔者在研修期间发现美国高校十分重视管理文化的建设，虽未曾提及此概念，但却通过专业及细致的管理和服务，让你身在其中时时刻刻感受到一种被服务和被尊重，凸显出浓浓的人文关怀和文化感召，使美国大学师生具有了强烈的校园归属感和自豪感，这是一种在美国校园里面凝聚共识的管理文化，是一种值得我们思考和学习的美国高校价值内核。

三、美国高校管理文化的价值内核

美国大学的以人为本根源于西方人本主义，它在以个体为本的同时讲求社会公益，宣扬个体自由的同时也强调个体应承担的责任。美国大学的以人为本，充分考虑到了"人"作为个体的价值和存在，从这个角度看，它对于改进国内高校的管理模式是有一定借鉴意义的。

1. 对管理人员的重视

美国高校对于教师地位的尊重，并不意味着教师的权益就凌驾于管理人员之上。我们在与 UCLA 大学的访谈中发现，他们认为 UCLA 的学生和教师之所以能够很好地成长与发展，根源是依托管理人员所提供的有力支持和帮助。美国高校充分认识到一流的大学需要培育一流管理人员队伍，从在美国校院两级人力资源管理部门的讲座中可以发现，美国高校行政人员管理体系较为完善。第一，有规范的岗位描述，对每个岗位的概要、职责、要求和招聘条件有清晰界定，详细到院系的每个岗位，并有存档。清晰的岗位描述有利于招聘、考核和薪酬各环节工作的开展，能更有效地实现人岗匹配，避免重复劳动。第二，有较完善和专业化的培训体系。学校会针对不同群体制定培训政策和培训课程，培训课程的设置交由专业公司设计，以保证培训的专业性和有效性。例如 UCLA 大学从中层管理人员到高层管理人员都有培训课程，内容涉及评估和提升管理技巧、处理挑战性员工与劳资关系问题、做富有影响力的领导等内容，既能实现学校发展的战略需要，又能促进员工个人的成长，同时还为员工提供职业生涯发展指导和心理辅导。第三，柔性化的绩效考核制度。管理人员绩效考核程序很简单，一张自评表和一张雇主评价表，充分考虑到管理人员的感受和接受度，注重互动和反馈。不是为了考核而考核，而是为了促进考核部门和人员的深入交流，同时帮助管理人员了解自身工作情况以便继续提升自我。

2. 为师生服务

美国大学在日常管理中处处体现着管理人员为师生服务的观念，洋溢着以人为本的浓厚气息。美国学校的教学目标和计划充分考虑了教师和学生的各种需求。例如我们在调研过程中发现，有的学校每年教学计划和课程都会进行调整，学校教学管理人员在暑假或者期末会提前发给师生新的教学计划，学科课程、难易程度、学习层次都会进行标注，学生们要选什么层次的课，什么课要在修什么课之前才能修，教学计划均写得清清楚楚。学校尊重每位老师的专长和每个学生的学习特点及能力，给予他们相应的安排和选择，从而激发师生教与学中的积极性。在我们所参观的院系中，发挥教师的主体性是各院系管理服务的重中之重。管理人员除了做很多对外的工作之外，将时间和精力最大限度地用在教师和学生身上。例如在科研项目申请和经费使用时，学院会整合学院资源争取更多项目，学院会安排有经验的教师协助没有项目经验的教师共同申报项目，增加项目申报的成功率，同时会给教师安排专门的科研财务人员，负责项目经费的管理和使用，教师可以专心从事学术研究。简而言之，美国的行政管理人员"为师生服务"，是为每一名教师和学生服务，这是人本理念在高校管理中的一个重要体现。

3. 尊重教师和学生的主体性

就高校行政管理来说，管理的最终目的还是为了学生和教职工自身的发展。"为了人而管理"、"人是管理的目的"，这是现代行政管理的重要理念。美国大学的以人为本折射了美国社会的以人为本观念，强调个体的价值和存在。例如我们在这些大学访谈时就了解到，美国大学特别注重对教师的教学与科研的规划，会有学院负责人进行安排，会因地制宜让所有的老师各尽所长，部分研究做得特别好的可以不教学，教学做得好的也可以不做科研，对教学和科研的考核并重，充分尊重教师的主体性。同时美国的高校特别注重对学生的管理，充分尊重学生的主体性。身处美国的高校，你会有一种强烈的感觉，那就是这是一所真正学生的大学，是学生在运作这所大学。超市、餐厅、体育馆、教学楼、办公楼、图书馆，甚至配套的食品工厂，所有的前台幕后，到处都是勤工助学的学生。UCLA的书店或餐厅有些就是学生联合会运营的，学生雇用专职人员负责部分事务工作，赚的款项也用于支持学生活动经费开支，学生自我管理和服务的自主性得到极大发挥，这有利于学生领导力和责任感的培养。

4. 专业化和精细化

美国高校在聘任行政管理人员时十分注重专业化。以学生事务相关的管理部门为例，一般都会招聘具有学生事务管理等与学生工作密切相关的专业学科背景者，同时会考虑管理人员是否喜欢自己的岗位与领域，是否能够不断进行实践探索与理论总结，以此推动管理和服务的职业化、专业化。例如在 UCLA，教职员工也分教师和职员，但是职员也同样受人尊敬，一方面职员能在自己所从事的管理专业领域有所建树，另一方面职业的幸福感也很高，每个人阳光、真诚、友善，汇报工作充满了自豪感与满足感。"Program"是我们在研修交流中听他们汇报时出现频率最高的词。以 UCLA 的学生服务项目为例，他们就提供将近30余项项目和服务，包括学生社团、心理健康、多元文化融合、学生勤工助学、就业指导、住宿、餐饮、体育场馆、医疗保险、环保教育等内容在内的不同板块。这种管理的精细化和专业化真正做到了以学生的需求为出发点，一切工作以学生为中心，一切围绕学生成长成才，满足不同天赋、不同需要、不同目的、不同个性学生的多样化需要。

5. 合作意识强

美国高校的管理部门特别注重加强校内合作关系。以伯克利大学为例，他们的就业服务部门与学术部门、学生服务部门、校友会、学生社团建立并保持着紧密的合作关系。通过学术部门，熟悉学生的专业情况；通过校友会，利用校友数据库资源，组织校友活动，为学生与校友沟通交流开辟渠道；与学生社团(特别是与相关行业具有隶属关系的社团)合作，发布和组织各种就业活动，吸引目标学生群体。例如 UCLA 的安全教育、管理工作以及突发事件应急处理是由学生事务相关部门（学生事务中心、住宿服务中心、学生健康与福利中心、就业指导服务中心等）、环境卫生和安全管理部、警察局等单位共同协作完成的，各单位分工明确，联系紧密，有完善的例会制度、保密制度和联动机制，彼此之间既分工又合作。这种高度的合作意识还体现在学校与社区、家庭的紧密协作方面，学校和社区会经常开展各类安全教育活动，学校也会经常开展面向家长的讲座，通过家校互动，实现协同育人。

四、凝聚共识，高校管理文化建设路径

"凝聚共识"是习近平总书记常用的一个概念，是教育特别是新时代思想政治教育中的一个重大问题。从凝聚共识角度思考高校管理文化的建设，就是要充分发挥价值导向作用，形成学校主流价值观的认同。形成主流价值观的认同是学校行政管理的最高境界，管理者要向被管理者传达学校已形成的一套清晰明确的主流价值系统，从而使被管理者能够理解、接受，认同它并自觉地将其内化为自己的意识追求。

1. 更新教育管理观念

基层管理的效果取决于基层人员服务能力的高低，服务能力的高低取决于基层管理人员的专业水平和工作态度。首先，要重视基层管理队伍的建设。在"双一流"大学建设背景下，高层管理人员必须更新管理观念，重视基层管理队伍的建设，如果基层管理不被重视，将会导致基层管理队伍建设滞后和缺乏与之相对应的评价体系。高校的行政管理人员如果能牢固树立一流意识，紧紧围绕一流目标，认真贯彻一流标准，以改革创新精神提高管理效能和服务水平，打造"以师生为中心"的一流大学管理服务体系，为高水平建成中国特色、世界一流大学提供坚强的组织和作风保证，这对于加快高校管理建设的步伐具有重要意义。其次，树立与时俱进的管理观念。随着时代的进步，为了加强高校管理队伍建设，相关人员不

仅应具备先进的高校管理理念，还应深入了解国外高校的相关教育理念，并结合高校管理现状，不断优化和创新管理观念。

2. 树立"以教师和学生为本"的管理理念，增强民主管理和服务意识

高校管理以人为本，也就是"以教师和学生为本"，这就要求在高校各种管理工作中重视教师和学生的因素。围绕教与学，建立和完善人性化的管理制度，营造良好的人文环境，为广大师生创造优良的工作环境、宽松的学习环境和高质量的生活环境。一是要树立民主管理理念。教师和学生既是被管理的对象，又是管理的主体，应充分发挥他们在高校管理中的积极性和主动性，鼓励师生积极为学校各项工作建言献策，形成全员参与的双向交流的管理模式。二是要树立服务观念。我国高校管理长期套用行政管理的集权模式，将管理视为"控制"，这是造成服务意识淡薄、服务脱离实际等现象的根本原因。树立"以教师和学生为本"，它要求管理者必须转变观念，为被管理者不断提供完成工作所需的信息、资源、后勤等各项服务，而不是给他们施加太多的控制和管束。

3. 加强专业培训，提高服务能力

基层管理人员的工作态度和专业能力，直接决定管理的效果，要提高服务能力就必须通过不断学习提高自身的管理专业技能。首先，基层管理人员通过学校组织的各种培训学习不断增强管理知识，学习组织、策划、沟通等管理知识，提高专业化知识和技能。通过参加各种教育培训，学习相关知识和技能，提升自己的书面文字能力和口头表达能力，确保学院与各系、所之间的信息沟通畅通，提高学院各项工作的办事效率。其次，高校基层管理人员自身也需要主动去学习专业知识，加强实践活动和经验总结，虚心向领导和同事请教，不断提高自我解决复杂问题的能力，勇于开拓创新，切实提高自身的服务能力。

4. 完善激励机制，提高服务水平

应制定以绩效考核为重点的教职工评价机制。绩效考核的目标是通过提高员工的绩效，激发员工的工作积极性，从而更好地实现组织目标。健全高校教职工评价考核机制，要建立根据不同工作岗位要求和员工能力要求相结合的不同等级、不同层次的多元评价制度；要以业绩考核为重点，建立科学的可操作性强的业绩考核评价体系，客观公正地分析、评价员工的表现和业绩；此外，既要考核业绩也要考核问题，通过指导、培训等有效手段帮助教职工分析解决存在的问题，达到促进被考核对象不断提高绩效的目的；同时还要将绩效考核与工资等级标准挂钩，完善激励机制，以考核结果为参照，公平地决定教职工的工资待遇、职位变动和奖惩等级，从而提高教职工的工作满意度。

5. 创新管理模式

基于互联网时代特色，高校应当在人员编制、工作细节、机构设置等多个方面进行改革，摒弃传统模式下效率低下的工作方式，降低管理成本的投入，提升整体的工作效率。一方面工作模式的制定需要不断地自我改革与创新，可借鉴西方高校的管理经验，对现有的行政管理模式进行优化。另一方面则需要针对当前基层管理中存在的问题作出针对性的调整，对现有的工作人员进行定期指导，加强管理过程的信息化投入，为高校基层管理的改革注入更多的活力。

开展中美高校的校际交流，借鉴美国高校先进的管理理念和管理模式，有助于推动国内高校的管理改革。但是，我们也应该看到，中美高校的管理模式各有不同，文化在其中起到了很大的影响作用，简单地运用"拿来主义"将他山之石强行植入国内的高校管理显然是不可取的，只有充分尊重中国文化传统，分析管理理念和管理模式的异同和利弊，有策略地避开管理障碍，创建符合中国国情民情的管理模式，才能取得高校改革和发展的最大效益。

◎ 参考文献

[1] 黄丽锜. 行政管理中行政文化的建设探究[J]. 经营管理者, 2017(4)：299.

[2] 周思佳，娄健. 高校行政管理模式下基本建设管理模式的探讨[J]. 高校后勤研究，2017(1)：49-52.

美国大学校园文化及其价值内核探析

蔡 强
（武汉大学机关与直属单位党委）

2018 年 7 月，笔者有幸作为武汉大学青年管理干部研修班成员之一赴美国加州大学洛杉矶分校（UCLA）、斯坦福大学、加州大学伯克利分校、加州理工学院、加州大学尔湾分校、旧金山大学和南加州大学（USC）等 7 所世界一流大学交流学习，在美国访学期间，我十分关注美国一流大学在教学科研管理、优秀人才培养等方面的有益经验和有效做法，我深知，美国一流大学之所以优秀，离不开卓越的办学理念、鲜明的价值观导向等优秀文化的浸润，美国一流大学优秀的校园文化体现在哪里，它的价值内核是什么，更是此次美国之行我想得到的答案。在加州大学尔湾分校参观访问的时候，校园内的一组雕塑引起了我的注意，这组雕塑由四个中国历史和神话人物组成，分别是李白、屈原、老子和麻姑，雕塑的设计者显然深谙中华文化的精华，这种人物组合绝不是随心所欲的拼搭，而是独具匠心的选择。李白和屈原都是我国历史上伟大的浪漫主义诗人，个性鲜明，自由不羁，都有反主流被贬谪的人生经历；老子和麻姑都是道教人物，以老子为代表的道家主张法道自然，追求长生，麻姑也是道教的神仙体系中的长寿之神，是中国民间对生命和健康的美好寄寓。这组人物背后的文化意蕴与我赴美研修期间所感受到的美国一流大学自由、包容、和谐的校园氛围和学生身上体现的张扬、自信、健康的精神风貌有着高度的契合，我也从这组中国化的雕塑中找到了想要的答案：崇尚自由、鼓励创新的精神；尊重自然、敬畏生命的情怀；以人为本、多元包容的理念；张扬个性、健康向上的追求。

崇尚自由。美国高校努力培养学生独立、自主的个性，决定学生所学专业的并非入学成绩，而是由本人在结束第一年的大学生活之后的自主选择。不仅是就读专业，甚至选择与专业相关的哪些课程、一学期选修几个学分、几年修完全部学分都可以由学生根据个人情况自主决定。甚至学生在学习某专业一段时间后，如果觉得不合适，还可以重新选择专业。学生的课程学习并不完全是统一规划，而是在每学期开学前有特定的选课时间，学生根据自己的兴趣选择相应的课程并制定课表。在美国校园里几乎听不到上下课铃声，学生的课堂学习都是自主自觉的过程，学生根据自己选课的时间表来上下课，主动地投入到学习中。除了课堂教学是统一安排外，基本上都是学生自主掌握学习时间，他们更多的是投入到课外的阅读和讨论中。学校也为学生提供了更多便捷的服务与场所，学校免费无线网络全覆盖，学生随时随地都可以上网查阅资料。UCLA 和 USC 都有 24 小时开放的图书馆，学生随时可以在图书馆自习，累了甚至可以躺在沙发上休息。不同院系每周都会邀请校内外、国内外知名专家学者带来他们最新最前沿的研究成果和精彩的学术讲座。这些讲座一般安排在中午十二点或下午五点左右，并提供免费的午餐或晚餐，既不耽误学生的正常课堂学习，又能解决用餐问题，是一种轻松自由活泼的学术沙龙。

鼓励创新。美国高校创新创业教育已经形成一个完整而立体的系统。创业课程已覆盖所有美国高校，目前已经开设了超过 5000 门的创业课程。笔者此次到访的旧金山大学对本科生提供 5 门关于创新的课程(20 个学分)，本科生需要写商业计划，学校会为学生提供机会到企业去完成一些项目，学生可以充当咨询顾问的角色，为企业提供问题解决方案。旧金山大学中国企业管理研究所的学生大使项目(SAP)给笔者留下了深刻的印象，该研究所每年在全校所有学生范围内选拔 30 名学生前往中国参加商业研讨会议，与中国当地商业人士接触和交流。在政策支持方面，美国高校针对创业的学生实行弹性学制，允许 1~2 年时间休学创业。斯坦福大学有一个充满自由风格的校规——"停下"(stopping out)，学生可以随时暂时休学一年，然后回来接着读。斯坦福大学允许学生四年的本科教育课程不用一口气读完，学校鼓励学生在校外多体验与享受人生，也给学生们提供留学和创业机会。在资金支持方面，各校设有各种创业基金、孵化资金、奖励基金等，构建了多层级、多维度的资金支持体系。斯坦福大学为了支持创新性的科研想法，设立了"研究激励基金"；为了资助已初步成型但尚未获得许可的技术，设有"鸟饵基金"；为了资助那些有商业前景但较难获得许可的发明，设有"缺口基金"等。

尊重自然。美国每一所高校的校园都十分优美，绿树成荫，鲜花盛开，此次访学的七所高校都位于四季阳光明媚的加州，学校更是充分利用了大自然的馈赠，建成花园式校园，建筑物的设计也很有特色，依地势而建，错落有致，形成了自然环境与人文环境的完美协调和统一，处处体现了美学原则，随时可以摄入镜头成为作品。斯坦福大学森林式的高品质景观设计，讲求纹理、色彩和色调的精细层次，与各种建筑交相辉映，造就了世外桃源般的校园环境。UCLA 和 USC 都以红砖建筑为主，但风格各异，UCLA 的校园设计大部分遵循了伦巴第文艺复兴艺术风格，充满了传统院校的厚重气息；USC 建筑则是罗马式风格，凸显了活泼、热情、开放、自由的校园特色。走在 UCLA 你能感受到校园的温婉大气，而 USC 的紧凑与精致也别有一番风味，校园都像一幅画卷，移步换景处处有生机。美国高校人与自然的和谐也达到了极致，学校有大片的草坪绿地或椅子等供学生随时随地坐下来讨论、聊天、交流。小鸟时时歌唱，松鼠绕膝嬉戏，处处绿草成荫，师生笑语飞扬。

敬畏生命。笔者在美国访学期间，深切地感受到美国人对生命的尊重和敬畏。我们参观了 USC 的凯克医院和诺里斯肿瘤医院，凯克医院安静整洁、环境温馨，诺里斯肿瘤医院虽然是全美 40 家高等级肿瘤医院之一，但它只有 60 张床位，大部分病人不入院治疗，医院门口地上有留言砖，病人和家属可以购买后留言，主要内容为纪念逝去的患者和感谢医院。笔者还发现一个值得我们深思的现象，在美国残障人士的出现频率比国内要高得多，这并不是因为美国残障人士比国内多，而是美国为残障人士提供了无微不至的便

189

利条件，使得他们方便出行、乐意出行、放心出行。校园内专门为残疾人提供的服务和设施随处可见，办公楼和教学楼内都设计有轮椅通道，少数无法设计轮椅通道的阶梯旁配有方便轮椅通过的专用工具。每个卫生间都设有残疾人专用厕位，而且残疾人专用厕位的空间比普通卫生间要大很多，哪怕卫生间的面积再小，都不会缺少这一部分，让人感觉到美国对残障人士真诚的、发自内心的关爱。

以人为本。美国高校始终坚持"以人为本"的理念，学校的工作强调以学生为中心，一切都是为了学生能够健康成长并获得更好的教育而服务，注重师生各种权利的保障。校园的设施极具人性化，能满足师生自由全面发展的要求，有利于营造和谐的校园文化。在生活方面，美国高校也尽量为学生提供一切便利，时刻关注学生的思想变化。学校在饮食、住宿、奖学金等多种问题上都会经常发放调查问卷，及时了解学生的需求，并在合理的范围内做出调整，不会使调查流于形式。还有些学校规定每位教师每学期要担任20名到30名学生的教育顾问，为学生提供咨询服务，并将此作为对教师的年终考核晋升的评估标准之一。美国大学校园文化建设从硬件设施到软件配套，都充分考虑了大学生的需求和个性特征，学生在学校贴心的设计和文化建设中，充分感受到被尊重、被关注和被认可；在多元化的校园活动和校际竞争中，各高校大学生的高度参与培养了他们的集体荣誉感和团结奋斗的斗志；校园宽松、自由、宽容的环境给予大学生彰显个性特征的舞台，每个人都在这里找到共鸣，实现对自我的认知与建构。

多元包容。美国是一个移民国家，向来以"民族熔炉"著称于世。各种不同的文化相互交流、碰撞、吸收、融合，形成了今天宽容的美国文化，而这种宽容的文化氛围又使得美国大学形成了兼收并蓄、灵活多样的文化特征。世界上不同肤色、不同民族、不同国家的学生聚集在这里，自觉或不自觉地展示着各自的文化，使得美国的大学校园文化五彩斑斓，呈"狂欢"之势。美国高校学生的布告栏最能显示这一点——各种活动的公告妙语连珠，其图案、色彩、布局让人津津乐道。USC 在 Von KleinSmid 中心大楼的长廊挂满了世界各国国旗，仿佛联合国大会，让校园里白皮肤、黄皮肤、黑皮肤的学生都能在这里找到自己的位置，追逐梦想，共同奋斗。加州大学伯克利分校甚至设立了主管公平与包容的副校长职位，负责建设具有包容性的校园，促进学生、教师和员工间的差异弥合，并增强师生和员工在校园的归属感与成就感，营造一个受欢迎的校园支持环境。

张扬个性。张扬个性是美国高校校园文化的一大特点。"美国精神"表现的是崇尚自由平等、个人奋斗、英雄主义等，这在美国的校园文化中体现得淋漓尽致。美国高校重视学生的主体作用，引导学生平等有序地进行自治和参与管理。例如在营造宿舍文化氛围的时候，学生可以自主申请担任宿舍管理员，负责宿舍的打扫、饮食制作。而在宿舍管理方面，学校既注重个人隐私权的保护，又鼓励学生彰显个性，体现多元价值，并且尊重学生差异，提供多种选择。美国高校的社团活动是校园文化中一道靓丽的风景。高校的社团活动五花八门，只要符合规定，一个抽雪茄的学生社团都可能顺利诞生。学校为社团开展活动不仅提供时间、空间的各种便利条件，还提供指导以及财力支持，比如允许学生社团在校内开设部分营利性服务项目，以赢利所得作为社团活动的经费。

健康向上。美国高校学生追求自由、独立，并不代表这是一种精神空洞的自由主义和无序状态，相反，美国高校在学生个性发挥的基础上非常重视高尚精神追求的涵育和提炼。美国高校的通识教育课程都十分注重民族性、导向性和原典性，重视西方文明特别是美国文明的教育。这些课程关注现实问题，重视科学教育，强调多元价值，培养全球意识。UCLA 提出的使命是"教育、研究、服务"，在这一使命的指导下，该校形成了治学严谨的校风，并且特别注重"服务"，不仅倡导服务社会、服务社区，还主张服务学生。学校还开展多种社区合作活动，让大学生深入社区做义工，培养大学生的爱心和社会责任感。美国大学体育之风盛行，大多数美国大学生有经常健身的良好习惯，竞技体育也保持着极高的水准，在里约奥运会上，美国总共派出 555 名运动员，而来自各所高校的运动员就占了 430 多名——占比 78%，其中斯坦福、伯克利、USC 这三所巨头名校，在输出运动员的数量上更是远超其他学校，共计获得

69枚奖牌(其中金牌24枚),堪称奥运冠军的摇篮。美国大学体育之风的盛行,既是西方社会崇尚竞争在大学里的一种自然表现,也得益于他们的审美文化,美国文化无论对男性还是女性都更加推崇一种健康而有活力的体态外貌,"肌肉"的存在无论对男生还是女生来说都是重要的外貌加分点。

综上所述,美国大学校园文化建设呈现以下特点:一是尊重学生的主体地位;二是注重多元文化的交叉融合;三是强调创新实践能力的培养;四是充分发挥校园环境感染和文化活动育人的功效。武汉大学在125年的发展历程中,也孕育积淀了以"自强、弘毅、求是、拓新"校训精神为代表的厚重校园文化,在"双一流"建设的新阶段,我们必须进一步弘扬吸收传统文化精华,借鉴国外一流高校先进文化经验,并与自身的优良校园文化传统相结合,建设特色鲜明、积极健康、充满活力的校园文化,实现育人化人的文化功效,为增强武大发展软实力添砖加瓦。

◎ 参考文献

[1]邹治,罗英姿,季璐.基于人才培养的大学校园文化构建——国外大学的经验借鉴与启示[J].高等农业教育,2015(7):124-127.

[2]罗良清.美国大学校园文化建设和大学生身份认同建构的关系研究[J].南昌师范学院学报,2015,36(4):8.

[3]王银花.美国高校包容性校园氛围建设理念与实践[J].高校教育管理,2014,8(2):3.

[4]黎俊玲,陈哲.美国高校民族精神培育及其启示[J].中国德育,2014(8):8-11.

对外交流与学习

加州大学海外教育计划及对我校学生出国交流学习工作的启示

——基于奖学金的视角

章　臣

（武汉大学国际交流部）

一、引　言

在全球化的背景下，世界范围内的高等教育合作日益密切，国际化成为高等教育可持续发展的应然选择。在此背景下，促进学生的国际流动则成为高校实现其人才培养和促进国际交流的重要方式。

2010 年 7 月，《国家中长期教育改革和发展规划纲要（2010—2020 年）》正式全文发布。这是我国进入 21 世纪之后的第一个教育规划，是今后一个时期指导全国教育改革和发展的纲领性文件。文中明确提出："适应国家经济社会对外开放的要求，培养大批具有国际视野、通晓国际规则、能够参与国际事务和国际竞争的国际化人才"，"提高交流合作水平……支持中外大学间的教师互派、学生互换、学分互认和学位互授联授……加强国际理解教育，推动跨文化交流，增进学生对不同国家、不同文化的认识和理解"。武汉大学在贯彻落实《关于做好新时期教育对外开放工作的若干意见》的执行方案中，提出"解放思想，拓宽渠道，培养具有国际视野的创新人才"的任务，鼓励和支持学生参与国际学术交流，大幅提升学生在读期间出国（境）学习交流比例，力争具有海外培养经历的本科生、研究生比例有较大幅度的提高。到 2020 年，力争实现具有海外学习经历的学生数达 3500 人次。

美国高校实施海外学习项目起步早，经验丰富，成效显著。根据《门户开放报告》的数据统计，美国高校海外学习的比例从 1998 年的 0.8% 上升至 2015 年的 14%。因此，从美国高校的海外学习实践中汲取经验对于我校进一步改进学生出国交流工作，推动实现学生海外交流学习的既定目标具有重要的借鉴意义。

二、加州大学海外教育计划奖学金政策及其启示

2018 年 7 月 16 日至 8 月 13 日，笔者有幸作为武汉大学青年管理干部研修团队的一员，赴美国参加关于大学现代治理的学习培训。在此期间，通过在加州大学伯克利分校、尔湾分校和洛杉矶分校的实地交流，笔者结合国际交流部的业务工作，重点研习了加州大学海外教育计划（UCEAP，以下简称"海外教育计划"）。海外教育计划是唯一代表整个加州大学系统的海外学习项目提供平台，自 1962 年设立以来，为加州大学系统 10 个分校的约 10 万名学生提供了出国交流学习服务，其与 46 个国家的高校和机构合作提供了 400 多个项目供学生选择。

本文将基于奖学金的视角介绍海外教育计划及其对我校学生出国交流学习工作的启示。调查显示，海外学习的成本过高是学生进行海外学习最大的阻碍因素。为了优化和推动我校本科生出国（境）交流学习的政策路径，国际交流部于 2017 年组织实施了"武汉大学本科生出国（境）交流学习情况调研"。调研发现，本科期间，希望出国学习的学生占比约 60%，但是完全没有经济能力出国的学生占 16%，只能承担部分出国交流学习花费的学生占 63%。如果能有效解决学生出国（境）学习的经济困境，大力提升支持力度，扩大学生出国（境）受益面，则学生国际交流学习规模偏小的局面可以得到较大的改善。自 2016 年起，我校开始设置本科生出国（境）交流学习专项奖学金，逐年加大奖学金的投入，并于 2017 年印发《武汉大学出国（境）交流学习专项奖学金管理暂行办法》，

学生出国交流学习的规模有了显著的增长。当然，鉴于奖学金的实施时间不长，难免存在或多或少的问题，学校相关的职能部门、院系和学生也提出了针对奖学金的一些意见和建议。在此背景下，我们需要主动思考，如何进一步优化奖学金的设置和实施办法，提升奖学金的效益，更好地助推学生出国交流学习工作。

1. 丰富奖学金的资助体系

海外教育计划的奖学金体系，以希望奖学金（Promise Award）为主体，涵盖 Duttenhaver 学者奖学金、Duttenhaver 延期学者奖学金、Dan Wise 纪念奖学金、UCEAP 守护奖学金、Jasmine Jahanshahi 奖学金、STA 启程奖学金、墨西哥倡议奖学金、纪念奖学金、本科生科研奖学金、实习奖学金、UCEAP 校友研究生院奖学金等类别。通过研究发现，除了希望奖学金是面向所有学生的奖学金之外，其他奖学金基本都结合了若干个考量因素，实现对学生在海外交流学习期间的价值引导。例如，Duttenhaver 学者奖学金以奖学金的捐赠者 Linda Duttenhaver 命名，主要面向通过海外教育计划赴法国进行为期一年的交流学习的学生，考虑了交流时长和交流目的国；本科生科研奖学金，旨在认可本科生在海外交流期间的科研表现，鼓励学生在海外交流期间积极参与科研；Jasmine Jahanshahi 奖学金面向的是通过海外教育计划赴国外进行为期一个学期或一个学年的本科生，侧重点在于鼓励学生了解目的国的习俗、语言和文化。

目前，我校的本科生出国(境)交流学习专项奖学金的评审中，主要参考的维度是交流高校的层次、项目类型和目的国所在地区，并根据不同的项目类型提供最高 25000 元，最低 5000 元的三档资助金额，如世界名校学期交流项目、联合培养项目(两年及两年以上在外培养)、校际交流学期学分项目(欧美地区)、欧美地区短期交流项目、联合培养项目(一年及以下)、中外合作办学项目、校际交流学期学分项目(亚洲地区)、亚洲地区短期交流项目、国际会议或竞赛(不分地区)等。随着未来奖学金资助力度的加大和深入实施，我们可以在奖学金的设置中考量更多的维度，形成更多层次丰富、目标明晰的奖学金资助体系。例如，世界名校学期交流项目，面向赴世界排名前 50 名高校的学生，此类项目的收费高，一个学期的交流学习所需要的花费高达 20 万元以上，而目前的资助额度 25000 元可以说是杯水车薪。针对此类项目可以考虑进一步提高资助额度，鼓励院系配套支持。此外，面向学校的贫困生，可以考虑设立专项奖学金，资助其出国学习。目前，出国交流学习仍是一笔不小的花费，在现有的资助力度下，即使贫困生能够获得奖学金资助，自身需要承担的余下费用也会让贫困生及其家庭望而却步。因此，通过设立高额度的专项奖学金对于实现出国(境)交流学习乃至教育的公平性至关重要。

在笔者看来，多层次的奖学金体系设置，首先能够帮助学校实现对于出国交流项目的价值引导，更好地实现学校对于出国交流项目的预期结果和培养目标；其次，明晰的奖学金设置，能够更好地帮助学生将自身的交流学习目标与奖学金进行结合比照，更好地找准和加强自身的海外交流学习目标定位；最后，能够向特殊的学生群体提供支持倾斜，从而扩大受益学生的覆盖面。

2. 提升奖学金的附加值

海外教育计划的奖学金具有较高的附加值，主要体现在以下两个方面。

海外教育计划每年提供大约 500 个奖学金名额，学生需要在开始海外学习前进行申请，竞争激烈。为了帮助学生在奖学金申请中更具竞争力，学校一方面建议学生尽早做出规划。例如，详细了解适合学术、职业和个人发展目标的项目，完成要求的前置课程，做好财务规划和行前准备。另一方面，奖学金的评审将个人陈述视为最重要的考量因素。因此，学校要求学生精心准备个人陈述，个人陈述要有清晰的思路、良好的句式、正确的语法及格式；要求学生在个人陈述中真实反映个人的海外学习目标和竞争优势，并且建议学生在个人陈述的写作中积极寻求所在分校的写作中心等类似机构的帮助。通过规划和个人陈述的准备，学生能够进一步明确自身的海外学习目标，做好海外学习的准备，提升学生写作能力和对于海外学习的重视程度，从而真正提高海外学习对学生个人发展和成长的帮助。

海外教育计划要求获得奖学金的学生在完成海外学习的一个月内提交两页纸的报告，以及相关的照片和视频材料。在报告中，学生应反思海外学习经历是否实现了学术、职业和个人发展的预期目标，是否改变了未来的目标以及带来哪些改变；思考海外交流期间所遇到的挑战，是否能够应对这些挑战；是否收获了新的技能以及如何应用这些技能；分析参加海外交流对你的国家和文化在认识上的改变。通过报告的撰写，学生能够系统地反思海外交流项目对于自身的认识。对于海外教育计划的管理者而言，这些报告可以作为学校评估海外学习效果的重要依据。

高校设立海外教育计划，鼓励学生赴海外交流学习，旨在实现高校的国际化人才培养目标。而对海外学习效果的评估，有助于提升海外学习项目的质量，对实现国际化人才的培养目标具有重要的指导意义。相较而言，我国的海外学习项目起步较晚，鲜有针对海外学习效果评估的研究。基于海外学习项目的预期效果，收集学生是否达到预期效果的相关信息，分析解释所收集的信息，运用分析结果改进海外学习项目，构成了海外学习效果评估的循环结构。通过学生提交的自我评价报告，海外教育计划收集了学生是否达到预期效果的相关信息，所进行的是基础信息的收集工作，属于上述循环结构的第二步。

目前，我校实行的本科生出国（境）交流学习奖学金的评定，要求学生已完成或在国（境）外交流期间进行申请。奖学金的申请，不要求学生提供个人陈述或总结报告，流程简单，便于操作，属于鼓励性资助。笔者认为，目前的申请和评定机制属于特定时期的特殊举措，旨在尽快提高学生出国（境）学习的规模，营造积极的出国（境）交流学习氛围。但是，从长远来看，奖学金的设置和实施应当体现竞争性，择优资助；要求获得奖学金的学生提交总结报告，参加项目分享会等，从而帮助学校改进出国（境）项目。

三、结 语

总而言之,我校本科生出国(境)交流学习专项奖学金的设置和实施是基于学校出国(境)学习的整体现状,是特定时期下的产物,自实施以来取得了显著的成绩。但是,我们应当以更高远的站位、更宽广的视野来谋划奖学金的长远发展,加州大学的海外教育计划也许可以为我们提供有益的参考。

◎ **参考文献**

[1]田京.美国学生的海外学习项目:主要目的地和学习领域述评[J].郑州师范教育,2016,5(1):35-40.

[2]田京,倪好.美国促进高校学生海外学习政策:动因、特征及挑战[J].外国教育研究,2018(1):96-104.

[3]刘琪,薛卫洋.美国高校学生出国留学发展状况、特征及其原因[J].比较教育研究,2017(4):31-38.

[4]陶敏.海外学习结果评估:来自美国高校的经验启示[J].煤炭高等教育,2014(5):37-40.

我国高校境外交流生评估模式初探

吴 夏

（武汉大学医学部机关）

建设世界一流大学和一流学科，是新时期党中央、国务院作出的重大战略决策，对于提升我国教育总体发展水平、增强国家核心竞争力、奠定长远发展基础，具有十分重要的意义。在新时代，需要培养具有国际视野、国际交往能力的人才，特别是具备跨文化交往能力，熟悉国际标准、国际动态的人才，这是"双一流"国际化内容的重要组成部分。学生校际交流项目作为高校国际交流的重要内容，在培养国际化人才方面有着不可替代的作用。然而，对于学生校际交流的评估较为匮乏，学生交流流于形式，缺少对于学生交流的效果评估。随着我国高等教育与国际接轨，高校学生赴境外交流人数不断增多，探索我国高校境外交流生的科学评估机制，可以优化交流项目，保证培养的连续性，启发对国内高校的教学思考。

一、高校学生赴境外交流的意义

高校学生赴境外交流指的是基于高校与境外合作院校签订的校际合作协议，学生自愿赴境外合作院校留学或交流培养。国际交流生项目分为短期校际交流和双学位项目两种培养形式。短期校际交流项目更加常见，学生在国(境)外合作院校交流学习 1~2 个学期，回国返校后，其在境外修完的有效课程，经学分认定，可替换若干课程学分。高校学生赴境外交流学习对于人才培养和高校自身发展都有积极意义。

201

（一）培养学生的国际视野，发展综合能力

高校学生赴境外高校进行交流，其内容安排是多样化的，主要包括了课程学习、实验室交流、附属医院观摩和实习。

境外课程学习能够锻炼交流生的外语水平，提高学生对不同授课方式的接受能力，培养其与来自不同文化背景的学生沟通协作，学习到境外高校在某些学科方面更加先进的知识理念，体验不同的教学方法；实验室交流可以促使交流生与境外相关领域的专家建立联系，学习先进的研究方法，在不同的平台上进行科学研究，拓宽其研究视野；附属医院观摩和实习主要针对临床实习和轮转阶段的医学生，其不仅要和医生、同学交流，还要和病患交流，同时，医院不同于学校，其环境更加融入社会和文化背景，交流生在医院不仅能够学习临床知识，还能够学习到当地的社会与文化知识，学习不同文化背景下医患沟通的途径，还可以接触到与国内不同的病种。

学生通过境外交流学习，学习了知识，体验了文化，触发了思考，拓宽了视野，建立了联系，对学生学业和能力的发展都具有重要意义。

（二）启发高校创新教育模式，提升学术水平，与国际先进教育接轨

学生的交流，实质上是两所高校的交流。首先，两所高校需要在了解对方的培养方案和研究课题的基础上，才能进行学生交流；其次，学生是两所高校交流的桥梁，学生的交流能够维系和拉近两所学校的国际合作关系，促进两所高校在人才培养和科学研究上的资源共享，提高双方的教学和科研水平；最后，交流生完成交流回国后，通过评估其学习效果，比较其成绩，发现境外和本校教学的效果差异，有助于探索出一条符合中国教育的道路，促进我国高校教育改革，全面提高我国高校教育水平。

（三）提升高校国际影响力，树立文化自信

把高层次人才引进来，是为了提高高校综合竞争力，把高质量

的学生送出去，则可以体现国内高校人才培养水平，弘扬中华文化，树立文化自信，充分发挥交流生的主体作用，讲好中国故事，展现真实、立体、全面的中国。做好交流生的评估工作，可以把境外交流的意义和效果以评估结果的方式表现出来，有益于总结经验，促进交流。

二、中美高校赴境外交流生评估现状

由于交换生要在境外学习很长一段时间，学校对交换生的监控鞭长莫及。接收学校的教育体系不一样，教育制度不一样，如果接收学校管理过于宽松，难以保证交换生的教育质量。此外交换生在境外学校学习时，容易受到境外文化的冲击。目前我国高校交换生教育基本上由境外学校管理，境内高校忽视了出台控制和保障交换生教育质量相关政策的重要性，简单地将境外的一套质量管理程序用于交换生教育或者将交换生教育质量管理的责任交给境外方，很少独立地专门地对交换生教育建立一套交换生教育质量评估指标，从而进行有效的教育质量控制。我国高校对跨境交换生教育的管理也处于摸索的阶段，不同高校要根据自身和项目特点去积累管理经验，可是由于发展的情况和水平不一样，部分高校对境外培养交换生项目的管理不足，具体表现为缺乏跨境交换生教育质量的评估指标，对教师和学生的管理松散以及缺乏对反馈信息的收集等。

经过走访调研南加州大学、加州大学洛杉矶分校等7所加州地区的大学，笔者了解到美国高校针对境外交流生的评估方式多以交流与实习报告为主，同样缺乏可量化的交流生能力评估。

在走访加州大学尔湾分校时，国际事务办公室负责人琼恩（Victoria Jones）女士向我们介绍，对于获得学分的项目（主要是课程学习），学生评估由课程设置的教授进行，看学生是否达到了学分要求，具体要求由教授制定；对于不涉及学分的项目（主要是实习），由所在学院参照 CRCC ASIAN（士亚商务咨询公司）提供的交流目标来进行能力评估。

CRCC ASIAN 是美国一家专为高校学生提供境外实习机会的公

司。CRCC ASIAN 提出了高校学生境外实习的五大预期效果和应该培养的能力。笔者将五大预期效果和能力翻译如下(表1)。

表1　　　　　　　　　高校学生境外实习目标要求

预期结果	培养能力
工作能力	
认识和表达专业优势、价值观、目标	自信、热情、内省,更加关注职业兴趣
理解工作环境下的要求	时间管理、责任、适应新环境、独立
文化感知力	
了解所在单位的文化和业务	在新情况下快速学习的能力,能够处理压力和困难
在不同环境下的沟通能力:书面、口头和其他	外语水平、倾听能力和观察力
展示适应新情况的适应性	灵活性、危机管理
国家特定知识	
认识到城市环境、社会动态、区域多样性以及它们如何影响经济、政治和社会	批判性思维能力,关注国际问题和政治
行业特定知识	
提高自我效能和能力水平	求知欲、感知力
将教育和实习经历与以后就业联系起来	了解自身价值
国际联系	
通过互惠合作,建立国际关系	交际能力、团队合作
识别专业网络潜在联系人	全球关系

尔湾分校的各个学院参照五大预期效果和能力,安排学生自我评估。笔者认为,这种评估把预期效果和能力分为了五大类,能够对学生在境外交流期间的效果和能力有大概的反映。但也有不足之处:过于主观,完全依靠学生的自我意识;缺乏量化,评估结果不

便于分析；主要针对实习学生，缺乏课程学习和科学研究内容，反映内容不全面。

三、借鉴与思考

(一)探索适合我国境外交流生的评估表

CRCC ASIAN 的五大预期效果和能力包含了工作能力、文化感知力、国家特定知识、行业特定知识、国际联系五个方面，主要针对海外实习的学生。可以结合 CRCC ASIAN 的五大预期效果和能力表，增加课程学习和科学研究内容，同时增加可量化因素，目的是设计出以结果为导向的，适合我国不同种类的境外交流生的评估表。笔者根据要求，初步设计了以结果为导向的主观量化评估表，经过与包括武汉大学国际部在内的专业人士沟通，以及以武汉大学医学部赴日本福岛交流的学生为例进行测试与反馈，笔者将评估表进行了多次修改与调整，评估表内容如下(表2)：

表2　　　　　　高校学生境外实习评估表

一、必答(请在相应评分位置打钩)	1	2	3	4	5
1. 你认为交流内容安排得是否合理？ 非常不合理为 1 分，非常合理为 5 分					
2. 你认为项目执行与管理是否顺畅？ 非常不顺畅为 1 分，非常顺畅为 5 分					
3. 你认为交流院校的整体水平如何？ 水平非常差为 1 分，水平非常高为 5 分					
4. 你是否在交流期间了解了交流院校的文化？ 完全没有了解为 1 分，有深入了解为 5 分					
5. 你是否在交流期间锻炼了自己的书面和口头沟通能力？ 完全没有锻炼为 1 分，有充分锻炼为 5 分					

续表

6. 你是否能适应新环境？ 　　完全不能适应为 1 分，能很好适应为 5 分				
7. 你是否认识到所交流的城市的环境和社会特点，并了解 　　它如何影响经济、政治、社会？ 　　完全没有认识为 1 分，有深入认识为 5 分				
8. 你是否在交流期间结识了国际友人？ 　　完全没有为 1 分，结识了 2 名以内为 2 分，3 名以内为 　　3 分，4 名以内为 4 分，5 名及以上为 5 分				
9. 你是否在交流期间建立了专业人脉？ 　　完全没有为 1 分，充分建立了专业人脉和网络为 5 分				

二、选答（根据交流内容在实习、课程学习、科学研究中选择 1 个或多个部分填写）

（1）实习

10. 你是否认识到了自己的专业优势、价值观、目标？ 　　完全没有认识为 1 分，有深入认识为 5 分				
11. 通过交流，你是否能够理解工作环境下的要求？ 　　完全不能理解为 1 分，有深入理解为 5 分				
12. 通过交流，你是否提高了自我效能和能力水平？ 　　完全没有提高为 1 分，有很大提高为 5 分				
13. 你是否能够将实习经历与以后就业联系起来？ 　　完全不能为 1 分，能够深入联系为 5 分				

（2）课程学习

14. 你是否能够掌握课堂所学的知识？ 　　完全不能为 1 分，能牢固掌握为 5 分				
15. 你是否能够灵活运用所学知识？ 　　完全不能为 1 分，能够充分灵活运用为 5 分				
16. 你是否能够适应交流院校不同的教学方法？ 　　完全不能为 1 分，能够充分适应为 5 分				

17. 你是否能与同学合作？ 完全不能为 1 分，能够顺利合作为 5 分			
(3) 科学研究			
18. 你是否具备了在新环境下独立查找文献和研究的能力？ 完全不具备为 1 分，非常具备为 5 分			
19. 你是否能够在新环境下表达自我观点和与团队合作？ 完全不能为 1 分，能够充分表达并合作为 5 分			
20. 你是否能够利用新的资源与平台？ 完全不能为 1 分，能够充分运用为 5 分			

三、对项目有何建议

评估表以尔湾分校使用的五大预期效果和能力为框架，主要分为三大部分：必答(包含 9 个问题)、根据交流内容选择回答(3 个部分，共包括 11 个问题)、对项目的建议。在必答部分中，1~3 是关于项目评价的，4~6 关于文化感知力，7 关于国家特定知识，8~9 关于建立国际联系。选答部分中，10~11 针对实习中的工作内容，12~13 针对行业特定知识，14~15 针对课程知识掌握，16~17 关于教学体验，18~19 关于科研能力，20 关于国际研究能力。评估表还可以根据进一步的测试和不同高校的需求进行调整。

(二) 主观量化和客观量化相结合

本文提出的以结果为导向的主观量化评估表，既能评估境外交流生在文化感知力、国家特定知识、国际联系方面的整体情况，又能从实习、课程学习、科学研究三个方面对学生的交流效果进行评估。但不足之处是依靠学生的主观意识，缺乏客观的评估。学生在境外是否有成绩，成绩标准，都无法规范。因此，评估学生在交流回国后一学期乃至一年的本校考试成绩，其可行性较高，将其与自身出国前成绩以及与其他未出国交流学生比较，可以考量学生个人交流效果和项目效果。回国后成绩量化评估表可以由学院设计执行。

（三）以评估促进教育质量，提高交流项目水平

评估所得结果，可以用于学生自身交流成果的衡量。把各个交流项目的学生评估结果进行统计分析，还可以对项目成果进行衡量，解读项目实施成效，总结项目经验，为进一步优化项目实施、提高本土培养质量提供参考。分析总结项目中交流生的评估结果，分析存在的问题，还可以进而提出切实可行的工作建议和进一步发展思路，为我校推进学生国际交流工作、提升高等教育国际化水平提供借鉴和参考。

总结而言，境外学生交流项目应该作为促进国内高校学生培养、提高学生能力、促进国际合作项目不断优化的手段，而不应为了交流而交流。此论文中所提出的基于能力的交流生评估，在有些方面还有待完善，比如，如何设计开放性问题，让学生对国外有借鉴价值的教学方法进行描述。另外，评估表格还需要以院系为试点，进行试验和改良，最终用于整个高校的交流生评估。

◎ 参考文献

[1]李冬旭. 对高校国际交流生管理办法的几点思考[J]. 教育现代化，2017，4(31)：115-116.

[2]张漾滨. 地方本科院校如何开展国际交流合作工作[J]. 当代教育论坛，2007.

[3]崔旭. 地方高校国际交流合作面临的问题及策略[J]. 教育研究，2010(8).

校友资源建设

美国一流大学校友文化培育的启示

王　敏

（武汉大学外国语言文学学院）

一、引　言

近年来，我国各大高校在优质生源、社会资源、教育教学资源等多方面展开了激烈的竞争，而一所大学能否在竞争中脱颖而出，校友群体发挥了不可忽视的作用。校友既是大学的"贵重资源"，也是大学建设与发展的本体优势。目前，我国对校友工作研究比较多的是校友资源的开发与利用、校友捐赠动因以及校友工作机构的探讨等方面。这虽为大学的校友工作开展提供了理论指导，但仅限于实用层面的研究，不利于校友工作的可持续发展。如何提升我国大学对校友的服务职能及人文关怀，让校友无论在校期间或毕业之后的几十年内都拥有对母校的归属感、认同感，无论身处何地从事何种工作都能以各自的方式回报母校呢？

笔者有幸于 2018 年 7—8 月作为武汉大学第二期青年管理干部赴美研修团成员之一到美国旧金山和洛杉矶进行了为期 28 天的研修学习，考察了多所美国一流大学。通过对美国一流大学校友工作的研究和思考，得出了这样的结论：美国大学看重的不仅仅是校友捐款的额度，更是捐赠的比率，更关注有多少校友在真心关注母校的发展，并十分注重为校友提供多样化的服务，致力于加强校友与母校的终生联系。以情感人，以人为本，培育独特的大学校友文化才能使母校与校友之间的深厚情谊得以持久和稳固。

211

校友文化根植于校园文化的核心之中，是校园文化的继承和发展，培育校友文化，塑造校友品质，打造国际化的校友文化交流平台，是提升大学核心竞争力的重要因素。作为大学软实力的重要形式，校友文化不仅可以凝聚并激励广大校友，同时也是大学创建"双一流"不可或缺的人文基础。

二、美国一流大学校友文化培育的理念和经验

关于校友文化，它主要指一所学校以社会文化为背景，以校园精神为宗旨，在长期育人中形成的母校与校友、校友与校友之间具有鲜明个性和特色的精神互动、情感维系、价值取向、联络沟通、合作交流、服务回馈等。校友文化本质上是一种"给予—感恩"文化。

校友文化是美国大学创建与发展的重要"助推器"，美国许多世界一流大学都有深具特色的校友文化。通过对美国一流大学校友文化的理念和经验的分析与研究，可为我国大学校友文化的培育及实践提供借鉴。

(一) 美国一流大学校友文化的理念基础

校友文化理念是开展校友工作实践的基础。通过对美国一流大学校友文化进行研究和思考，从文化的五大维度看，本人认为有如下 5 大理念。

1. 从文化的主体维度来看，美国大学崇尚"大校友"理念

他们认为校友文化的主体并不仅局限于普通意义上的毕业生，"未来的学生"、"在读的学生"、"在校教职员工"、"学生或校友的家人"也包含其中。校友文化是一种多主体统合式的文化。

2. 从文化的时间维度上看，美国大学坚持"全程分享"理念

校友文化从生成，到传承，再到发挥效应不仅仅限于校友毕业离校之后，而是贯穿于一名校友从入学到毕业离校后的所有过程。

3. 从文化的关系维度上看，美国大学以"互惠共生"作为与校友关系互动的理念

该理念认为，大学与校友是命运共同体，彼此的发展是相辅相成的，因而，关系互动不仅是双方得到互惠，更应是双方得到共生。

4. 从文化的内容维度上看，"以人为本"的理念贯穿于美国大学校友文化的始终，为美国校友工作开展打下了深厚的感情基础和群众基础

为促进校友的发展，美国大学不仅关注校友物质方面的需要，也更关注校友精神、成长方面的需要。

5. 从文化的空间维度上讲，发挥校友与母校感情纽带作用的校友文化在空间分布上很广泛，既弥漫于校内，也存在于校外

校友文化横跨校园内外，是一种跨空间的文化。校友文化也不等同于校友会组织内的文化，是和校友相关的跨组织、跨空间的文化。

(二) 校友文化培育的实践经验

基于以上校友文化理念，美国一流大学在校友文化培育过程中充分诠释了给予者这一极具人文关怀的角色，竭尽所能为校友创设一个不断发展、追求卓越、终身进步的平台，赢得了校友的高度认同，校友与母校的联系比率和捐赠比率呈现双高趋势。具体做法如下：

1. 美国大学对在校生的感情认同培植极为重视

"大校友"理念让美国大学极其重视在校生的校友文化培育。他们认为深厚的、充满生机的校友文化，其根基在于卓越的在校生教育，保证学子成人成才，进而牢固地培养他们对母校的深厚感情，才能激励其日后感恩学校。

美国大学对在校生的感情认同培植主要表现有四：其一，高度重视在校生的知识教育，为在校生的未来发展奠定坚实基础。学生是大学的主体，大学最重要的产品在于高素质的毕业生，这是美国大学的核心价值理念，为此不惜人力投入，坚持小班教学；倾力打造本科课程，确保高质量课程教育。其二，高度重视在校生的价值观教育，为其未来发展指明正确的人生方向。美国大学十分注重通识教育，引导学生通过阅读经典，为相关专业学习打下思维、认识、知识等多方面的基础，同时美国大学还十分重视引导学生利用专业知识为社区、公众和弱势群体等提供公益服务，培养学生的奉献精神和博大胸怀。其三，高度重视为学生参与科研活动及发展兴趣提供条件，促进学生多方面发展。其四，重视解决家庭困难学生的经济负担，而且注重通过各种资助，赋予学生多方面发展的自由，使学生有条件做自己想做之事，同时也注重培养毕业留校校友的归属感。

校友与母校的联系比率和捐赠比率体现了大学的凝聚力，体现了校友对学校的满意度，今天的校友可能就是明天的捐赠者。有研究表明，南加州大学有 75% 的毕业生与母校保持联系，哈佛大学有 70%~80% 的毕业生与母校保持联系。1925 年，在哈佛大学基金会正式成立之年，一年之内便有 3261 位校友进行捐赠，捐赠金额高达数亿美元。这几大数字体现了哈佛学子对母校极强的归属感，而这一归属感离不开学生在校期间所感受到的人文关怀和情感支持。

2. 美国大学校友文化将人文关怀和校友意识培育贯穿全过程

在美国多数大学，新生一入学，校友办公室或对外关系办公室即开始与其联系和沟通，为其提供学习与生活咨询，帮助解决生活和学习中遇到的种种困难，同时引导新生熟悉和使用庞大的校友网络，学会与校友联系与沟通，为自己的大学学习和未来就业发展提供帮助。比如 USC 校友们自发在各自的城市组织"欢送新生活动"，让新生和他们的家庭与当地的校友会建立联系，提前让新生了解校园环境，以便尽快适应校园生活。哈佛大学的校友沟通、联系更是提早进行,哈佛的招生宣传注重借助在校师生和校友之口充分表达所要宣传的内容,比如通过老师、学生和校友手中指示牌上的数字来展示与学校有关的各种信息,如建校年份、课程数、新生研讨课数、班级学生数、生师比、毕业率等等,这种方式简单明了,能让人感受到学校充满人情味、高参与度的校友文化。新生正式入校之前,都会收到一封来自学校某位官员、学生、教授及校友充满关爱的电子邮件或纸质信件,充分展现出学校的高度关爱之情。学校还充分挖掘学生父母在文化建设过程中的潜能,邀请家长以信函的方式讲述子女的成长故事、生活习惯及性格特点等,之后会将信函转交给学生所在学院的院长。

在校期间,校友办公室或对外关系办公室还会注意引导学生为学校进行每次 5 美元或 10 美元的小额捐赠,以培养其对学校的感恩之情。在大学四年中,在校生与校友直接沟通的传统项目有很多。比如,在加州大学伯克利分校,每年有一个晚上,选派 50 名左右的学生志愿者给校友打电话,感谢他们为母校所作的贡献;在校生可以有机会应邀与毕业 50 周年的校友共进午餐,应邀到校友家中参加晚宴等等。在校生与校友的沟通,将会对其价值观念的形成有所助益。

对毕业校友,美国大学则致力于让其知道母校一直都在关心、注视和帮助他们,进而激励其不断关注母校,以母校发展为荣,同时利用母校的影响不断增强自己发展的社会资本。美国大学每年都会为毕业的校友送去一些问候,给予慰问,这不仅包括告诉学校最近的发展情况,而且是其他同学结婚生子都有可能接到通知,这一做法更加凝聚了校友与母校之间的情感。美国大学的校友日已演变为毕业校友群体回报母校的一个传统的文化节日。在校友日这一天,学校常常会举行许多极具特色的游行活动,新老校友也在此时慷慨解囊,回报母校。

3. 以多样化的终身服务作为与校友关系互动的基础

利用现实资源为校友服务。大学具有优质的教育、人力、信息、知识、附属设施等资源,充分利用这些资源开展持续的校友服务有利于促进校友的发展，增强校友和大学之间的感情，是美国大学与校友关系互动的主要策略。美国众多大学充分利用自身拥有的资源优势开展各具特色的校友服务。如南加州、斯坦福、伯克利等大学图书馆为校友提供各种在线资源和服务平台，把对校友的服务发展成为一种特色服务。

终身学习资源。创设终身学习的环境，为校友的终身发展提供支持。校友通过校友办公室申请网络 ID 即可登录享受该校图书馆提供的各类电子文献、数字馆藏等专业资源。南加州大学推出了只提供给校友及其家庭成员的校友大学课程；其就业网面向校友开放，校友可以登录该网站，填写自己的基本信息，寻找工作或者招聘自己感兴趣的职员。

生活服务。南加州大学长期为校友提供医疗、保险、理财等方面的福利和服务。包括：享受律师或医生专用的图书馆，在健身中心享受会员价，在书店通过校友卡打折，在学校附近的餐厅及食堂吃饭打折，带着家人朋友一起参加学校组织的游学活动，为愿意在学校举办家庭聚会的校友提供各种便利等等。这些福利和服务也常常是由校友提供的，校友之间的互利互惠更加增强了校友之间的凝聚力。哈佛大学专为毕业校友设计了世界万事达信用卡，同时还为校友在其所在城市的互联网汽车共享平台提供会员折扣服务，使其仅凭哈佛大学校友的身份便可以享受会员优惠。

事业助推。在"互惠共生"理念下，美国一流大学针对校友事业的不同发展阶段、发展状态及其所处的不同发展环境提供相应的支持和服务。校友会为当地的政商名流聚集提供平台，为校友们交友、发展提供巨大帮助，如纽约俱乐部、耶鲁俱乐部等就承担了给当地校友提供集会、娱乐等场所，邀请著名校友举办讨论会，邀请官员演讲等，在多个校友群体之间建立起联系广泛、交流互助的"命运共同体"。这样的关系网络，为校友事业发展的帮助无可估量。美国大学也注重向校友传递母校的先进理念及创新成果，通过为校友及其企业提供人才培养、在职培训、重大科研服务等，为校友提供源源不断的知识支持和智力支持，促进校友事业发展。

4. 打破空间障碍,建设积极有效的关系互动网络平台

不遗余力地打造大学与校友的沟通平台是美国大学校友文化培育的一大特色。正如南加州大学校友会负责人说的那样:校友委员会的职责是与全世界范围的南加州大学校友保持终生的联系。

一方面美国大学十分注重立足本校实际设置线下校友组织系统。就南加州大学而言有特色的是区域 & 年龄段校友组织和项目。根据不同年龄段对校友分类,为不同年龄段校友提供不同的校友活动及服务。主要分为四个群体:在校学生校友群体,35 岁以下青年校友群体,35~45 岁毕业 20 年校友群体和 50 岁以上毕业半世纪校友群体。成立各种文化背景的组织,包括黑人校友协会、拉丁校友协会等等。此外就是按职业划分的校友网络系统。校友们更愿意参加这种按职业划分的校友活动,这有助于他们的职业发展。校友组织纵横交错,不仅按地域、年代、种族、院系划分,还构建了不同行业的校友网络,不同的校友组织有针对性地开展不同类型的校友活动,校友之间的联系更加紧密,沟通更为有效。各类校友组织自下而上自发建立,校友可根据自己的意愿自由加入。在 41 万校友中,有 31 万校友是可联系上的,有效校友信息达到了 76% 以上。

另一方面是打造有效线上校友信息沟通平台。在校内新闻、脸书、推特等社交媒体上开设专栏,让校友通过社交媒体及时了解学校近况,拉近校友与学校的距离,让校友觉得学校一直都在身边;校友网(Alumni Network)和在线校友录(Online Alumni Directory)是美国大学与校友关系互动的主要平台,每一位校友在毕业时都会通过邮件获得一个校友记录号码,有了这个号码,就可以注册加入校友信息系统。校友可在校友信息系统和校友 APP 中更新和维护自己的个人信息。校友信息的完备为开展各类校友活动,提供优质、个性化的校友服务奠定了基础。

另外,除了传统的沟通方式外,学校还注重创新沟通模式。比如哈佛的"全球网络之夜"(Global Network Night)活动。"全球网络之夜"自每年 1 月和 6 月召开,免费向哈佛在校学生、校友和教职工开放。借助网络,世界各地哈佛学子齐聚一堂,彼此间的联系得

以维持，也为创建新的联系提供了可能。2017 年 6 月，全球 100 多个城市，世界各地 8000 多名哈佛校友相聚于网络，创下了"全球网络之夜"的历史新高，成为有史以来最大规模的哈佛校友活动。

5. 美国大学校友文化重视服务社会

通过有效整合资源，美国大学实现了校友自身、母校、社会的共赢。美国校友会除了发挥联络校友的作用外，还经常组织公益性的集体活动，呼吁广大校友参加，实现为社会服务的目的。比如南加州大学每年组织一次为期一天的校友回馈社区活动，称为"年度校友回馈日"。第七届年度回馈日在 2018 年 5 月 10 日举行，共有 116 个项目，5200 名校友来自 13 个不同的国家和 20 个不同的地区。

三、对我国校友文化培育的启示

目前，我国大学虽然认识到校友以及培育校友文化对学校生存与发展的价值，但在校友文化活动的开展方面往往表现为目标的功利性(如仅看重校友作为捐助者的价值)、形式的单一性(如仅在校庆活动中才重视校友文化)、活动的滞后性(如仅在学生毕业离校后才着手开展校友工作)等。我国大学应该向美国大学学习，借鉴它们在校友文化方面的先进理念和实践经验，以一流的校友文化助推我国一流大学的建设。

1. 树立全员校友意识，全面关爱在校生的成长

美国一流大学校友文化培育经验告诉我们，认同感和归属感的培养是校友文化培育的根基。学生认为自己所受教育物有所值，才会对学校有较高的满意度。诺博等人对波士顿大学二年级和最高年级在校生的调查表明，强烈的归属感、较高的价值评判和满意度会增强学生对学校的感情，使其毕业后愿意更多地与学校联系并自愿捐赠。这也决定了大学要建设良性发展的校友文化，首先必须将重心牢牢地置于在校生的精心培育基础之上。

第一，尊重学生主体地位，提高教育教学质量。大学应该为在校生提供高质量的知识教育，让学生能扎扎实实地掌握专业学科知识，为将来走向社会、学以致用提供坚实的基础；在注重教学质量的同时，学校应该时时刻刻为学生的切身利益考虑，为学生接受更好的教育创造更便捷、更平等的渠道。如尊重学生个性、资助贫困学生、丰富学生联谊活动等。

第二，需要全校形成关爱在校生的合力。美国的"大校友理念"认为校友文化是一种多主体统合式的文化。因此学校要从教学管理、学生管理、后勤服务等方面全方位地满足他们的需求，提升他们对学校的满意度；在毕业阶段，为他们毕业实习、工作等提供帮助支持，积极为其搭建平台。以上这些需要全校各个部门从细节上下工夫，努力提升学校的管理服务育人能力。

2. 树立全程服务意识，将培育情感认同和校友意识贯穿全过程

这需要学校对学生——无论是新生、在读生还是毕业生，都给予充分的尊重和关爱，培育校友情怀。美国一流大学采取的就是这种重视全程分享的校友文化。

从学生获得录取通知书的那一刻起，大学就应该为学生校友服务，让学生在与学校的整个联系中感受并享用校友文化，树立校友意识，参与校友文化建设。例如可以让刚入校注册的学生拥有一个电子邮箱，校友会可以通过向新同学发来新生入校祝贺，给每位新生发来邮件："祝贺你拥有一个母校电子邮箱"，这既让新生感到温暖也渲染了母校的文化气息。

在校期间，通过多种形式营造大学校友文化氛围，培育大学生对母校的认同感，提升校友意识。其一营造校友文化氛围。充分利用图书馆、校史馆、校报、校友刊物、新媒体、学院文化墙等阵地向在校生宣传校史、优秀校友事迹和校友活动等，进一步加强在校生与母校的情感联系。建立校友文化景观，将捐赠雕塑、校友林、捐赠楼宇等，共同打造成为校园文化景观的一部分。其二培养校友回馈意识。招募对慈善事业感兴趣的学生，带动身边的同学参与到慈善筹款活动中。哪怕现在只是回馈几元钱，也会成为今后源源不

断回馈的动力。其三增加在校生与校友互动的机会。在开展校友返校活动时，邀请在校大学生积极参与，在返校活动中接待校友、采访校友等，让他们在服务校友的过程中，感受到母校的温暖，同时也增强他们对母校的认同感，提升他们的校友意识。

毕业后，母校经常与校友联系，会让校友感到自己仍然是母校的其中一员，会让校友感觉到母校关心自己的成长。美国的实证数据显示，与母校联系越多的人会有更多的回馈。在学生毕业前夕，学校校友会应和地方校友会取得联系，把即将前往当地的校友信息告知地方校友会，鼓励毕业生主动和组织取得联系。地方校友会通过举办迎新活动，让新毕业校友充分感受到母校和各地校友会的关爱和温暖；定期为毕业的校友发出一些问候，给予慰问。

3. 互惠共生，为校友提供多样化服务

前文中也提到了美国众多大学都充分利用自身拥有的资源优势开展各具特色的校友服务，这对于我国大学具有借鉴意义。学校要充分开发资源来加强校友服务，为校友的生活与发展提供力所能及的支持与帮助，努力提升校友的依存度与归属感，以强化校友与母校之间的终身联系。

其一面向校友开放教育资源。开放学校食堂、超市、图书馆、体育场馆等教育资源，使得校友享受与在校生同样的待遇，增强校友的归属感。其二面向校友提供就业服务，实现就业信息分享。把学校在创业就业过程中收集到的信息无偿提供给校友，也可以同时为校友企业举行招聘会，帮助校友企业招聘人才。其三为校友提供事业助推的机会。为校友搭建聚会平台，为校友们交友、发展提供帮助，比如举办校友高企论坛等活动；通过为校友及其企业提供人才培养、在职培训、重大科研服务等，对校友提供源源不断的知识支持和智力支持，促进校友事业的发展。

4. 创新思路，搭建有序高效的校友互动平台

校友文化的培育以沟通为基础，搭建立足实际的、高效有序的校友沟通平台，是培育校友文化的技术保障。通过沟通平台，让校

友更多地了解学校的发展方向和最新成就，又让学校通过平台了解校友们最新的发展动向，实现双向互动，共享信息，同时增强母校和校友间、校友群体间的凝聚力。

借鉴美国大学对于校友互动平台的先进经验，一方面除了传统的按照区域设置校友组织以外，可尝试根据职业或者年龄段等类别设置校友组织系统，让校友组织设置更为多维，不同的校友组织能够有针对性地开展不同类型的校友活动，使校友之间的联系能够更加紧密，沟通更为有效。另一方面完善线上校友信息沟通平台。可开设校友文化网络专题板块，突出本校校友特色；开设校友文化专题网站，发布学校新闻，大力宣传校友故事、校友事迹；建立校友信息库，让每一位校友在毕业时都会通过邮件获得一个校友记录号码，有了这个号码，就可以注册加入校友信息系统；最为重要的是增设校友服务功能，利用网络的迅速、快捷、方便等功能为校友提供全方位服务。

◎ 参考文献

[1]黄飞，邢相勤，刘锐．我国高校校友资源的可持续性开发[J]．中国高等教育，2009(5)．

[2]顾建民，罗志敏．美国一流大学校友文化特色摭谈[J]．高等工程教育研究，2013(5)．

[3]邹晓东，吕旭峰．校友情结：美国高校捐赠的主要动因[J]．比较教育研究，2010(7)．

[4]顾建民，罗志敏．校友文化及其培育的阐释框架[J]．高等教育研究，2013(8)．

[5]刘涛．校友文化不是捐款文化[N]．中国教育报，2014-09-12(2)．

[6]杨兴林．美中高校校友文化培育的三维比较[J]．扬州大学学报，2017(4)．

[7]刘斌．美国大学校友会运作与校友管理经验之考察报告[J]．福建江夏学院学报，2015(6)．

美国高校校友资源的培育、开发及其启示

叶琳娜

（武汉大学校友事务与发展联络处）

　　建设世界一流大学和一流学科是党中央、国务院作出的重大战略决策。在国务院下发的统筹推进"双一流"建设总体方案及其后教育部等三部委印发的实施办法中都一再强调，建设高校要"多渠道汇聚资源，增强自我发展能力"，要"积极争取社会各方资源，形成多元支持的长效机制"。校友因与高校具有天然的学缘关系，是与高校联系最为紧密的社会群体，也是高校办学资源的重要组成部分，更是世界一流大学建设不可或缺的宝贵财富，积极培育和开发校友资源，对助推高校的"双一流"建设具有重要的战略意义。美国高校素来重视校友资源，在校友资源的培育开发方面起步早，投入大，机制健全，成效也尤为显著。本文将主要以南加州大学等美国西部高校为例，介绍校友资源在美国高校建设发展中的重要作用，美国高校在校友资源的培育和开发方面的工作体系和实践经验，并浅析其对我国高校带来的启示与借鉴。

一、校友资源在美国高校建设发展中的重要作用

1. 校友捐赠是美国大学办学经费的重要来源

　　1890 年，耶鲁大学设立了美国第一个校友基金，400 位耶鲁校友共捐赠了 1.1 万美元。1905 年，哈佛校友响应埃利奥特校长的

号召，共捐赠了 250 万美元，以提高教职工的薪金。1936 年的一项调查表明，当时几乎有半数院校设立了校友基金。2017 年，美国高校的社会捐赠总额为 436 亿美元，其中校友捐赠比上一年度增长 14.5%，达到 113.7 亿美元，占比 26.1%。值得一提的是，这里的校友捐赠仅指校友个人的捐赠，而不包括校友所在企业的捐赠。在企业、基金会和其他组织捐赠中，校友或校友促成的捐赠也占相当比重。校友捐赠比例在美国私立大学中显得更高。

除了校友捐赠总额以外，校友捐赠率（Alumni Giving Rate）也是衡量校友对学校贡献度的重要指标，也是国际上普遍认可的大学排名的核心指标之一。据 USNews 统计，在 2014—2015 年和 2015—2016 两个年度，美国高校的平均校友捐赠率为 11.6%，排名第一的普林斯顿大学（Princeton University）校友捐赠率高达 60.8%，排名前十的大学校友捐赠率平均为 51.5%。而相比之下，国内高校校友捐赠率平均不到 5%。

2. 校友是参与学校办学的重要力量

校友对美国高校的支持，不仅仅体现在资金上，还体现在校友对学校事务的参与上。凭借着自身的智力、信息和人脉资源，美国大学的校友和校友组织以多种形式积极参与和支持学校办学，发挥了重要作用。

美国的第一家校友会——威廉姆斯学院校友会，便是在学院面临生死存亡的经营危机时，校友们挺身而出成立的。在 1821 年的成立大会上，他们提出了"校友的影响力和支持能统一起来以支持、保护和推动学校发展"的口号。随后普林斯顿、康奈尔等学院也相继成立了校友会，至 19 世纪末，几乎所有的美国公立、私立高校都有了自己的校友会。校友会不仅积极为学校发展寻求校友捐赠，同时也组织开展各类活动对学校进行招生和品牌宣传，提高学校的知名度。

在大学的治理结构中，校友占有重要的一席之地。如哈佛大学董事会现有包括哈佛大学校长在内的 7 名成员，其中大部分毕业于哈佛大学。其校务监督委员会比董事会的历史更为悠久，因而享有高级权力机构的美称。它不参与学校经营管理，更侧重对重大方向提供咨询，其30名成员大多从哈佛大学和拉德克利夫学院毕业的校友中选举产生，任期为6年。校务监督委员会定期举行会议，对大学的工作进行调查研究，就有关大学的教育政策和教育实践提出建议，支持学校的重大活动。校友参与学校治理的情况并不少见，在哈佛大学之后，许多私立大学纷纷效仿，相继在董事会中为校友提供席位。在公立大学中，法律也规定了校友在合法机构中拥有席位的权利。

除此之外，广大校友们还积极贡献自己的智慧力量和信息人脉，开展与在校生之间的互动交流，为其在校期间的学习、求职、就业提供帮助。南加州大学的校友更是积极参与大学所在社区的志愿服务，帮助学校构建良好的社区关系，为学校发展创造良好的外部环境。

二、美国高校校友资源培育、开发的组织架构

在美国，筹资、校友与公共关系被认为是每一所高等教育学府寻求外界了解和支持的重要基础。经过多年的实践探索和发展，美国高校的校友和筹资工作队伍逐渐壮大，组织机构日趋健全和完善，工作模式也日益成熟，围绕着校友资源的培育和开发，建立起了一套完备的组织架构体系和专业化的工作队伍。

1. 校友会(Alumni Association)：汇聚校友资源

校友会是汇聚校友资源的重要载体。作为相对独立的非营利性组织，校友会扮演着高校与校友之间的桥梁与纽带的重要角色，其核心使命是一方面为校友服务，另一方面为学校的建设发展服务。从美国校友会的发展史来看，校友会从诞生之日起便与大学的命运紧密联系在了一起，成为支持大学发展的一支重要生力军。

美国高校的校友会在组织层级上一般分为校友董事会(Board of Directors 或者 Board of Governors)和专门委员会(Committees)，均为校友自发组成。校友董事会负责管理校友会，是校友会的立法和决

策机构，有权制定政策、议事日程和规章制度等，负责指导由校友会发起的校友会活动。校友董事会下设执行委员会、提名委员会、计划委员会、职业指导委员会和发展委员会等专门委员会，通常由各委员会提出政策建议，经董事会审议通过后由各委员会负责具体执行。

经过百余年的发展，美国高校校友会如今已与大学建立起了互利互惠、共生共赢发展的关系。而支持学校发展则是各高校校友会宗旨中始终不变的重要组成部分。如斯坦福大学校友会的宗旨是联系、服务、凝聚全体在校生和校友，建立校友和母校之间终生的智力和情感联系，为学校发展提供支持和帮助；南加州大学校友会的宗旨为：与全世界校友建立终生联系、争取校友资源和为校友发声；加州大学洛杉矶分校校友会的宗旨为：丰富校友生活，并将校友与学校发展未来融为一体。

2. 校友事务/关系部：培育校友资源

从斯坦福大学、南加州大学、UCLA 等西部名校的组织架构来看，校友事务或校友关系部在学校的行政管理体系中均占有重要的一席之地。这些校友事务或校友关系部门的负责人同时也作为校方代表担任校友董事会的当然成员，负责校友会日常工作的具体执行，这一双重身份将校友会的校友资源与学校紧密地联系在了一起。如斯坦福大学的校友事务和校友会由一位副校长专职负责，并直接向校长报告。这位副校长同时在校友董事会中任校友会主席。南加州大学的校友关系部和校友会同属学校拓展部的一部分，加州大学洛杉矶分校的校友事务部和校友会同属于学校的对外事务部，都是由一位助理副校长负责校友事务和校友会的日常工作。

美国高校的校友事务/关系部本身并非筹款部门或者资源拓展部门，其主要以提升校友满意度和参与度为目标开展工作，通过校友关系运营、校友事务管理来对校友资源进行培育。其工作的具体内容包括：建立母校与校友之间的终生联系；增强校友与校友之间的联系；提高校友活动的参与度；提高校友在母校建设发展过程中的参与度；提供校友服务和福利等。

3. 发展/拓展部：开发校友资源

所谓发展(Development)或者拓展(Advancement)，指的是针对大学的利益相关者开展的寻求其理解与支持的所有活动和项目，包括校友关系、内外部沟通、公共关系、筹资等。发展部根据学校的战略发展目标，对外联系和对接社会各界资源，包括在校生、校友、学生家长、社会企业、基金会等，对内联系和对接各学院、系、职能部门，规划、协调和领导学校的各类筹款和资源募集活动，为学校发展谋求外部支持。

校友事务/关系部与发展部是美国高校培育开发校友资源的两个重要部门，前者侧重于培育，后者侧重于开发，两个部门通力协作、密切配合，共同发挥着聚合校友资源，支持学校发展的职能。如斯坦福大学的校友事务部与学校发展部虽然是两个相互独立的部门，分别由两个不同的副校长分管，但都在斯坦福校友中心同楼办公，一些大型校友活动也是两个部门共同策划和组织。南加州大学的校友关系部则与发展运营部、拓展服务部一起，共同在学校拓展部的架构下运作，由一位副校长分管。

三、美国高校校友资源培育和开发的实例——以南加州大学为例

南加州大学(简称南加大)是美国西海岸最古老的顶尖私立研究型大学，目前校友总数超过41万人。南加州大学校友会成立于建校五年后，即1885年。只要在南加州大学获得任何学历，包括学士、硕士、博士，即自动成为南加州大学校友会会员。

南加大校友董事会由校友自发组织成立，有67名成员，均为志愿服务，由南加大主要校友组织和学术单位的代表组成，任期1~3年，职责为促进大学发展、为校友会各类项目和服务的开展提供建议和支持。

同时，在学校拓展部下设校友关系部专门负责校友会的日常工作。校友关系部共有44名全职工作人员，承担的职责分工如下：

执行、行政、校友关系、校友联络项目、地区和参与项目、市场营销和事业伙伴关系、标志性活动、周年聚会、亚太校友会、黑人校友会、拉丁美洲校友会。

学校拓展部由一名专职副校长负责并直接向校长报告，其职责为统筹全校的资源和校友关系事务，与所有南加大的支持者建立伙伴关系。在这位专职副校长的领导下，学校拓展部与教务长和各学院院长密切合作，开发校友和社会资源，为学校的发展战略和学术目标服务。

自现任副校长 2010 年上任时起，其策划并启动了南加大史上最大的、目标为 60 亿美元的大型筹款计划，截至 2017 年底，这一筹款目标已提前完成。在 2017 年的捐赠收入排行榜上，南加州大学以 6.68 亿美元的捐赠收入总额排名全美高校第五，仅次于哈佛、斯坦福、康奈尔和麻省理工。可以说，南加大在校友资源的培育和开发方面卓具成效，通过实地调研和考察，可将其工作经验总结如下。

1. 培育校友文化

有学者提出，校友文化是一种以学缘关系为基础的共同体文化。在这一共同体中，无论是作为一个整体的学校与校友，还是校友、在校生、教师、管理人员等相关主体，其拥有的资源条件不同，需求也各异，但只要有了共同的文化背景，就为他们之间建立互惠、资源共享、相互合作的关系提供了先在的客观基础。在这一阐释框架下，群体身份的认同是构建共同体文化的核心要素之一。

南加大的在校生和校友对于自己的校友身份有着强烈的认同感。从入校的第一天起，他们就被各类迎新活动灌输了"特洛伊家庭"（Trojan Family）的概念，所有的南加大在校生和校友都有一个统一的称呼：特洛伊人（Trojan，名称源于 1923 年南加大参加的一场橄榄球比赛，南加大特洛伊队以大比分获胜，全场观众高呼"Trojan! Trojan!"，从此，南加大人以特洛伊人自称，校园内还保留有校友捐赠的一座标志性建筑——特洛伊铜像），而这个身份会一直延续终生。

校友身份的认同感来自以下几个方面：

（1）价值认同。学校为学生提供的教育、职业规划、安保等各方面的优质服务让学生觉得获得了价值提升，只有当校友们觉得在校期间获得的学位是有价值的，才会真正地认同母校，并积极地回馈母校。

（2）身份强化。"特洛伊家庭"这个概念让校友层面的学缘关系上升为家人层面的亲缘关系，进一步强化了校友对身份的认同感。同时，从"特洛伊人"到"特洛伊家庭"，不仅强化了群体概念，还扩展了群体外延，不仅校友本身，校友的亲人和朋友也都是"特洛伊家庭"的一员。

（3）密切互动。"特洛伊家庭"的成员有着高频次、高附加值的互动，这一互动不仅发生在校友与校友之间，也发生在校友与在校生之间，以及校友家庭与校友家庭之间。很多校友自己的家人本身也是校友，通过各类不同维度的校友活动，将"特洛伊家庭"的每个成员都紧密联系在了一起。

2. 构建工作机制

在校友资源的培育和开发方面，南加大以学校拓展部为核心，一方面与学校各学院、各部门密切配合，统筹规划和整合学校资源，另一方面以校友会为平台，通过发展校友组织网络，组织校友活动，汇聚校友资源，并积极促成学校资源与校友资源的对接，建立起了一套统筹协调、分工明确、运行高效的工作机制。

（1）项目制运作。与国内高校通行的条块式的层级管理不同的是，南加大的拓展部以项目制方式进行分工，以团队为单位开展各项工作。每一项工作内容都是一个项目，由一个专门的团队来运作，工作职责和内容明确并单一。每个项目团队的专职工作人员虽然大多只有 2~3 人，但可以通过与校内各院系、各部门和校友会的合作，调动学校和校友的各方资源，在校友和在校生中发展一支数百人的志愿者队伍，对项目进行深耕和拓展。以项目制开展工作，在机制上更为灵活自主，在目标上更为明确，有助于工作创新和团结协作，再加上充分调动了外部资源，就能产生明显的杠杆效应。

(2)矩阵式(网络状)组织体系。拓展部工作的顺利开展,有赖于与学校其他相关部门的协调合作。办公室员工与校友会、学院、系、各职能部门、实验室及高层管理人员之间联系紧密,以矩阵式(网络状)的组织体系将校友和资源拓展工作深入到每个院系、部门,进一步拓展了工作的广度和深度。

3. 繁荣校友组织和校友活动,提高校友参与度

根据 CASE(Council for Advancement and Support of Education,教育资源拓展和支持委员会)最新发布的《校友参与指标白皮书》,衡量校友参与度(Alumni Engagement)的指标体系包括校友志愿服务、校友活动、校友捐赠、学校与校友之间的沟通四个方面。总的来说,也就是校友组织的活跃程度、校友对校友活动的参与程度,以及校友对学校事务的参与程度。南加大在提高校友参与度方面,主要从三个方面入手:

(1)加强校友组织建设,增进校友之间的黏性和凝聚力。南加大的校友组织纵横交错,不仅按地域、年代、种族、院系划分,还构建了不同行业的校友网络,更为多维、立体,不同的校友组织有针对性地开展不同类型的校友活动,校友之间的联系更加紧密,沟通更为有效。

(2)开展独具特色的校友活动,增强校友与学校之间的交流与互动。南加大每年会在世界各地举办数百场校友活动。如新生入校前的送新生活动、毕生时的欢迎新校友活动、校友对在校生提供的职场咨询活动等,增进了校友与在校生之间的联系;年度校友回馈日活动,数千名来自 20 多个不同的国家和地区的校友在每年的 5 月 10 日回到学校,开展回馈社区的志愿服务活动,增进了校友与学校及学校所在社区的联系;每年一度的校友支持日活动,通过鼓励校友年度捐赠,培育校友捐赠文化,提升校友捐赠率,近年来的校友捐赠率均超过 40%;特洛伊家庭周末活动(Trojan Family Weekend),邀请校友和校友身边的亲人、朋友共同参与返校聚会,进一步弘扬了以"家庭"为核心的校友文化。

（3）充分利用信息技术手段，增进学校与校友之间的交流与沟通。一是重视信息化建设，在南加大的41万校友中，有31万校友是可联系上的，有效校友信息达到了76%以上。校友可在校友信息系统和校友APP中更新和维护自己的个人信息。校友信息的完备为开展各类校友活动，提供优质、个性化的校友服务奠定了基础。二是重视新媒体建设，在脸书、推特等新媒体上开设专门账号，让校友可以通过社交媒体及时了解学校近况，加强信息沟通，拉近校友与学校的距离。

4. 强化服务理念，提升校友满意度

强化服务理念，不断提高服务的质量和水平，是提升校友对学校满意度的根本途径。在南加大，校友服务的理念不仅体现在已经毕业离校的校友身上，更体现在对在校生的培养上。

（1）在校期间：贯彻以学生为本的服务理念。南加大的学生从入学的第一天起便成为"特洛伊家庭"的一员，在学习和生活中无时无刻不享受到学校这个特洛伊大家庭提供的全方位的人性化服务。包括：为有经济困难的学生提供完善的学生资助体系和计划，为有学习困难的学生提供学习补习中心，为有心理困扰的学生提供专业的心理咨询指导服务，为学生在校期间的学习生活提供强有力的安全保障服务，同时，鼓励学生组织的发展，倡导多元化，为学生的全面发展提供尽可能多的支持和帮助。这些投入为学生提供了良好的学习生活体验，提升了学生这一潜在校友群体对学校的认同感，为增进校友与母校之间的情感联系奠定了坚实基础。

（2）离校之后：提供全方位的校友福利和服务。南加大为校友提供了学校资源、求职就业、继续教育、医疗、保险、理财等各方面的福利和服务。包括：校友可享受律师或医生专用的图书馆；在健身中心享受会员价；在书店通过校友卡享受校友折扣；在学校附近的餐厅及食堂用餐享受折扣；校友专属的游学活动，并可携带着家人朋友一起参加；为新毕业的校友提供就业咨询和指导服务；为校友的继续教育提供便利；还有通过校友企业为校友提供的金融保险福利和优惠等。这些福利和服务有些来自学校，有些来自校友自

身，校友与学校之间、校友与校友之间的互利互惠更加增强了校友之间的凝聚力。

四、对我国高校的启示

近年来，我国政府对高等教育的投入比例呈逐年下降趋势，《国家教育事业发展"十三五"规划》提出，包括高等教育在内的非义务教育今后将实行以政府投入为主、受教育者合理分担、其他多种渠道筹措经费的投入机制。在当前的"双一流"建设背景下，高校的资源筹措能力更是影响大学办学实力和可持续发展的重要因素。

国内高校的校友和筹资工作大约兴起于 20 世纪 90 年代，发展至今，不过短短 20 余年历史，尚处于起步阶段。另外，由于受到我国公益慈善文化发展程度、高等教育管理体制机制等多方面因素制约，目前，国内高校的资源筹措能力与世界一流大学相比还存在相当大的差距。

在承认差距的同时，我们也要看到国内高校在资源筹措方面存在的巨大潜力。当前，国家的慈善法律环境不断优化，公益文化氛围逐渐浓厚，高等教育体制改革日益深入，为高校提高自我发展能力创造了良好的外部环境和客观条件。我们要在我国的文化制度框架内，借鉴世界一流大学的成功经验，积极探索符合自身实际的发展路径。

以南加大为代表的美国高校在校友资源培育开发方面的成功经验，为国内高校带来了以下启示。

1. 要从学校发展战略的高度，加强对校友资源培育和开发的统筹规划

"双一流"大学建设中，一要保证内部资源的合理配置和科学管理，二要最大限度地获取外部资源，这一问题直接关系到大学当前和长远的发展。校友资源是学校外部资源中最易得的一项资源，从校友资源入手开发外部资源，有助于在"双一流"建设中赢得先

机。首先，高校的校友事务部门作为校友资源培育和开发的主体，要明确自身的定位和战略目标，对校友资源的培育和开发进行全局谋划，一方面要整合校内资源，服务于校友发展，另一方面要培育和开发校友资源，服务于学校发展。其次，校友资源的培育和开发是一项系统性工程，需要全校各单位、师生员工的积极参与和密切配合，要在全校上下统一思想，达成共识，畅通机制，形成合力，构建学校领导高度重视、职能部门鼎力支持、院系师生积极谋划、各地校友积极参与的校友工作格局。

2. 校友资源的培育和开发要与学校人才培养的全过程相结合

校友是曾经的学生，学生是未来的校友。学校的人才培养过程，也就是培育未来的校友资源的过程。人才培养与校友工作不是独立的两项工作，也不是在不同阶段分别开展的工作，校友工作应与学校的人才培养工作紧密结合并贯穿于学校人才培养的始终。具体而言，一要真正贯彻落实"以学生为本"的教育理念，学校各院系、职能部门工作的开展都要做到一切从学生出发，促进学生的全面发展，通过提升学生的在校期间的学习生活体验，强化校友对母校的价值认同和情感联系；二要积极培育校友和公益慈善文化，在校园内积极宣传和树立校友和公益慈善典范，培养学生对校友的身份认同和公益意识；三要加强校友与在校生之间的交流与互动，积极开展各类有校友和在校生共同参与的校友活动，增进在校生与校友之间的联系，为未来校友身份的转变奠定基础；四要利用校友的智力、信息、人脉资源，充分发挥校友在学校人才培养过程中的作用。

3. 校友资源的培育和开发要以提升校友参与度和满意度为基础

提高校友参与度和满意度，能一方面与校友建立长期互利的关系，为校友带来价值，另一方面也能激发校友对母校的忠诚度，使校友能自发地帮助提高母校声誉，推动母校战略发展目标的实现。要提升校友的参与度和满意度，一要强化校友服务的理念，充分整合和利用校内外资源，为校友的成长成才和事业发展服务；二要重视校友组织的培育和发展，增强校友活动的校友体验感，提高校友群体的活跃程度；三要重视校友年度捐赠和小额捐赠，激励广大普通校友参与学校建设发展的积极性，提高校友捐赠率，培育校友的主人翁意识；四要通过各种信息技术手段，加强学校与校友之间的信息交流和沟通，建立校友与母校之间的终生联系。

4. 进一步延伸校友资源的内涵和外延，提升高校的资源筹措能力

广义的校友资源不仅包括校友本身，还包括在校生、学生家长、校友所在的企业组织、校友身边的家人和朋友等等。校友资源也不仅仅体现为资金物资，还包括校友的智力资源、信息资源和人脉资源。延伸校友资源的内涵和外延，有助于提高高校的资源筹措能力，一要拓展校友工作视野，延伸校友工作的对象和范围，从校友入手，为学校争取尽可能多的外部资源；二要在校友捐赠之外，重视其他类型校友资源的开发，充分利用校友的智力、信息和人脉资源，为学校人才培养、学科建设、知识成果转化、硬件环境改善等提供全方位支持。

◎ **参考文献**

[1]邓娅. 校友工作体制与大学筹资能力——国际比较的视野[J].
　　北京大学教育评论，2012(1).

[2]罗志敏. 大学校友问题研究：当代挑战与范式转换[J]. 教育研
　　究，2014(6).

[3]林成华，洪成文. 当代华人企业家对美国大学大额捐赠现象、
　　动因及政策思考[J]. 中国高教研究，2015(5).

[4]井海明. 比较视野下中美高校公益慈善模式研究[J]. 山东青年
　　政治学院学报，2015(6).

[5]杨东. 美中大学校友会发展的比较研究[J]. 学理论，2015
　　(11).

[6]罗志敏，苏兰. 论大学—校友关系中的校友捐赠表现[J]. 现代
　　大学教育，2017(4).

心理健康教育

美国大学生心理健康服务
体系概念与启示
——以 UCLA 为例

严 璨

（武汉大学药学院）

目前，高等学校的学生心理健康教育问题已经引起全社会的广泛关注，大学生中如自我中心问题突出、网络依赖、自律性较低、独立生活能力较差、挫折承受能力较低等发展性心理问题明显增加，有严重的心理问题甚至心理疾病学生的人数也在增加。这些问题的存在对当代大学生的学习和生活产生了直接而明显的影响。笔者结合此次美国访学经历以及工作实际，以加州大学洛杉矶分校（以下简称 UCLA）为例，就当前大学生心理健康服务体系的现状进行了探讨，以期为今后的大学生心理健康服务体系的创建提供一定的理论支持。

一、加州大学洛杉矶分校心理健康教育服务体系

美国早期的心理健康服务是围绕职业辅导展开的。美国布隆费德 1911 年在哈佛大学就开设了学生指导等心理干预课程来培养从事心理干预的工作人员，此后美国其他城市也开始纷纷效仿，推出了职业辅导、个体心理咨询和团体心理辅导等服务项目。美国的心理健康教育从此进入了一个蓬勃发展时期。以 UCLA 大学为例，UCLA 的心理健康教育是由学生事务相关部门，

如学生事务中心、心理咨询中心、住宿服务中心、学生健康与福利中心以及警察局等单位共同协作完成。心理咨询中心是为全校学生提供心理咨询和帮助的部门，中心现有50位持证心理咨询师和6位心理调查的筛查员，部分工作人员是具有相关社会工作咨询背景的人员。心理咨询中心开展以下四种工作：一对一心理咨询、团体治疗、心理讲座和健康教育。按学年来统计，有占比约15%的学生到中心咨询，中心为约7000人提供过服务。每周中心业务量为150~200人次。

一对一心理咨询。一般每学年可以为一个学生提供3~6次咨询服务，在校期间如购买校内保险的学生可享受心理咨询6次，购买校外保险的学生可享受心理咨询3次。除此之外，中心会帮助学生在校外找相关机构进行治疗，或者接受保险公司付费的治疗。如果学生的问题比较严重或者需要持续性的治疗，中心会建议学生到私人诊所或者心理咨询室治疗，中心会持续提供治疗，直到找到对口的机构为止。学生看心理医生的次数没有限制，但是一般1~2月1次。

团体治疗。学校每个学期有50个左右的治疗小组，如治疗抑郁小组、治疗性成瘾小组等，还有处理学生的饮食障碍、情感问题、写不出论文等团体小组。学生参加的治疗小组数量没有限制，但学生一般会只参加1个小组。如果学生心理问题比较严重，中心会建议学生去学生行为纠正机构，允许学生长期治疗。

心理讲座。中心常年在校开设形式多样的各类主题讲座，比如预防自杀、如何自我照顾和自我修复、时间管理和压力管理，同时会对宿舍区工作人员进行培训，使他们掌握一些基本的技能，如根据言行判断学生是否有心理问题等。

健康教育。UCLA设置了学生健康与福利中心，为学生提供长期的健康教育课程，针对学生开展健康培训。比如教育学生如何预防酒精的滥用、伴侣关系处理、性教育、身体部位的教育和生活技能提高课程等，还包括一些理解和管理自己的情绪、寻求自我认知和自我定位、构建良好的社交关系的课程。

二、美国大学生心理健康服务模式的特点

1. 服务内容丰富，服务方法多样

美国大学生心理健康服务内容涉及职业选择指导、适应辅导、课程设置干预、学业指导、情绪辅导、生活辅导、家长及教师咨询以及问题学生的行为治疗等，每项内容里又有若干详细的具体内容。服务方法有研究评估、个别评估、直接干预、间接干预、讲座、研习会、读书会、资料图片展和电化教学等多种形式，各种心理学理论及派生的治疗方法在心理干预工作中都得以应用。

2. 规范化和专业化发展

通常美国大学要求按 1000:1 或 1200:1 配备心理辅导人员，从事学校心理咨询工作的人员必须达到由"美国心理学会"（APA）和"全美学校心理学家学会"（NASP）两个专业组织规定的专业水平才有资格从业。学校心理健康教育成为一种非常专业化的职业，其工作流程也十分规范：一般心理咨询纳入学生健康保险当中，走医院门诊的规范程序；学生享有保险范围内的免费咨询，可通过电话、邮件或者当面预约，甚至可以指定其信任的咨询师；咨询师电话回访后会确定是否需要预约下一次面谈。

3. 注重协作，社会化程度高

从体制来看，美国已经形成了比较健全和成熟的心理健康服务体制，美国的服务机制比较系统化，从人员的培养、考核到督导都有明确具体的要求及制度化的约束，形成了由政府、学校、社区及民间等多方面机构组成的、全方位的服务系统。在美国有超过65%的中学生会进入大学，有一半的大学生向成年人过渡时期会产生各种心理问题和心理障碍，但是只有少数（大约20%）大学生获得过心理治疗。美国高校心理健康服务大部分是以心理咨询和治疗为主，其咨询中心也是隶属学校医务中心，走医学服务模式。美国

绝大多数大学生把接受心理治疗与身体治疗同等看待，但接受心理健康服务的具体情况仍有差异。例如在 UCLA，中心和学校各相关部门保持紧密联系，UCLA 警局会提供送学生到医院等服务，如果学生非常焦虑和紧张，心理咨询机构会联系学校的教育中心，由教育中心提供帮助，也会联合社区开展各种心理讲座和培训。

三、构建具有中国特色的大学生心理健康服务模式

可以看出，美国的心理健康教育体系相对完整，可以更高效地实现对学生的管理和心理疏导，从而促进心理健康教育事业的快速发展。我国心理健康教育与发达国家相比存在很大差距，构建具有中国特色的大学生心理健康服务模式既要吸收西方先进理论也要结合中国传统文化，既要保持价值中立又要实施一定的价值干预，既要结合心理健康教育与思想政治教育，又要注重调适性教育与发展性教育，从服务的目标、体系、方法等多个方面构建大学生心理健康服务体系。

1. 确立以促进大学生心理成长为中心的服务目标

大学生心理健康教育目标是促进大学生心理成长而不是偏重矫治心理疾病，所以服务对象是以全体学生为主，而不是偏向于有心理障碍或心理疾病的个别学生。心理危机的干预机制固然重要，但心理危机的预防更加重要。围绕我国高等教育目标——把全体学生培养成面向 21 世纪全面发展的高素质人才，心理素质是人的全面发展中的关键素质，培养高素质人才必然要求其心理素质的健康发展。所以高校心理健康教育目标是以全体学生为主要服务对象，以促进健康的心理素质为根本目标，遵循心理学、教育学的方法，以心理危机的预防为主，以培养学生良好的心理素质水平为主，而不是以医学模式为主。

2. 完善高校心理健康服务体系

高校心理健康服务体系的完善需要用系统的观点和手段使大学

生心理干预工作制度化和规范化。目前我国高校普遍已经建立了心理健康教育总体规章制度以及校、院系、班级等三级或五级心理健康危机干预工作体系，但是学科建设、队伍建设、经费建设和场地建设还没有相应的制度保障，而这些是大学生心理健康干预的基本保障。高校可加强学科和机构建设，完善组织管理体制，形成"政府有政策、社会有机构、学校有制度、中心有专家、学院有专员、学生有使者、校外有督导、社区有服务、法律有保障"的综合的心理健康服务体系，把高校心理健康促进工作全面渗透到大学生的学习空间和生活空间，连续、科学并灵活地实施"宣传、教育、活动、咨询、体验"相结合的心理健康干预方式。各高校需要专职的队伍来保障心理健康干预的有效实施，努力达到教育部要求的示范高校 2000∶1 的专职人员配置；此外，生均 10 元的经费保障和硬件设施的改善也是高校实施心理健康干预的重要保障。

3. 搭建网络心理健康服务的平台

传统的心理健康咨询训练的都是以面对面口头交流为主，方法成熟，但这种方式对于大学生来说过于被动，缺乏针对性和主动性，不能满足学生多元化的心理需求。这就需要我们以科学的心理健康教育理念为指导，整体规划、全面推进，实现重点突破，建构立体式、全方位的网络心理健康教育模式。第一，要建立满足大学生需求的、有吸引力的网站。心理健康教育网站应成为大学生获取心理健康知识的重要渠道。网站栏目与内容的设计应充分考虑不同年级大学生的不同需求，要通过开展各种网上活动和网络心理测试等，广泛宣传和普及心理健康知识，科学测评大学生心理，以活泼的页面和丰富的内容吸引学生参与，从而提高网站的利用率。第二，开展网络心理咨询。网络心理咨询是心理咨询师或心理咨询人员，利用计算机网络可提供的综合信息服务功能，向现实身份和虚拟身份的来访者提供心理咨询服务的信息互动过程。第三，开设网络心理健康教育课程。积极构建适应大学生心理发展需要的心理健康教育课程体系，让学习者根据自己的需要、任务要求，有选择地加以学习。

◎ 参考文献

[1] 张亚丽. 心理健康教育课程对大学生影响的质性研究 [D]. 山西师范大学, 2012: 5-10.

[2] Carl S, Seidman L J, Keshavan M S. The Massachusetts Mental Health Center: Going Forward After100 Years [J]. American Journal of Psychiatry, 2012, 169(10): 1037.

美国医院医学人文服务理念
对附属医院的多维度启示

——以凯克医学中心和罗纳德·里根医学中心为例

李 怡

（武汉大学中南医院）

医学是关于人的生命、疾病和健康有关的专门科学。20 世纪以来，医学科技发展迅速，医务工作者更多地专注于寻求科学证据和发展医疗技术等，忽视了医学的人文社会科学属性及其本质，导致医患关系紧张。[1]因此贯彻医学人文服务理念不仅有利于提升医院医疗服务质量，改善医患关系，更是落实"健康中国"战略的必然要求。

医学人文关怀狭义上主要是指医护人员在医疗过程中对病患者的人文关怀，而广义上是指在医学中应当包含的人文关怀或者是人文关怀理论在医学中的运用。[2]美国医院重视医学人文广怀并根植于医院管理的实践中，在此笔者以参观的美国凯克医学中心和罗纳德·里根医学中心为例，分析两家医院人文服务理念的现状和特点，其先进的经验对改进附属医院的管理和服务具有重要的现实意义。

一、美国医院医学人文服务理念的体现

1. 温馨舒适的就医环境

美国医院的布局与设计是人文和艺术的体现。医院设计对患者

的尊重体现在对所有使用者生理层面和心理层面的双重尊重。[3]医院通过将自然采光、色彩、景观、植物等结合音乐、艺术特点构建了方便舒适、温馨自然的就医环境，减少患者就医的焦虑，使患者获得心灵的宁静和安全，实现对患者和医务人员的尊重。例如成立于1885年的凯克医学中心，门诊大厅里设有服务台、休息区和礼品店，休息区排放着钢琴，钢琴自动弹奏着舒缓的音乐。罗纳德·里根医学中心建筑和园区非常现代和美丽，医院设计理念是利用充足的光线和开放的空间，营造一个温馨的环境，全部病房为单独房间，医生可以在任何时间自由地从三面接近患者，同时易于将典型的标准病房改换为重症监护病房，便于直接观察，监护患者。在儿科病房，设有特定的治疗项目室，为了消除患儿紧张心理，里面摆放有各种各样的玩具，还为12岁以上儿童配备了电脑。

2. 细致舒心的人性化服务

美国医院从患者的就医体验出发，从患者的门诊开始直至出院，便捷的就医流程、医护人员的亲切微笑均体现了医院人性化服务的细心和贴心，彰显了对患者的尊重和真诚。凯克医学中心设有专业的病人管理员，协助患者办理入院和出院手续。罗纳德·里根医学中心为了向国际患者提供可口的食品，开设了国际食堂，针对不同国家的患者提供当地国家的餐品。医院住院患者每天由营养师根据患者的病情制定食谱，进行配餐和送餐。医院针对需要陪护的患者，在病房内设有可折叠的沙发床，方便患者休息。医院为了充分保障患者的休息时间，有严格的探视规定，进入病房探视的亲友需要进行预约，在规定的探视时间经过患者允许后方可进行探视。

3. 以患者为中心的医患沟通

在美国医生入职时，医院会发放医患沟通手册，指导医生与患者进行交流。凯克医学中心的康复治疗科，在患者进行康复治疗的当天，患者的康复治疗安排会在墙上进行记录，方便患者了解病情和治疗安排。病区中医生与护士的办公区域在病区中心的开放式区域内，方便随时与患者进行沟通，同时患者出院后将"患者满意度调查表"邮寄至患者家中，对患者提出的意见由医院专设的"流程管理与改进部"进行收集、改进和反馈，借以改进医院服务质量。罗纳德·里根医学中心构建了一套标准化医患沟通模式，即 Cicare 模式，包括尊重互动、自我介绍、清楚沟通、贴心询问、即时回应、礼貌告退六步，真正做到"以患者为中心"，提升患者的就医体验。

4. 全方位的患者隐私保护

在医疗活动中，医务人员是患者隐私保护的实施者。在医生入职前的培训中，需要进行患者隐私保护的培训，包括不得在电梯、走廊等公共场合谈论患者病情等方面的内容。无论是在凯克医学中心还是在罗纳德·里根医学中心，患者均有单独的电梯前往病房，参访人员乘坐不同的电梯和在指定区域进行参观活动，并且在参观时不能对患者进行拍照。病房中患者的就诊床前均有门帘，将病房门与病床隔开，较好地保护了患者的隐私。

二、美国医院医学人文服务理念的特点

1. 对生命的尊重和敬畏成为医院人文服务理念的核心

对生命的尊重和敬畏体现于医院管理和服务的每一个环节，无论是宽敞明亮的就诊大厅，还是患者就诊的细节服务，或是医务人员的微笑服务，均是医院以人为本服务理念的体现。患者在这里感受到的不仅是一流的医疗质量服务，更是度假般的心灵和身体的休息和放松。医院除"以患者为中心"外，对医院的员工也是平等和尊重的。医院为了缓解医务人员的压力，在医院设有专门的祷告室，不同宗教和信仰的人均可以在里面进行祷告，体现了医院对员工宗教信仰的尊重。

2. 高效简洁的管理制度成为医院人文服务理念落实的保障

管理制度是现代医院管理的基础，建立现代医院管理制度是提

高医院竞争力的迫切要求。美国医院除了温馨的就医环境、人性化的服务、精湛的医疗技术外，简洁高效的管理制度也给人留下了深刻的印象，成为医院顺利运行的保障。罗纳德·里根医学中心将"我们的工作是否最适合我们的病人"作为医院内部审核和管理系统的最高标准，医院通过一整套的医疗服务流程和制度确保医务人员利用最先进的诊疗技术在保障患者安全的前提下运用于临床的实践中，确保高质量地应对各种疾病。除此之外，罗纳德·里根医学中心在管理制度的基础上对员工的安全质量和服务质量进行绩效考核，确保各项管理制度的执行到位。

3. 志愿服务的公益性成为医院人文服务理念的载体

公众和社会团体及企事业单位参与志愿服务在美国是普遍的现象。美国医院每年接诊从社区医院预约转诊的门诊和住院患者，同时综合性医院也有医生在社区定期坐诊。同时，医院也有大批的学生参与志愿服务中。医院志愿服务的类型主要有资讯服务、陪伴服务、照顾服务、康乐服务、心理服务等。[4]罗纳德·里根医学中心每年有大量的志愿者参与医院为患者服务的工作中，他们每周有2天、每次2小时的时间在医院从事各种医院所需的为患者服务的项目中，他们在从事志愿服务前需要经过医院严格的培训，并且每次实行的志愿服务需要在医院刷卡登记，登记内容包括服务时间、服务内容和服务对象等。志愿服务精神的存在体现了社会的人道主义精神和人类之间互帮互助的生命价值观。

4. 医学人文教育的发展成为医院人文服务理念的启蒙

美国实行的八年制的医学博士教育，医学人文教育的课程贯穿于医学生教育学习的全过程。美国从事医学人文教育课程的教师大部分为具有医学背景的医学博士或具有临床实践经验的医务工作者，他们大多既是社会医学或医学伦理学教授，又是医学教授或主任医师。美国的医学博士/哲学博士双博士学位教育体系由来已久，申请攻读 MD/PhD 双博士学位的学生还可以得到美国国立卫生研究院的医学科学家培训计划的经费资助。[5]医学人文教育的开设培养了医学生的人文素养，使医学生在本科阶段就进行了人文素养的培养，为医院进一步在制度层面落实人文制度打下了基础。

三、美国医院医学人文服务理念 对附属医院管理的启示

1. 树立"以人为本"的大健康人文观念

目前，人们对疾病的关注不仅局限于疾病本身，而是包括身体健康、心理健康、环境健康等在内的"大健康"。人们对疾病为中心的医疗模式的认识已经逐渐转变为以患者为中心，或者是"以健康为中心"的医学模式。"以人为本"的医学人文关怀强调的是对生命的尊重和敬畏。例如在互联网发展的新媒体时代，医学人文关怀的重要体现是改善患者的就医体验，即医院通过各种信息化的手段改善医疗服务流程，利用互联网技术实施移动医疗查房，实施远程会诊等，提高医疗质量，为患者提供优质、高效的医疗服务，保障患者安全。

2. 构建医学人文素养培养的模式

当前我国绝大多数医学院校对人文素质培养课程的开设重视程度普遍不足，而将医学人文素质培养课程设为标准必修课的医学院校和机构更是稀少，大部分医学生的人文社会类课程只有医学伦理学、毛泽东思想概论、马克思主义基本原理等为数不多的几门，并且均为选修课程，学生在选修课的修习上也具有不同程度的自主选择性。为了进一步建立医学生的人文素养概念，在建立完备的医学课程体系的基础上，应将医学知识、临床诊疗技能和人文知识紧密结合，注重社会实践、社区服务和志愿者服务，有计划地开展新职工入职前培训和宣誓等，使医学人文知识渗透到医学人才培养的各个方面。

3. 强调对医患双方的人文关怀

医疗行为是医患双方共同参与的医疗过程，他们共同的目标是保障生命的健康。强调人文关怀，一方面从患者角度需要医务工作者医疗技术的精益求精，提高自身业务水平；另一方面还需要患者充分理解、信任医务人员，尊重医务人员的生命权、人格、权益、劳动成果。由此可见，医学人文服务理念的践行需要医患双方的共同努力，共同体现传递生命美好与生命价值的责任。

综上所述，在国家和学校"双一流"建设和公立医院改革深入推进的形势下，通过参观美国凯克医学中心和罗纳德·里根医学中心，笔者深刻体会和感受到了以两所医院为代表的美国医院先进的管理经验和制度文化，希望借鉴它们的先进经验，共同为医院的管理与发展提供可资借鉴的参考。

◎ **参考文献**

[1]燕娟. 美国医学人文教育模式对我国的启示[J]. 中国医学伦理学，2017，30(6)：689-746.

[2]叶子辉，王兆良. 多向度医学人文关怀理论初探[J]. 南京医科大学学报(社会科学版)，2015，10(5)：373-380.

[3]白晓霞，张姗姗. 美国医院建筑精益设计研究[J]. 新建筑，2017(5)：58-61.

[4]关停，郝徐杰，陈红. 美国医院志愿服务内容及启示[J]. 中国医学伦理学，2015，28(2)：226-228.

[5]李敏，范博，赵文杰，等. 以职业情感为导向医学人文素质培养的模式探析[J]. 中国卫生产业，2018(4)：197-198.

美国高校心理健康教育的特点及启示

——以加州大学洛杉矶分校为例

刘珊珊

（武汉大学印刷与包装系）

随着社会经济文化的发展，人们对心理健康的关注度逐渐提升，心理健康水平成为衡量人的全面发展的一个重要指标。心理健康教育也成为高校育人工作中非常重要的一个环节，受到党和政府的高度重视。

早在 2001 年，教育部颁布了《关于加强普通高等学校大学生心理健康教育工作的意见》，规范了高校心理健康教育工作的原则与方法；2004 年，中共中央、国务院下发了《关于进一步加强和改进大学生思想政治教育的意见》，正式将心理健康教育纳入大学生思想政治教育的范畴；2005 年，教育部、卫生部、共青团中央又联合颁布了《关于进一步加强和改进大学生心理健康教育的意见》，对高校心理健康教育工作提出了更具体的要求。

美国高校心理健康教育起源于 19 世纪 90 年代，经过一个多世纪的发展，在各个方面已日趋完善，其教育理念、方法、途径均处于世界领先水平。加州大学洛杉矶分校作为一所综合性研究型大学，无论从学生规模还是学科设置方面，都与我校比较相似，笔者通过对这所世界名校的实地考察和深入调研，以点及面地寻找美国高校心理健康教育的普遍规律，从而发现值得我们学习和借鉴的经验。

一、UCLA 心理健康教育工作概况

与国内高校一样，近年来，美国高校学生心理问题的发生也呈上升趋势，UCLA 学生心理咨询量比 2010 年同期增长了 30%。UCLA 拥有 4.5 万名学生，每年 15% 左右的学生会因心理困扰寻求帮助，心理咨询中心每周要接受 150~200 名学生预约，年咨询量 7000 人左右。学生面临的问题主要集中在焦虑、紧张、抑郁，还有学习障碍、酒精成瘾、创伤后应激等。UCLA 心理健康工作宗旨是帮助学生保持心理健康，通过构建健康的生活方式，完成学业目标，最终在全球竞争环境中获得成功。

UCLA 的心理健康服务是多方面的，包括纠正心理问题、预防心理问题导致的不良行为，帮助处理学生情绪问题和社会问题，给学生提供学业及就业指导和咨询，为学生建立成长档案，为家长和教工提供咨询服务，还包括心理健康教育机构自身的成长和发展等方面。

1. UCLA 心理服务机构设置

UCLA 心理健康教育系统主要由心理咨询中心（Counseling and Psychological Services，CAPS）和其他 23 个校内部门、4 个学生组织组成，如表 1 所示。这些部门共同参与学校的心理健康教育活动，其中心理咨询中心全面负责心理咨询、心理治疗和其他心理健康教育工作，其他 23 个部门都是学校心理健康教育的参与者，在学校心理健康教育体系中承担不同的工作职责。不同类型、不同困扰的学生可以通过这些部门获得不同的支持和帮助。

表 1　　　　　UCLA 心理健康教育工作相关部门

类别	机构名称	在心理健康教育中的职责
学校机构	Counseling and Psychological Services 心理咨询中心	提供专业的咨询、药物服务、心理健康知识的宣传和心理问题的预防

续表

类别	机构名称	在心理健康教育中的职责
学校机构	Academic Advancement Program & Academic Counseling (Undergraduate) 学业指导中心	协助解决因学业问题引发的心理问题
	Behavioral Wellness Center (BWC) 行为健康中心	为医科学生、住院医师和研究人员提供心理咨询和治疗
	Bruin Resource Center (BRC) 学生资源中心	特别关注寄养家庭、已婚学生、退伍军人、转学学生和无证学生的心理健康问题
	Campus & Student Resilience 学生适应力拓展中心	帮助正处在压力当中的弱势群体学生缓解压力、适应环境
	CARE Advocates 关怀中心	为遭受性侵犯、家庭暴力、跟踪和其他暴力伤害的受害者提供心理援助
	Career Center 就业指导中心	通过职业咨询帮助就业困难学生渡过难关
	Center for Accessible Education 无障碍教育中心	为残障学生提供学术、身体、心理全方位的服务
	Consultation and Response Team 咨询和反馈小组	由校内主要职能部门的代表组成，专门负责回应和帮助可能陷入困境的学生
	Dashew Center for International Students & Scholars 国际学生与学者中心	为 UCLA 的国际学生和学者提供服务
	International Student Support Program 国际学生支持计划	为 UCLA 的国际学生和学者提供服务
	Economic Crisis Response Team 经济危机应对小组	为有经济困难的学生提供支持和指导

类别	机构名称	在心理健康教育中的职责
学校机构	Financial Wellness Program 财务健康计划	帮助学生掌握各种校园福利项目，财务预算、贷款等财务技能，在培育金融技能的同时解决学生财务问题
	Graduate Student Resource Center 研究生资源中心	帮助研究生应对各种挑战
	LGBT Campus Resource Center LGBT 校园资源中心	为双性恋、同性恋学生提供心理支持和服务
	Mindfulness Awareness Research Center 正念意识研究中心	通过正念意识的培养来克服焦虑、抑郁，增强幸福感
	Office of Ombuds Services 申诉服务办公室	为学生、教职员工和管理者设立的在非正式基础上寻求帮助解决冲突、争端和投诉的机构
	Residential Life 住宿服务	为住校学生创造安全、支持和包容性的生活学习社区，帮助促进住宿学生的学业成就、个人成长、领导力发展和社会责任
	Student Legal Services 学生法律服务中心	为需要法律支持和援助的学生提供帮助
	UCLA Police Department 学校警察局	在心理危机事件中协助心理中心工作
	UCLA Psychology Clinic, UCLA 心理学系的心理诊所	可以给学生提供更专业的心理诊断和治疗
	Law School 法学院心理中心	CAPS 在法学院建立的卫星诊所

续表

类别	机构名称	在心理健康教育中的职责
学校机构	Behavioral Health Services at the UCLA Neuropsychiatric Institute 神经精神病学研究所的行为健康服务中心	提供精神疾病治疗
	Self-Help Library 自助图书馆	提供借阅心理健康类书籍
学生社团	Active Minds（UCLA Chapter） 阳光心态社团	在社区和校园宣传心理健康的重要性，采取行动预防自杀
	Bruin Consent Coalition 同盟社团	在校园和社区开展性暴力的教育、意识和预防工作
	Bruins for Recovery（B4R） 康复社团	使酒精和药物成瘾学生得到恢复
	Undocumented Student Program（USP） 无证学生项目	为非法入境学生提供心理支持和援助，倡导教育公平

2. UCLA 心理干预措施

当学生出现心理问题时，由学校心理咨询中心负责专业的干预和治疗。心理咨询中心配备有 6 名前期筛查员，50 名心理咨询师，10 名心理医生和多名专职行政人员。当学生遇到心理困扰需要咨询时，可以直接到心理咨询中心寻求帮助，无需预约。前期筛查员负责与前来咨询的学生进行约 20 分钟的面谈，初步判断学生情况。根据不同症状决定是当天咨询还是另约时间。如咨询师感觉有必要，会将来访者转到心理医生那里进行药物治疗，如情况严重需要进一步接受专业治疗时，会介绍学生到校外心理治疗机构治疗。每位 UCLA 的学生都可以接受 3~6 次免费咨询。

除了一对一咨询外，学校还为学生提供各种主题的团体心理辅导。每个学期有 50 个左右的辅导团体，治疗抑郁、人际交往障碍等。同时，学校还提供对特殊人群的心理服务，如为注意力障碍、酒精或药物成瘾、学生运动员和退役军人以及学生家庭提供服务。咨询中心还在校内举办各类讲座、培训和宣传活动，帮助学生预防自杀、缓解压力。咨询中心建有心理自助图书馆，学生可以借阅各种主题的心理健康教育书籍。

如学生因心理问题出现自伤或伤害他人的行为、言论，或因为严重心理问题无法正常生活时，按照州政府相关法规要求，学校可以强制送学生前往医院就医。据统计，UCLA 每周约有 2 名学生需要送到医院治疗。他们中大部分是由学校强制送去，只有少部分是自愿前往。在心理危机干预过程中，心理咨询中心与学校警察局有着非常密切的联系。为保证安全，学生送医过程由学校警察局负责。

二、美国高校心理健康教育工作的特色

通过对 UCLA 心理健康教育工作的深入了解和全面分析，结合美国其他几所高校的情况，笔者发现了一些具有共性的特点。总体而言，与中国高校比较，美国高校心理健康教育具有以下显著特点。

1. 以促进学生的全面成长为宗旨，矫正性教育和发展性教育相结合

美国高校心理健康教育旨在帮助大学生获得全面成长，不仅关注学生的个人情绪、人际关系，还关注他们的价值观、生活态度、学业、就业等各个方面，积极发掘学生的内在潜力，帮助他们建立完善人格。心理健康教育的目标不仅是为少数适应困难和出现心理问题的学生提供服务和帮助，更是为大多数普通学生提供成长帮助，从而提升全体学生的心理健康水平。

美国学校顾问协会制定的《国家学校心理咨询标准》和《学校心理咨询师道德标准》要求"提倡让所有学生都能平等地享受咨询服

务"、"针对不同学生学习进度安排计划表"。UCLA 为所有在校学生提供 3~6 次免费咨询，未出现心理问题的学生也可以预约，从心理咨询中心得到学业发展、职业选择、人际关系等方面的指导。

高校一方面为学生提供矫正性教育，为已经出现心理问题的学生提供咨询和治疗；另一方面为大部分普通学生提供发展性教育，在问题出现之前教会学生处理的技巧和方法，心理健康教育覆盖面较广。

2. 形成了高校、社会、家庭全员参与、有效联动的心理健康教育体系

从社会层面看，学校、家庭、社区、行业协会、学术组织、专业机构有效联动，共同组成了美国高校心理健康教育体系。高校在一线开展心理健康教育和咨询工作；行业协会负责制定专业教育培育目标和职业资格准入标准，为学校提供专业支持和学术发展指导；学术组织负责专业人才的培养和学术发展；社区心理服务机构为社区内高校学生提供心理服务；校外心理机构可以提供更专业的心理咨询和治疗，弥补学校资源缺口。美国家庭普遍比较重视孩子的心理状况，能积极参与学生心理治疗，家长可以从社区、学校获得心理健康知识的教育或家庭式心理咨询和治疗，如 UCLA 就专门为学生家长建立了家长和家庭计划办公室。

从高校层面看，学校内各部门协同，全员参与心理健康教育工作，达到共同育人的目的。美国高校学生心理健康教育工作的主导者和参与者不仅是学校心理咨询中心人员，还包括学校内部多个部门和学生组织的人员，在全校范围内形成了全员育人、共同关注学生心理的大环境，大大提升了高校心理健康教育的工作效率，扩大了教育覆盖面。一旦有学生发生心理危机，也更容易被发现和进行早期干预。

3. 心理健康教育队伍专业化程度高，人员配备充足

美国高校心理健康教育队伍包括专业的精神科医生、持证的心理咨询师、临床心理学家，还包括持证的社会工作者和持证的婚姻

家庭治疗师，以及其他行政辅助人员。他们专业背景多样，在心理健康教育领域可以发挥各自专长。美国许多州法律要求学校每300名学生要配备一名专职从事心理辅导的工作人员，保证了学校心理健康教育工作的正常开展。

这些在学校从事心理咨询和治疗的工作人员必须具备国家和州相关职业资格认证才能上岗。学校心理咨询师必须具备相关学科博士学位，博士毕业后在临床进行专业实习，实习期满后通过所在州资格考试后才能从事相关工作。心理咨询中心行政人员也要接受相关的心理学培训才能上岗。

政府还出台了一些法律法规来规范心理工作者的职业道德，保护个人隐私。咨询师和医生需要来访者书面同意才能将情况透露给他人（法律允许的情况除外，如虐待儿童；对他人有严重暴力倾向的；当事人可能自残的；或在有效的法庭命令要求下）。如果学生已年满18岁，未经学生本人允许学校不会向学生父母透露任何信息。每个州的心理协会会对在册的心理咨询师的专业能力和职业道德进行跟踪和监管，这有利于从业者不断地学习和提升。

4. 从学生需求出发，提供个性化的心理健康教育和服务

美国许多高校会针对不同类型的心理需求、不同类别的学生，设立专门的部门或者项目，从源头上解决问题，提供全方位、个性化服务，将危机的发生率降到最低。

在 UCLA，有关部门会根据学生遭遇的不同危机类型开展有针对性的教育工作。如学业指导中心致力于帮助因学业困难引发心理问题的学生；学生适应力拓展中心主要帮助正处在压力当中的学生缓解压力、适应环境；关怀中心为遭受性侵犯、家庭暴力等暴力伤害的受害者提供心理援助；就业指导中心为就业困难的学生提供职业咨询、传授就业技能；经济危机应对小组为有经济困难的学生提供支持和财务指导，解决财务问题。

还有针对不同类别的学生开展的心理关怀。如设立专门为医科学生、住院医师和研究人员提供心理咨询和治疗的行为健康中心；为寄养家庭、已婚学生、退伍军人、转学学生和非法入境学生服务

的学生资源中心；为残障学生提供学术、身体、心理全方位服务的无障碍教育中心；为国际学生和学者提供服务的国际学生与学者中心；帮助研究生应对各种挑战的研究生资源中心；为双性恋、同性恋学生提供心理支持和服务的相关机构等。

还设有帮助正在冲突中的学生解决问题、渡过难关的机构。如专门负责帮助陷入各种困境的学生的咨询和反馈小组；受理学生、教职员工和管理者争端的申诉服务办公室；为需要法律支持和援助的学生提供帮助的学生法律服务中心。

高校心理健康服务从学生需求出发，多角度、全方位地满足了学生的各种心理诉求。

5. 充分开展学生自我教育，在校园内营造朋辈互助的氛围

UCLA 积极倡导学生间的互助，提出："每一个 UCLA 的成员都有责任和义务为身处困境和可能伤害自己或他人的学生提供帮助，需要大家共同努力帮助我们的同学，共同实现校园的安全。"UCLA 在学生中开展心理健康知识培训，指导学生如何帮助身边处于困境中的同学，鼓励学生带身边出现心理问题的同学到心理咨询中心咨询，或致电心理咨询中心获得帮助。

UCLA 通过学生社团组织开展各种心理健康自我教育活动。学生社团通过在校园内、社区举办各种活动宣传心理健康知识，反对自杀，为需要帮助的人提供心理支持。学校还在学生宿舍区聘请学生兼职管理员，住在学生宿舍，深入了解学生心理状况。兼职宿舍管理员会接受心理健康知识的系统培训，以便及时发现心理危机事件，减少恶性事件的发生几率。

UCLA 还在心理咨询中心设有学生自助图书馆，馆藏书籍涵盖焦虑和压力、睡眠困难、人际关系、情绪管理、个人成长等各种领域。在校学生可以通过到学生自助图书馆借阅相关书籍，学习心理学知识，学会自我调适。

6. 鼓励学生参与社会服务，开展大学生心理健康教育

社会服务是美国大学生活中很重要的一部分，美国高校教育倡

导个人发展和服务社会同样重要，在服务中学习、成长。美国学生在校期间会被安排到社区医院、公立学校、老人院、教养所等机构参加志愿服务，计算学分，作为毕业的必须要求。学生在社会服务中提升对社会的了解，增强公民意识，能有效弥补课堂教育的不足。

社会服务也成为美国高校心理健康教育的一种有效途径。一方面，社会服务有利于学生认识社会，增强社会适应能力，提高社会责任感和使命感，明确个人发展目标，减少心理问题的发生；另一方面，有心理困惑的学生通过参与社区公共服务，可以获得社会认可和心理支持，发现自身价值。此外，学生可以通过社会服务来提升个人交往能力、矛盾冲突的解决能力，帮助他们储存有用的技能、信息和知识，并在生活中灵活运用。

三、对我国高校心理健康教育工作的启示

我国高校心理健康教育经过 30 多年的发展，已取得了一些成就，心理健康教育已成为各大高校思想政治教育的重要部分，但仍然存在一些不足。虽然中美两国存在一定的社会文化差异，但美国高校心理健康教育好的经验和做法是值得我们学习和借鉴的。

1. 构建完善的心理健康教育体系，发挥高校、社会、家庭的协同作用

学生的心理状况往往受社会环境、学校生活、家庭氛围等诸多因素的影响，是各个方面共同作用的结果。因此，心理健康教育不应只是高校和心理学家的责任，应该成为整个社会全体成员共同为之努力的事业。一方面，应提高社会全体成员对学生心理教育的意识，在全社会普及心理健康知识；另一方面，加强国家层面制度建设，规范行业标准、从业资格和道德准则，营造有规范制度保障、权责明晰的心理健康教育环境；此外，在制度规范的前提下，发挥社会和家庭在高校心理健康教育中的协同作用。

作为整个社会心理健康教育系统中非常重要的一环，高校可以

贡献力量服务社会，也可以获得社会力量的支持。一方面，高校可以利用自身专业队伍和学生社团力量在附近社区和学生家庭中宣传普及心理健康知识。另一方面，学校可以利用社会资源，聘请校外医院专业心理医生和校外专业机构心理咨询师来校参与学生心理咨询和治疗，缓解高校心理健康教育资源不足的现状。

2. 转变传统心理健康教育观念，以学生全面成长成才为根本目标

传统的心理健康教育更多地关注少数已经出现心理问题的学生个案，以解决心理问题、防止心理危机发生为主要工作目标。这种以危机发生后补救为中心的工作思路不能体现高校心理健康教育的真正意义所在。高校心理健康教育应更关注它"教育"的本质属性，在帮助心理困难学生渡过危机的同时，更要帮助大多数普通学生构建完善的人格、积极的生活态度和正确的价值观，从源头上减少心理问题和因此引发的极端事件，促进学生身心健康、全面发展，为社会主义建设事业培养身心健康、人格健全的可靠建设者和接班人。

3. 拓宽心理健康工作渠道，探索全员、全过程的渗透式教育模式

为实现促进学生身心全面发展的目标，学校应在常规的心理咨询、知识讲座等"咨询式"、"课程式"教育的基础上，增加"渗透式"教育。渗透式教育是指将心理健康教育渗透在学校教育、教学的各个环节中，对学生进行全过程潜移默化的影响。

心理健康教育不只是心理咨询师、班主任、辅导员的工作，教师的日常教学活动、行政人员的服务工作中都应有意识地对学生进行积极、正面的心理教育和引导；心理咨询中心不应是唯一开展心理健康教育的部门，教务部门、后勤部门、保卫部门等都应成为心理健康教育的实施者，在和学生接触中自觉开展正向引导。这就要求高校的教育工作者应具备一定的心理健康基础知识和心理健康教育观念，及时发现学生的异常并联系专业人员进行帮扶。这种全员

参与、全过程渗透的心理健康教育氛围，既能有效地帮助学生提升心理健康水平，又能及时发现异常，减少心理危机的发生。

4. 丰富心理健康教育内容，尊重学生个性发展，提供多元化心理服务

应试教育大环境下长期以来形成的单一成才标准和培养模式引发了诸多问题，部分学生进入大学后失去了奋斗目标和方向，出现心理问题。高校心理健康教育应充分尊重学生个性发展，一方面，要通过教育帮助学生认识和接纳个体之间差异，树立自信；另一方面，要为学生提供个性化服务和教育，使学生的个性和潜能得到最大程度的发挥。在原有大而全的心理健康通识教育的基础上，针对不同学生群体，不同需求类别，开展不同形式的心理健康教育活动。利用个体咨询、团体辅导、工作坊、讨论组、主题心理社团等形式开展专题式辅导。帮助学生解决学习生活中的实际问题，如应对压力、时间管理、人际交往、学业发展、职业规划等。鼓励学生参与社会服务，帮助学生树立正确的价值观，增强社会责任感，发现自身价值。

5. 加大心理知识宣传力度，营造积极向上、助人自助的校园文化氛围

在校园内加大心理健康知识的宣传力度，引导学生正确认识自身心理困扰，明白心理疾病和身体疾病一样正常，通过治疗可以改善；营造理解、接纳和支持的校园氛围，帮助广大学生和教工正确认识心理疾病，主动关爱和帮助身边有心理困扰的同学；发挥学生组织在心理健康教育中的重要作用，实现自我教育和朋辈互助；通过丰富的校园文化活动和体育运动树立积极、正向的校园文化氛围，促进学生身心全面成长。

◎ 参考文献

[1]付先全.美国大学生心理健康教育特色启示[J].教育与职业，2014(7)：102-103.

[2]汪亚芳.美国学校心理服务体系对我国学校心理教育的启示[J].濮阳职业技术学院学报,2007(4):103.

[3]刘小榕.高校心理健康教育的组织管理机制分析[J].科学大众(科学教育),2018(9):117.

[4]仰滢.我国大学生心理健康教育20年回顾与展望[J].中国高教研究,2008(7):77-79.

[5]边保旗.美国学校心理辅导的发展历程及启示[J].教育实践与研究,2001(12):5-7.

服务与保障

美国一流大学管理服务的借鉴和启示

肖　俊

（武汉大学城市设计学院）

世界一流大学和一流学科建设（以下简称"双一流"）是党和国家的重大决策。"双一流"建设具体任务包括建设一流师资队伍、培养拔尖创新人才、提升科学研究水平、传承创新优秀文化、着力推进成果转化等，改革任务包括加强和改进党对高校的领导、完善内部治理结构、实现关键环节突破、构建社会参与机制等。无论是具体任务还是改革任务，一流大学建设的核心就是提高人才培养质量，为中华民族的伟大复兴提供卓越的人才支持。推动一流大学建设离不开大学自身管理服务体系和管理人员能力提升，大学管理服务水平的高低直接决定了"双一流"大学建设的速度和进程。

一、一流管理是建设一流大学的应有之义

目前，对于什么是世界一流大学，国际国内学界尚未有明确定论，相关论述可谓众说纷纭，但通过分析和研究发现，世界一流大学还是有其共同特征的，上海高等教育研究院在世界一流大学的研究中提出世界一流大学的基本特征是：①学科水平很高，门类较为齐全；②学术大师汇聚，教师素质很高；③科研成果卓著，学术声誉很高；④科研经费充裕，研究力量雄厚；⑤学生素质一流，生师比例合理；⑥管理科学规范，杰出校长掌舵；⑦办学特色鲜明，办学理念明确；⑧国际化程度高，留学生比例高；⑨经费投入巨大，

办学设施优良。

不少世界一流大学校长从不同角度对一流大学的内涵都也有过精彩论述。牛津大学校长卢卡斯认为，一流大学要有很高的国际声誉、雄厚的师资力量、良好的人文环境，此外，一流大学应该强调科技与人文学科的平衡发展，也离不开资金的支持。耶鲁大学校长理查德·莱文认为，世界一流大学必须有最好的学生和最有影响力的教师。哈佛大学荣誉校长陆登庭认为，一流大学除了要有一流的学科，一流的学术队伍，一流的科研教学成果，一流的生源和一流的基础设施外，更要有一流的管理。如果没有有效的管理服务，大学将是一盘散沙，更不可能培养优秀的人才和创造优秀的教学科研成果。因此，建设一流的管理服务体系一直是世界一流高校持之以恒的追求。在推进"双一流"建设和建设中国特色、世界一流大学进程中，加强高校治理体系和治理能力建设，不断提升高校管理服务效能，既是国家整体治理体系和治理能力的重要组成部分，也是"双一流"建设的重要支撑工程和建设一流大学应有之义。

二、美国一流大学管理服务经验的启示

2018年暑期，我校第二批青年管理干部研修团一行先后到加州旧金山、洛杉矶两地的多所世界著名高校实地考察和研修，近距离感受了美国高校良好的人文底蕴、先进的教育理念，通过对比中美高等教育的异同，在思辨中理解美国高等教育的理念，感受它们的教育环境和教育思想，确实获益良多、收获满满，既开阔了视野，也学到了很多宝贵的先进经验，特别是管理服务的先进经验。这些做法与经验归纳起来，主要有如下几点：一是以师生为本的管理服务理念；二是高效运转的行政服务体系和管理干部队伍；三是开放有序竞争的管理文化氛围；四是忠诚、规范、敬业的职业操守。

在此，本文选取作为公立综合性大学代表的加州大学伯克利分

校、洛杉矶分校，作为私立研究型大学代表的南加州大学，分别从不同层面和角度对管理体制和运作机制进行探究和考察，以期对提升我国高校管理服务水平提供参考与借鉴。这三所大学的管理既具备美国大学管理的共同特性，又具有自身的鲜明特色。

（一）加州大学伯克利分校（以下简称 UCB）：务实高效的科研管理

UCB 科研管理特点可以总结为三个方面：一是科研管理精细，鼓励关注前沿；二是研究成果实用，评价体系合理；三是注重校企联盟，强调专利保护。伯克利分校在科研经费管理上与我国大学采用不同的体制，来自联邦政府的各类科研经费分为直接成本（设备费、人员经费、不可预见费用等）和间接成本（相当于我们的科研管理费）。直接成本和间接成本分开下拨，即按照一定比例下拨配套经费，用于对大学整体科研实力建设的补偿和支持。学校内部科研资助从对青年教师的专门资助到对某一研究领域的重点资助各有所侧重。其中还包括类似于校长基金的专项经费，资助经费在三千至几十万美元之间。尽管这种资助仅占全校总科研经费的 3% 以下，但其针对性强、手续简便、申请周期短，对青年教师的科研工作起到了哺育和调控作用。在科研项目管理上，伯克利分校实行"以课题预算制为主"的管理模式，科研管理注重以基础性、核心技术研究为导向，而不是以完成一个项目、一个产品为目标。在科研转化方面，伯克利分校的应用研究一般不在国家资助下进行，其经费往往是通过技术合作或者专利技术转让而获得，这在美国高校中是很常见的一种科研形式。发明专利转让及商业开发所得净收入大体按三个 1/3 分配：个人占 1/3，所在学院、系和实验室共占 1/3，学校占 1/3。大学可以获得发明专利权，如果大学认为不需要时，可以转给政府持有。这就保证了各方均可充分地发挥大学基础研究和企业界商业化经验的优势，为研究的开展和成果的转化奠定坚实基础。

（二）南加州大学（以下简称 USC）：精细化的管理模式和扁平化的管理层级

USC Senior Administration

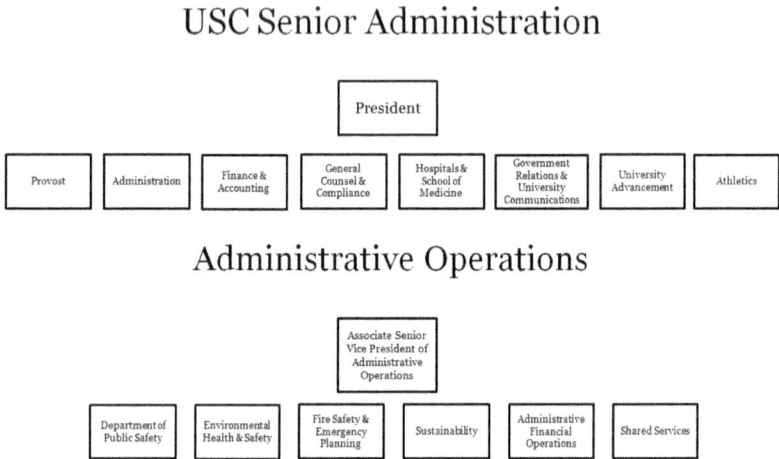

| President |
| Provost | Administration | Finance & Accounting | General Counsel & Compliance | Hospitals & School of Medicine | Government Relations & University Communications | University Advancement | Athletics |

Administrative Operations

| Associate Senior Vice President of Administrative Operations |
| Department of Public Safety | Environmental Health & Safety | Fire Safety & Emergency Planning | Sustainability | Administrative Financial Operations | Shared Services |

上图是 USC 的行政管理运作体系图，USC 有一名专门负责行政事务的高级副校长（行政主管）负责学校行政管理工作，领导上述六大部门开展工作，每个部门按照业务类型既相互独立又协调运作，每一个部门雇员大约控制在 10 人的规模，除安保、财务、法律等专业部门外，绝大多数行政事务都通过精细化分工的专业团队和服务外包的方式进行，实现了管理服务运行的经济和高效。与国内高校有较大差异的地方就是，美国高校普遍都有负责公共关系和合规管理的专业法律政策部门，此外对于预算管理，南加州大学真正采取了"自下而上、自上而下"的决策过程，按照通常规程，上一年度 11 月至当年 1 月，USC 的教务长和高级副校长审议每个学院和运营部门的战略计划，学院院长或主任总结运营进展和未来发展方向；12 月，形成初步行政预算；1 月，确定预算参数；2 月，分发预测数据，各院长和主任收到预算和规划备忘录，各业务主任可在线访问预算情况；3 月中旬，学校举行预算听证会，再次征求相关单位意见，并开放网上预算平台；随后，进行详细预算，并录

入学校预算管理系统；4月，预算明细经过最终审批，并分拨至各院系。

(三)加州大学洛杉矶分校(以下简称 UCLA)：注重管理经验的提炼和总结

在 UCLA 研修中，我特别注意到 UCLA 的荣誉教授、前任副校长的关于重构组织的演讲和关于处理洪灾事件的经验分享，他提出的四个框架"结构框架、人力资源框架、政治框架、符号框架"，既是他对于危机管理经验教训的理论提升，也是他作为一名资深的美国高校行政管理官员的经验分享，听完之后深受触动。我觉得，一个优秀的管理者应该像他那样，善于思考、善于总结，并不断提升应对处理复杂问题的能力和水平。虽然囿于中西方文化和语言的差异，但我仍能从他演讲的字里行间体会到管理工作者的策略和艺术。我对于四个框架的理解是这样的，结构框架相当于管理的模型和策略，一种有效应对问题的理念和方式，这是做好管理工作的前提；人力资源框架，是指通过分配和管理人力资源，有效激励约束从事相关工作的人去有效地完成工作目标，这是做好管理工作的基础；政治框架，虽然与中国的国情和环节不一样，但可以借鉴的是，如果更好地营造好组织内部和外部的各种利益集团的关系，实现组织利益的最大化仍是大学发展的命题；符号框架，我认为特别有意思，通过某种符号或者仪式，创造良好的组织文化氛围，既形成特定的工作内涵，也能够实现组织目标和个人发展良好的共融。对于大学而言，通过符号框架的运用，有助于大学文化和精神的形成。

三、加强一流管理服务体系建设的思路和建议

与国外顶尖一流大学相比、与师生员工期待相比，我国高校在管理体制、管理水平、管理队伍、管理文化等方面仍然存在很多不足，提升管理效能、提高服务质量、回应师生关切是当前十分紧迫的任务。在"双一流"建设进程中，加强我国高校的管理服务体系

建设可以吸收和借鉴美国一流高校管理服务的有用有益经验，具体来说可以从以下方面入手和努力。

(一) 真真切切做到管理服务"以师生为本"

大学的基本职能决定了大学管理的服务对象和服务方向，师生是大学的主体和主角，作为高校的管理人员，既要发挥自身的主人翁精神，更要为承担人才培养的主力军教师和教育对象学生们提供优质的管理服务，让他们能够便捷、温馨、愉快地工作和学习。"以师生为本"说易行难，它体现在我们管理服务工作的方方面面、诸多细节，如果不从潜意识、深层次思考如何以师生为本做好服务，是很难真正实现管理育人、服务育人的目标，这就需要我们悉心思考目前所推行的管理流程、方式、手段是不是真正做到了以人为本，是否满足群众的需求，是否回应了广大教职工的关切。

(二) 在充分运用大数据和信息化技术手段的基础上，切实转变管理观念和方法，切实提高工作效率

当前，大数据、人工智能等信息化技术方兴未艾，相比教育教学技术手段的进步，大学管理的技术化手段有的还没有跟上时代的步伐，有的高校虽然早就实行了 OA 系统办文，但管理运作明显滞后，或者传递不及时；有的实现了视频会议、通信会议，但是会风依然没有转变，效率没有真正提高。先进的技术只有与具有主观能动性的管理者有机结合，才能焕发出管理的生机和活力。因此，转变管理观念，以真正方便教学科研、提高工作效率为目标，采取可行有效的信息技术手段，让管理行动的效度与服务对象的满意度有机融合，才能真正形成服务育人的强大力量。

(三) 加强激励约束机制建设，切实增强管理执行力

管理目标和任务确定后，执行就是关键环节。一般而言，陷于高校自身的特点，高校的改革总体上滞后于企业和政府机构的变革。虽然近年来，高校内部人事改革措施频出，但是人事薪酬改革也碰到了很多难题和困难，能上能下、优胜劣汰的激励约束机制还

没有完全形成，真正到了要进行遴选或者淘汰人员时，高校自身和相关内部机构也存在各方面的顾虑。通过美国高校的研修学习，我充分感受到美国同类公立高校之所以高效率运作，一个很重要的原因就是它们具有良好的行政文化和优胜劣汰的竞争机制，再加上管理人员总体良好的职业操守，一定程度上提升了管理执行力，这也是我们值得思考和借鉴的地方。

(四) 按照一流标准，加强管理干部自身队伍建设

作为一名高校管理工作者，既要"忠诚、干净、担当"，更应始终牢固树立一流意识，将争创一流作为自觉追求；要紧紧围绕一流目标，认真贯彻一流标准，始终与学校同心同德、同向同行，将学校的发展目标转化为实际行动；要认真贯彻一流标准，主动开阔眼界心胸，瞄准一流开展工作，坚定不移地聚焦主责主业，集中精力做一流的事情。

◎ 参考文献

[1]刘念才，程莹，刘莉，等．我国名牌大学离世界一流有多远[J]．高等教育研究，2002(3)．

[2]喻立森．"一流大学"应该是什么样子——论杨福家关于"一流大学"的思想主张[J]．教育研究，2009(7)：22-25．

[3]刘承功．探索一流大学建设的中国模式——"一流大学建设研讨会(2010)"综述[J]．复旦教育论坛，2010(6)：5-7，15．

[4]顾明远．铸造大学的灵魂——一流大学建设的关键所在[J]．清华大学教育研究，2003(3)．

[5]汪治国．一流大学的大学文化培育与建设探考[J]．西安文理学院学报(社会科学版)，2011，14(5)：120-122．

美国高校校园基本建设管理
服务的探讨与启示

万年华

（武汉大学采购与招投标管理中心）

2018 年 7 月，笔者有幸跟随第二批武汉大学青年管理干部赴美研修团队前往美国高校参加了大学运营与管理方面的培训，了解到多所美国高水平大学的行政管理服务概况，对美国大学校园基本建设管理服务的情况有了一定认识。本文将从美国大学校园基本建设管理服务方面的三个案例出发，结合我校实际，延伸思考我校校园基本建设管理服务与美国高水平大学的共同点及差异，为相关工作提供些许建议和参考。

一、美国高水平大学校园基本建设管理与服务案例

1. 南加州大学新建大学村项目

南加州大学成立于 1880 年，是美国西海岸最古老的顶尖私立研究型大学。学校占地 287 英亩，拥有大学公园校区和健康科学校区两个校区，分别位于南洛杉矶的 West Adams 区和洛杉矶市中心的东北边。大学公园校区大部分建筑为罗马式风格的红砖建筑，校园景致十分美丽，不少影视中哈佛大学、加州大学伯克利分校场景均在此拍摄。健康科学校区则包括药学院、医学院等医疗相关学术机构，以及南加州大学的附设医院和癌症医院。

为扩展校园空间，解决本科生宿舍不足的问题，南加州大学

272

开发了大学村项目，由基本建设开发与设施管理服务部门负责组织实施，项目管理采取施工总承包模式，采用最高限定价格（GMP）合同。该项目位于大学公园校区一侧，规划包括五栋五层的住宿大楼、一个中央电站和周边改良工程，计划为本科生提供2500个住宿床位以及零售、地下停车服务，投资预算约7亿美元，建筑面积为120万平方英尺。大学村与主校区连接以扩展校园空间，建筑风格与主校区历史建筑保持高度一致（采用砖石建筑、穿孔窗户、瓦屋顶）。学校强调大学村公共空间的设计，设置大量公共区域和学生专用区，在考虑安全和方便师生的基础上，布置广场与公共散步道以扩大休闲娱乐面积，并将休息座位、照明、建筑入口和自行车停放均集成到散步道的设计中，对于植被种类和景观设计保持与南加利福尼亚地区、学校主校区相协调。大学村于2017年秋季投入使用，竣工后空中俯瞰图与设计效果图几乎完全一致，达到了预期建设目标，是一个非常成功的校园工程建设案例。

2. 斯坦福大学研究生宿舍建设项目

斯坦福大学于1884年由斯坦福夫妇捐资创办，1891年起正式招生，学校占地35万平方公里，是一所典型的研究型大学，据统计学校在21世纪获得诺贝尔奖人数位居世界第一。斯坦福大学研究生分布在7所学院，共约9400名（比本科生多2000人），其中33%为国际学生，具有多元化的文化背景。学校所有的学生公寓楼都配有学生骨干和管理助理，以促进住宿教育目标的达成。

目前斯坦福大学研究生宿舍床位十分紧张，为更好地给研究生提供学习及生活上的服务和帮助，学校力争于2020年将研究生校内住宿比例由目前的60%提高到75%，为此学校开发新建研究生宿舍大楼项目（目前在建）。新建研究生宿舍大楼耗资10亿美元，建成后将为研究生提供2000多个床位，并为每个入住的学生配置独立的卫生间。经过市政府批准，学校办理有关建设许可手续后，由宿舍和餐厅管理部门负责组织实施，建筑外观色调与校园其他建筑保持一致，拟定设计方案时还会邀请研究生事务部门参与讨论，共同研究如何为学生提供更舒适更好的居住空间。项目采取工程总承包模式，通过装配式建造方式，进行设计、生产、装配一体化招标，将装配式建筑结构构件、部品部件等在工厂生产加工后，运输至现场进行机械化装配，以节水节能节地，并有效地加快施工进度。

3. 加州大学尔湾分校人才引进实验室装修项目

加州大学尔湾分校（UCI）创建于 1965 年，是 UC 大学系统的 10 所公立大学中最年轻的大学，在最优秀的 100 所建校历史不足 50 年的学校中排名全美第一、世界第五。学校现有 120 余个科学研究机构，30 个国家科学院院士，3 个诺贝尔奖得主。作为顶尖的研究型大学，学校一直秉持科研优先、人才优先的理念，财政预算分配以科研预算为优先，对于引进的人才提供丰厚的薪酬和福利，不断思考并想办法解决顶尖人才来校的阻力。

学校设置专门款项用于引进急需的人才，每年引进 3~5 个顶级教授，目前已持续 10 年。为尽快安置好新来的高水平人才或团队，学校的设计与基础建设服务部门提前筹备建设人才所需的科研实验场所，在学校与引进人才达成口头协议后就启动实验室装修项目。学校专门研究采购时间、采购方式与项目成本之间如何权衡，突破传统的公开招标方式，改为采取以签订主设计专业协议和工作订单合同（Master Design Professional Agreement & Job Order Contracts）的方式进行采购，将装修时间从传统的 12 个月尽量压缩到 6 个月内。项目开展过程中与引进人才的学院保持密切沟通和合作，以更好更快地满足人才需求。

以上三个案例，在如何开发校园基本建设项目以及在校园建设项目全过程管理中如何更好地服务于师生、更有效地服务于人才引进工作等方面，为我们提供了重要的参考和借鉴。下面将围绕以上案例进行挖掘和分析，对美国高水平大学与我校基本建设方面的管理服务情况进行对比，寻找中美之间的共同点及差异。

二、中美高校校园基本建设管理与服务的相似点及差异

注重对校园基本建设的投入，不断改善办学条件以支持学校教学、科研、社会服务等各项事业的发展，力图提高管理和服务水平，是中美高校普遍的共识。美国高水平大学校园基本建设项目的开发程序与我校类似，均采取了国际工程界最常使用的项目阶段划分方式，项目全过程包括立项决策阶段、设计准备阶段、设计阶段、施工阶段、动用前准备阶段以及质量保修责任阶段，由基建管理部门负责建设项目的全过程管理。项目立项均需要报批，作好充分的前期准备，重大基建项目须由学校集体决策研究，对建设项目各阶段参与方均有相应的专业知识、专业技术和管理服务要求。项目管理最常用的模式有施工总承包、Design-Build 或 EPC 工程总承包等。设计文件必须符合国家和地方建筑工程建设标准、设计规范（规程）和制图标准，遵守学校的设计工作程序。招标是中美公立大学确定建设工程施工方最常用的方式，均须严格按照国家、省、市及学校有关法律、法规、规章、行政规范性文件和制度进行。项目实施应得到建筑管理部门的许可，接受相关的检查。作为百年历史名校，中美高校在校园总体规划上强调校园整体的美学价值，保护校园历史建筑，新建校园工程与早期建筑风格保持一致。以下根据笔者本次的研修体会，结合我校情况，重点分析中美高校在校园基本建设管理服务方面的一些差异。

1. 管理服务职能与联动协作方面的差异

美国高校基建管理部门管理职责明确、清晰，除了具有校园规划、工程立项、可行性研究、设计、预算编制、工程管理（包括维修工程）、变更管理、档案管理等基本建设项目开发相关职责外，也整合了日常维修、建筑系统维护、场地维护、景观维护、招标采购、合同管理等职责，使得建设项目的全过程管理更深入、更全面，能更好地保证项目建设的进度和质量，达到预期建设目标。其

中，招标采购为合同管理中的一个分项。比如南加州大学基建管理部门的职能涵盖校园基本建设项目开发和设施管理服务两大模块，此外，围绕校园建设、校园建筑功能、校园设施、校园环境等方面提供废物处理与回收、保管、搬家、会展策划与支持等服务，发挥全方位服务效能；工作中强调积极配合、联动协作，形成了以上职责范畴的内部共享支持机制，比如设施管理部为基本建设开发部提供新建工程的设计审查和技术援助服务等。

对比我校，以上部分职责目前由后勤保障部承担，职责范围有所区别，后勤保障部除负责基本建设项目开发管理、维修管理外，还包括学生宿舍管理、公房(家具)管理、住宅管理、幼儿园管理、水电管理、商业网点管理、社区管理、土地环保管理、校园绿化等职责。建设项目开发过程中，项目设计由后勤保障部负责，对于投资规模在 200 万元以上的项目，工程量清单及预算控制价的编制由采购与招投标管理中心委托审计处实施，招标采购环节由采购与招投标管理中心负责，合同拟定、合同洽谈由后勤保障部组织，合同审查和签订由采购与招投标管理中心负责，最后由后勤保障部负责项目的实施与验收。以上职能分工使工作流程趋于复杂化，运转效率较低，联动协作难度大，并且容易出现各部门信息不对称的情况，影响工程进度与质量。

2. 专业力量的差异

南加州大学基建开发部的工作人员共 70 人，专业化水平较高，经验丰富的专业人员有 48 人，具备平均 20 年以上的项目实践经验，其中 23 人分别具有注册建筑师(16 人)、注册结构工程师、注册土木工程师、注册安全师等执业资格，还有若干其他专业工程师、咨询师、预算员以及负责 BIM 的专业人员等。依靠这些专业力量的支撑与协作，校园规划布局、校园建筑、活动场馆、公共基础服务设施等得以很好地实现预期的建设目标，不断提高校园整体的美学价值，处处体现出实用性、先进性、现代化和人性化，凸显服务水平。南加州大学设施管理部负责工程维护、技术服务的专门人员共 408 人，维护保养 405 栋建筑物(建筑面积 1910 万平方英尺）、350 英亩绿地，进行约 20 吨/天的废物管理及循环再造工作，每年处理在系统中登记的约 1 万项大小日常维修保养工作。基建开发部与设施管理部例行或根据实际需要开展专业培训，学习新出的法规、规范和技术，共同研讨最新技术的运用。美国高水平高校在校园新建工程建设中，按照工程实际广泛采用工程总承包模式、装配式建造模式以及 BIM 技术（建筑信息模型）等，发挥智能制造的优越性，打造精品校园工程，并实现全过程管理信息化。

我校后勤保障部门及招标部门与基建开发、设施维护相关的工作人员基数较小，任务重，大部分工作时间用于应对日常业务和项目有关的具体工作，深入思考和研究成果不多。对设施保养、环境维护的管理比较粗放，效率不高。虽然各专业人员均有配备，但面对日趋复杂的技术要求、日益提高的工作要求，存在人员老化、整体专业水平不够的问题。近年来我校在实施"卓尔体育馆工程"、"工学部一号楼重建工程"、"水电教学科研大楼等四栋楼新建工程"（每个项目投资预算均约 3 亿元人民币）这些校园大型工程的过程中，按照国家、省、市政策着力推行 EPC 工程总承包模式、BIM 技术应用，积极探索 EPC 工程总承包招标投标管理，取得了一定的成效。但由于国内工程总承包招标、BIM 技术应用尚处于试点或推进阶段，相关的政策法规、标准体系还不够完善，仍须进一步学习研究，对于采取装配式建造我校尚处于酝酿阶段。

3. 信息化管理水平的差异

考虑到校园建筑年份长、楼栋多，开展维护保养的技术性越来越复杂，南加州大学不断提升电子化、信息化管理水平，为此专门开发了 CAD service 管理系统，对整个大学建筑空间的平面图、电信的楼层平面图进行动态维护，统一维护 CAD 和 GIS 环境下的校园设施地图；实施集中式文档存储，建立学校建筑物和基础设施的实体与数字建筑档案，将近 14 万个大小工程项目（可以追溯到 1919 年以来完成的项目）的图纸文件录入管理系统，进行空间管理，对每一栋楼的修补记录进行跟踪管理，了解每一间、每一处的动态情况，作为未来项目启动的参考与起点；运用 BIM 技术进行建筑规划。

此外还搭建能源与建筑系统中央管理控制中心,调度、监测、评估、维护学校的能源系统,确保创造舒适的条件,整体上有效利用能源,其空调系统能够将学校建筑室内温度全部保持在 72 华氏度左右(约 22 摄氏度)。还开发了设施维护的会计管理系统,简化工作流程。以上电子信息系统的采用,极大提升了精细化管理水平,为校园建设、设施维护及相关管理服务提供了强有力的支撑和保障。

不难看出,目前国内大多数高校与美国高水平高校在信息化管理水平上存在不小的差距,特别是在统一建立基础数据库打造智慧校园,实现精细化、动态化管理方面。

4. 用户参与度的差异

从项目启动阶段至竣工验收,美国高水平大学都十分注重用户的参与,特别是私立大学。学院一般设有专门的设施经理,代表项目发起人(学院)向基建开发部提出项目申请,与基建开发部的建筑师对接讨论需求,确定工程预算、工程范围、进度计划、工程管理模式等工程基本要素,并共同签订"项目协调备忘书"。接下来由建筑师团队详细论证项目功能需求,开展可行性研究,给出最优最可行的工程方案,提供给学院用以募集资金。资金来源一般分为两种:一是私人捐款(资助),二是来自学校的运营预算。资金来源确定并办理相关审批手续后项目进入设计阶段,设计文件需由学院签署同意。在工程管理阶段,学院设施经理参加每周的工程例会,跟踪掌握工程情况,并审查项目的执行进度、成本和质量等。在实施过程中如学院有调整需求,向基建开发部提出后,基建开发部按调整内容再次进行设计和施工,资金投入变化由学院负责。南加州大学甚至出现过某工程建设实施进度过半,学院要求更改方案,基建开发部重新修改设计、重新实施以满足学院需求,费用由学院解决的案例。斯坦福大学在开发新建研究生宿舍项目时也十分尊重学生事务管理部门与宿舍管理人员对于住宿条件的建议,为每个入住学生提供独立卫生间。加州大学尔湾分校对于引进人才的实验室装修项目，始终与学院及引进教师保持紧密联系，切实满足人才的实际需求，做好客户服务，促进科研成果产出。

我校是国家教育部直属公立高校，依靠国家财政预算资金办学，基本建设项目资金性质均为国有资金。建设项目的启动建议由学校发展规划与学科建设办公室会同后勤保障部、财务部根据学校年度工作计划、学校专题会议意见，依据学校五年规划和校园建设规划提出。学校基建管理部门(后勤保障部下设的相关部门)负责编制年度投资建议计划，报教育部审核后纳入学校年度预算，基建项目资金实行专款专用。基建管理部门按规定编制建议书、开展可行性研究并报批，按照教育部、学校批准的工程建设规模、使用功能、投资预算等开展建设工程的设计工作，委托设计单位进行设计。设计单位严格按批准的预算进行限额设计。在方案初步设计阶段，基建管理部门多次征求相关管理部门和用户单位的意见，用户提出具体用房功能、面积分配意见，作为设计依据，用户参加方案讨论会议、设计文件审查会议，对最终确定的方案签字确认。后续的施工图设计阶段、施工阶段均由基建管理部门组织、管理，在施工阶段如用户单位使用需求调整或者学校对用房功能进行调整，由基建管理部门负责组织论证，按照学校建设工程变更管理办法进行审批，批准并落实经费后执行。项目招标采购以基建管理部门为需求方开展。我校校园工程项目资金由学校统筹安排、审批，建设方为基建管理部门，主导建设项目的全过程，管理上更加强调服从国家战略和学校实际，用户自由度、个性化要求的空间有限，用户意见及要求不能及时反馈落实，受专业能力、投入精力的限制用户对项目设计、项目施工的全过程参与度不够。

三、启　示

树立追求卓越的文化理念，提供卓越的管理与服务，专注于为学生、教职工和访客提供安全且有吸引力的校园环境，是中美高水平高校共同的愿景。我校正处于建设中国特色的世界一流大学的关键发展阶段，向着"更加崇尚学术，更加关爱学生，更加追求卓

279

越，更加担当有为"的目标不断奋进。提供卓越的校园基本建设管理服务才能更好地支撑学校的发展建设，虽然中美高校在文化背景、办学模式、管理模式、财务运行等方面存在着很多体制上的差异，但我们依然可以从美国高水平大学的成功实践中汲取诸多有益的经验与启示，现总结如下。

1. 深化协作机制

校园基本建设项目开发与维护的全过程管理是一项十分复杂、涉及多个利益相关方的系统工作，管理目标越来越高，管理难度越来越大。项目各阶段的参与方或各职能部门都在做着各自独立又密切关联的工作，只有各级各方深入协作才能实现预期目标。首先，各方不断强化"服务为本"的工作理念，以服务替代管理，在统一的总体目标下不遗余力地提供专业、细致的服务。其次，进一步完善学校基本建设项目集体决策和沟通协调工作机制，各部门联动协商解决项目整体执行进度安排、最新政策跟进调整、紧急项目总体把控、重大项目专题研讨等相关事项，按照依法合规、各负其责、运转高效、风险可控、问责严格的要求开展工作。再次，持续扩大学院、师生的参与度，以满足广大师生的利益为目的，充分挖掘并尊重师生的合理诉求。特别是对于引进人才的实验室建设应开辟优质、高效的服务通道，探索部门、学院、人才共同协作模式，对实验室建设项目的预算、立项、设计、招标、施工及交付实施专门的进度管控和质量管控，以更好地契合人才的实际需要。

2. 加强能力建设

应加强专业技术人才队伍的建设，形成"专家库"效应，特别是引进专门的设计人才，强化设计的整体性、科学性、创新性，加大对图纸设计深度的把控，减少图纸问题引起的索赔及工期延误问题。新理论、新知识、新技术层出不穷，应紧跟建设工程管理的发展方向，持续开展各类专业培训，加大对专业培训的投入与覆盖，学习中结合实际案例进行思考研究。项目执行各阶段所委托的咨询单位、设计单位、造价公司及招标代理公司是建设方不可或缺的助手，应注重考核其专业知识和技能，形成科学的评估和淘汰机制。

3. 优化管理流程

目前我校校园工程建设项目多采取施工总承包模式，一般在后勤保障部完成项目的施工图设计后，由采购与招投标管理中心通过招标确定项目的承包人。其中招标工作启动前的工程量清单及预算控制价编制工作是承上启下的关键流程，是成本控制、投标报价、施工准备以及竣工结算的依据。工程量清单及预算控制价是根据施工图和项目实际要求进行编制的，编制过程中往往需后勤保障部、设计单位(由后勤保障部委托)、审计处、编制单位(由审计处委托)等多方协作、多次交互、反复确认，甚至进一步修改完善图纸。目前编制工作采取"采购与招投标管理中心接收后勤保障部的图纸和有关要求后再委托审计处实施"的方式，编制过程中信息沟通、交流渠道冗长，"二传手"、中转环节过多，导致出现信息反馈不及时不通畅不对称、责任不明晰、效率低下等问题。为提升各方的工作效率和管理效能，理顺招标工程量清单及控制价编制程序，减少执行过程的环节数量，建议由后勤保障部申请招标时一并提供施工图纸、招标工程量清单及预算控制价。

4. 提高信息化水平

我校历史建筑较多，新老建筑群分布于四个校区，维护、维修任务量不断加大，要求不断提高，迫切需要建立校园建筑与设施的数字建筑库，形成纸质地图、CAD 地图、GIS 地图、在线地图或移动设备地图等图库(涵盖地上或地下)，以信息化引领管理现代化，为后期开展精准的维护维修提供基础；进行空间管理，实时更新所有建筑与设施的 CAD 平面图或 3D 模型；对于新建工程，在项目结束时将设计文件和竣工文档录入数据库，作为后续维护工作的参考点。

中美高校校园静态交通系统的
对比分析与优化研究

——以武汉大学、南加州大学与加州大学
洛杉矶分校为例

郝　晋

(武汉大学保卫部)

一、引　言

据统计，大部分机动车一天当中95%的时间处于静止状态，静态交通成为交通系统的重要组成部分。建设和完善校园静态交通系统，减少静态交通对动态交通的负面影响，缓解教职工停车矛盾，改善校园交通环境，是支持我校基础设施建设可持续发展的必要条件。

基于此，本文通过对比分析美国南加州大学、加州大学洛杉矶分校与我校的静态交通管理现状与策略，总结我校静态交通系统面临的瓶颈，以探索改善校园静态交通系统的优化方法与管理系统。

二、我校静态交通基础设施分析

在开始对比分析之前，需对我校停车泊位供需现状进行简要分析，为校园交通资源配置分析打下基础。

我校地处城市中心，被风景区、商圈环绕，校园内借道穿行和

借地停车现象较为严重，2018年9月日均车流量(包含进校与出校)达到5万台。自2018年9月30日起，我校开始实施校外非授权公务车辆预约进校制度，实施以来有效控制了校内借道穿行和借地停放的现象，目前日均车流量(包含进校与出校)控制在2万台左右。

实施预约制后，由于有效控制了社会车辆入校，进校车辆基本上为校内车辆或进校办事、访客车辆，皆为有效停车需求。现以实施车辆进校预约制度后的某一工作日(2018年10月12日)数据为例分析停车需求，如下表所示：

非授权车辆日进校总数(辆)	13895	授权车辆日进校总数(辆)	5997
通勤时间进校授权车辆数(辆)	2332	通勤时间进校并在校内停驻6小时以上车辆占比	50%

注：1. 授权车辆为办理了我校通行授权的车辆，多为我校教职工及学生用车。

2. 通勤时间选取上午7~9时上班高峰时间段。

以上进校车辆可利用的停车资源如下表：

	地面	地下	总量
停车位(个)	3650	1364	5014

注：地面停车位数量为我校地面停车的大致容量；地下停车位多为各二级单位办公楼配建停车位，大都仅供本单位职工使用。

由于专任教师与行政人员工作性质的差异，其停车时长需求也有所区别。行政工作需要工作人员长时间在岗，因此全天工作时间段固定占用车位的可能性很高。而专任教师工作时间相对灵活，为方便估算，假设专任教师都具有流动性特点，不计入固定车位占数。我校专任教师与行政人员人数比例如下表：

	人数	比例
专任教师人数	3784	55.80%
行政人员人数	2997	44.20%

注：此表中数据仅统计我校本部教职工人数。

根据以上数据，估算得出我校停车位车均可停留时间，如下表所示：

计算项目/单位	按通勤时间进校车辆估算	总量修正最大值	按教师比例估算	总量修正最大值
日均固定车位/个	1166		1613	
周转车位/个	2484	3848	2037	3401
流动车辆数/辆	12729		11858	
流动车辆所需停车周转率/%	5.12	3.31	5.82	3.49
车均可停留时间/小时	1.56	2.42	1.37	2.29

注：1. 总量修正最大值取得前提为我校所有地下停车场面向所有车辆开放。

2. 每日泊位需求时段按 8 小时工作制计算。

根据估算结果可以得出如下结论：如果我校目前所有停车资源得到充分利用，所有进校车辆规范停车，则至少需要每个车位每日周转 3 次才可满足停车需求，也就是说，最乐观的情况下每辆车平均可以在校内停驻将近 3 小时。然而问题在于，这近 3 小时的停车时长远不能满足大部分教职工的工作驻车需求，从侧面反映了我校校内停车资源紧张的现状。

三、美国高校校园静态交通管理经验

对比分析对象：美国南加州大学(私立大学，以下简称 USC)、

加州大学洛杉矶分校(公立大学，以下简称 UCLA)

现状简述：两所大学都拥有完整的慢行交通系统，有多处较大面积的集中区域禁止机动车通行。机动车流线布置于学校各功能区之外，较少穿行于校园之中，校园人文气息和师生行路安全得到保障。

策略概览：两所高校停车设施配置较完善，但仍存在供需矛盾，因此，两所高校都开展了校园中长期交通与停车发展规划。主要策略为适度供给与交通需求管理相结合：一方面陆续建立停车楼等集中停车设施，挖掘现有校内停车资源，以适应一定时期需求；另一方面通过需求管理，引导其他交通方式出行，减少停车需求。

具体举措：具体举措包括三项措施。

1. 扩大供给

配建停车设施是保证停车供应的基本措施。两所高校停车位设施建设情况如下表：

学校名称	教职工/学生数量(位)	校内泊位数量(万个)	停车设施结构情况
UCLA	30155/45507	2.3	立体停车楼：13 个
			体育场地下改造多层停车场：2 个
			路面集中停车场：约 10 个
			辅以部分路边占道停车位
USC	19596/45500	1.7	立体停车楼：10 个
			路面集中停车场：约 7 个
			辅以部分路边占道停车位

两校的停车设施数量都能一定程度上解决供给问题，但仍存在供需矛盾：UCLA 发放的停车许可证数量为 3.2 万张，远超过停车位数量；校内有大型医院，日常有患者来校；作为世界名校每日接待大量访客，日均在校人口 7.5 万，停车资源仍旧紧张。

并不是绝对满足停车需求就可以完美解决停车问题，停车设施的增多会产生磁铁效应，吸引更多的交通流量：USC 校内停车楼的逐步兴建吸引了更多车辆入校停车，为校园带来更多交通安全隐患，为了减少隐患，学校不得不翻修部分道路，例如增加路面起伏的程度以控制车速等。

停车资源的紧张不能靠无限制地扩大供给来解决，在适度供给、基本满足需求的前提下，需要进一步对交通需求进行管理。

2. 抑制需求

（1）停车价格市场化

据 UCLA 称："学校 25% 的停车位被访客占据，他们创造了 48% 的停车收入。"

首先不提供免费停车资源。两所学校的教职工、学生通过每学期购买停车许可证获得停车权利，校外访客通过购买一日停车券或者按小时付费进校停车。

其次许可证有限供应。停车资源优先满足校内师生需求，但同时停车许可证并非无限供应，如 USC 的秋季/春季学期因停车需求较大，许可证需通过参加抽选来获取购买资格。

再者，将停车价格作为需求管理的有效杠杆，通过差异化定价等经济手段来调节停车需求，主要的做法包括：

一是阶梯定价，停车根据选取的停车楼/场位置不同价格不同，靠近校园核心区位置的停车费更贵。

二是细化停车许可证的分类，如①将停车楼/场按热门、拥堵程度分区，热门程度越高的停车位停车收费标准越高，从而缓解拥堵；②按照车载人数的多少优先使用停车位，拼车能优先使用停车位并获得优惠价格，鼓励拼车同行；③在同一区域内，停在停车楼的许可证价格更实惠，鼓励车辆进入停车楼，缓解地面停车带来的拥堵。

三是辅以设置"潮汐式"停车位，这类车位只在相应时间段内允许停车，将区域里的停车资源在时间和空间上再分配。如 USC 有 17 时以后才可停车的许可证，价格较低；UCLA 有 16:30 以前不可以在校园内行驶流动的停车许可证。

（2）鼓励通过其他交通方式出行

多种交通方式并存是分流的重要手段。两所高校大力倡导绿色出行，并推出相应的配套服务措施，如：

①为师生提供城市公交线路乘车补贴。

②鼓励师生拼车，提供网络平台方便师生结伴，推出有价格优势的拼车停车许可证。

③学校提供车辆和停车位，鼓励教职工组建通勤交通车合用小组，小组成员6~11人，设立司机、副司机，每位成员按月缴纳一定费用乘车(UCLA特色项目，目前全校有近150个交通车合用小组)。

④提供校内共享单车。

⑤提供租车服务，学校员工和学生团体到校外办理学校公务时可使用，租赁的汽车可在校内免费停车(UCLA特色项目)。

（3）大力发展校内公交

免费乘坐。两所学校校内机动车通勤主要依靠校内公交，公交线路皆可免费乘坐。

线路丰富。USC校内巴士有19条线路，其中有10条通行于各个校区、校内各功能区、各停车场之间，班次根据线路情况从15分钟/班至1小时/班。UCLA校内巴士有4条环绕校园的线路，10~12分钟/班；同时设有夜间循环线路车，以及送往校外指定公寓区的通勤巴士；另有校内举办体育赛事等大型活动时的专用线路，周末有送学生去校外购物区的专用巴士。

3. 加强管理

对违反停车规定的行为严格执法，是保证停车秩序的基本手段，是价格调控等停车需求管理手段的保障基础。

两所学校依据相应的法律、各自的校园停车管理规定，对违反规定停车的行为进行处罚、开具罚单。处罚的条目、款项在校园停车管理规定中列有清单。

如遇不缴纳罚款的情况，两所大学因性质不同，处理方式也不同。

UCLA 为公立大学，校园警察有相应的执法权，开具的罚单具有法律效应，如不缴清罚款，车主将无法进行车辆的年审注册。

USC 为私立大学，校内的行政机构不具有或不完全具有相应的执法权，因校园土地私有，警察一般也不会进校开交通罚单。为了达到有效管理的目的，USC 采取了如下违规处罚手段：如是学生，罚款直接从学费中扣除，不交清不能毕业、选课、申请住宿等等；如是教工，不能购买下一个学期的停车许可；如是访客，委托第三方机构催收罚款。

四、与我校静态交通系统对比分析

1. 停车设施对比

我校停车设施基本情况如下：

学校面积（亩）	教职工/学生数量(位)	校内泊位数量（个）	停车设施布局情况
5195	7659/59944	5014	路边占道停车位、路面集中停车位：3650 个 *
			建筑物配建地下停车位：1364 个

*注：此数据为我校目前路面停车的大致容量。我校教学办公区正式规划的路面集中停车位共计约 1200 个，其余路面车辆停放区域或未正式规划停车位，或为路边占道停车位；我校家属区未专设停车场，对部分有条件的区域进行改造后规划了少量停车位，绝大部分车辆利用树木下、房前屋后的空地"见缝插针"停驻或占道停车。

对比分析：
（1）主要停车设施类型不同

美国两所高校的主要停车设施为立体停车楼，辅以路面集中停车场，占道停车位仅为补充；我校以路面停车位为主要停车设施，大多为地面集中停车及路侧占道停车。

（2）停车资源利用效率不同

美国两所高校将校内所有停车资源统筹分配，供所有进校车辆使用；我校地下停车场主要为各二级单位办公楼的配建地下停车库，大都仅供各单位内部职工使用，未对外开放。

（3）停车设施建设力度不同

我校无独立建设的停车设施，同时部分近年新建的建筑物的配建地下车位数量远不能满足停车需求。

2. 停车收费对比

（1）校内车辆授权收费情况对比

我校教职工、学生车辆实行授权收费进校制度，大致等同于美国高校的停车许可证制度。收费情况对比如下：

学校名称	发放的停车许可证/授权数量（个）	停车许可证/授权类别（种）	停车许可证/授权价格
UCLA	3.2万	17	＄78～＄456/学期
USC	不详	13	＄225～＄499.5/学期
武汉大学	1.1万	4	￥360或￥720/年

对比分析：

美国两所高校停车许可证分类更为细致，采取阶梯定价的手段，以时间段、地段为梯度分界，利用差异化收费方式细分目标服务对象，以达到整合分配校内有限停车资源的目的。

我校未按照时间段、地段的不同区分收费标准，仅针对4类不同人群（教职工、教职工子女、学生、二级单位聘用人员）划分4种不同类型的授权类别，除了二级单位聘用人员按720元/年收费外，其余类别收费标准一致，并没有充分利用市场细分来达到细化需求的目的。

（2）校外车辆收费情况对比

美国高校同样采用差异化定价，USC 根据停车位位置分为 \$10/天及 \$12/天两种；UCLA 根据停车楼位置及停驻时间段不同，定价从 \$8/天~\$20/天不等。

我校针对校外车辆，依物价部门核准的标准按小时收费。

3. 校内公共交通对比

学校名称	校内交通车辆类型	线路数量	班次
UCLA	大巴车	4	10~12 分钟/班
USC	大巴车	10	15 分钟/班至 1 小时/班不等
武汉大学	小巴车	5	10 分钟/班

注：统计范围不包含接送教职工通勤的车辆和线路。

对比分析：

我校受校园地形、道路条件、交通现状影响，目前最优选择使用小巴车作为校园公交车辆，载客人数有限，载客效率受到影响；同时，其实际承载人数往往超过核定载人数，存在安全隐患，对其利用率产生一定的影响。

4. 违规处罚手段对比

我国高校道路基本都没有纳入社会道路交通管理范围，交通执法没有主动覆盖到校园，这使得高校道路成为交通法规的真空地带。为进一步加强对校园内机动车行驶及停放行为的有效管理，《武汉大学校园内机动车管理暂行办法》于 2018 年 8 月 1 日开始实施，为我校交通管理提供了制度保证。

目前我校对违规车辆的处罚手段有：口头提醒与警告、粘贴《违规停放告知单》、锁车、取消校园通行授权 7 日至 6 个月、列入黑名单禁止入校。

五、我校静态交通存在的问题分析

(一) 存在的问题

通过前文数据分析、比较，经过实地调研，我校校园停车系统主要存在以下几个问题。

①总停车泊位数不足。

②停车设施类别相对单一、结构有待优化。以地面停车为主，建筑配建停车位数量不能满足需求，无独立建设的停车设施。

③占道停车现象突出。我校道路特点：分级不明确、路幅宽度较窄、道路单双行不明确，本只适合非机动车和行人通行，占道停车进一步挤占道路资源，妨碍非机动车辆的正常运行以及行人的步行需求。

④停车管理较为粗放。停车授权制度的细化程度不足，授权价格差异化不明显；现有地下停车资源未得到充分利用。

(二) 产生的影响

静态交通系统的不够完善会对以下几个方面产生明显影响。

1. 影响道路通行能力

基础设施的供不应求、分布不合理，会对车主寻找车位产生一定阻力，导致车主更愿意将车停在便捷的道路两侧，甚至是占用人行道停车。研究结果表明，道路两侧停车将会使道路的通行能力降低 10%~20%。因我校道路大多较窄，占道停车对交通通行能力的影响较大，易导致道路交通堵塞。

2. 增加安全隐患

一是易发交通事故。占道停车具有挤占性，以挤占动态交通资源为代价，易引发交通事故的产生。

二是挤占消防通道。因占道停车挤占道路面积，导致我校部分道路的可行驶面积不足以容纳消防车通行，若发生火灾事故，消防通道的不畅通可能带来严重后果。

3. 影响校园人文环境

慢行交通系统是否完善，对于能否营造舒适、安全、清洁的校园学习、生活环境有着重要意义，对于提升校园人文环境品质有着重要作用。

慢行交通系统通常指以人力为主，速度小于 15 公里/每小时的交通方式，主要包含步行与骑行两种。慢行交通系统的存在极大满足了师生的慢行交通需求，有利于师生的学习交流，也提供了健身运动与休闲娱乐的场所。

而停车基础设施的供应不足导致路面停车现象普遍，导致人车混行问题突出，同时还出现机动车停放侵占校园公共活动场地的现象，校园慢行交通系统遭到一定程度的破坏，干扰了师生日常休闲娱乐空间，影响了校园安静和谐的学习和生活氛围。

六、我校静态交通系统优化策略分析

(一) 总体原则

坚持可持续发展的校园交通发展策略，还原校园"绿色、安宁"环境氛围。

满足学校师生安全、舒适、准时的出行需求，为各种出行方式创造良好的出行条件。

(二) 总体策略

适度供给与交通需求管理相结合：近期适度增加停车设施；远期控制停车供应总量，鼓励其他交通方式出行。

在整体布局上：集中布置为主，适当分散为辅，局部临时地面停车为补充。

在布局形式上：集中布置采用立体或地下的形式，净化地面交通，释放更多空间用于行人和非机动车出行。

在流线组织上：尽量减少车辆在校园各功能区内穿行，尤其是学校核心区及学生宿舍区。

（三）优化策略构想

1. 规划先行

路网容量终究有限，有限的校园空间难以应对车辆的井喷式增长，这更需要我们尽快制定静态交通专项规划。静态交通的规划必须始终遵循可持续发展策略，兼顾近期与长远、局部与整体的利益。应认真研究和分析现状，估算目前停车位缺口，并对未来的停车需求有充分的预期，科学制定有针对性的策略。

2. 加大供给

车多位少的供需矛盾是我校当前停车难的主要原因，应首先解决历史欠账问题，尽可能加大停车供给。应合理确定停车设施结构、合理布局停车场，以配建地下停车场为主、路面集中停车场为辅、路内占道停车位为补充，形成布局合理、比例适当、使用方便的停车设施和管理体系。

（1）新建建筑的配建指标应得到严格执行

配建停车场是提高停车场供应水平的主要停车设施，在停车场整体中占主导地位，按照《武汉市停车设施建设管理办法》，新建建筑应当按照《武汉市建设工程规划管理技术规定》配建停车泊位，且地面车位不计入应配建指标。

（2）修建集中停车设施

由于校园资源紧缺，我校集中停车设施修建选址条件有限，但仍建议在科学规划的基础上，积极利用开发地面、地下空间资源，建设如立体停车楼、体育场地下停车场等集中停车设施。

（3）推行机械式立体停车

我校人口高度集中、建筑密度大，特别是家属区土地使用强度较高，建议充分利用现有空间资源，打造向上延伸的立体式停车体系。例如可考虑机械式立体停车设施的使用，其优势在于机械的准确性省去了车辆行驶通道和人行通道的空间，缩小了车辆间的安全距离，平均每泊位占地面积不超过 10 平方米，这种停车方式需要的用地面积与标准的地面停车场相同但可增加一倍的停车位。

（4）共享停车资源

可根据各二级单位办公楼配建停车场的实际情况，推进停车资源有富余的单位在一定程度上共享停车资源。

3. 完善机制

一是严惩违规停车，保障交通管理有效性。可借鉴南加州大学的经验（私立大学无执法权），在我校目前已经出台《武汉大学校园机动车管理暂行办法》的良好基础上，严惩违章停车，健全校园交通管理运行机制。

二是提高停车效率，制定更具停车需求引导作用的收费标准。如在校内车辆授权年费的设定上，采取差异化的阶梯收费模式，以时间段、地段等为梯度分界，校园核心区域适当提高收费标准，使停车资源得到合理有效的分配与使用。

4. 积极探索

解决校园静态交通问题不能靠无限制供给，应坚持适度供给与交通需求管理相结合的原则，在停车供需矛盾得到缓解的基础上，远期应积极探索有效的交通需求管理措施，控制停车供应总量，如通过补贴公共交通、鼓励拼车等方式倡导其他交通方式出行，控制车辆授权数量；在地面交通得到净化的基础上，大力发展校内公共巴士，提升巴士载客效率，倡导校内绿色出行，从根源上解决校园的停车难问题。

◎ 参考文献

[1]孙诗颖．济南市旧居住区静态交通改造策略研究[D]．济南：山东建筑大学，2017．

[2]李凯．高校校园机动车静态交通规划与管理方法研究[D]．西

安：长安大学，2013.

[3]王翊. 哈尔滨市停车系统发展对策研究[D]. 哈尔滨：黑龙江大学，2018.

[4]裴文祥. 华南理工大学北校区校园交通优化策略研究[D]. 广州：华南理工大学，2012.

后　记

　　"十三五"时期，是武汉大学深化改革、快速发展的重要战略机遇期，是武汉大学初步建成中国特色世界一流大学的关键时期。为了推进落实武汉大学干部队伍建设"十三五"规划，学校组织第二批青年管理干部赴美研修，借鉴美国一流高校的经验，更好地为武汉大学的"双一流"建设服务。2018年7月，30名青年管理干部赴美国高校进行了为期四周的研修学习，通过培训学习、实地体验、现场交流等方式，学习了一流大学的先进管理经验和做法。

　　研修团学习归来后，学校专门安排了专题汇报，学员代表分别从美国一流大学管理的经验与启示、美国一流大学学生工作事务的经验与启示、美国一流大学人才培养的经验与启示、"我为学校献一策"活动等专题进行了成果汇报。校党委书记韩进在总结汇报会上指出，建设一流水平的武汉大学，需要一流的管理理念和管理文化，研修班学员应该立足国情和学校发展实际，学习借鉴国外高校先进管理理念和务实精神，用一流标准思考研究学校改革发展中出现的问题，不断提升自身管理能力和水平，为学校干部队伍建设注入新的理念，为学校发展做出积极贡献。为了更好地总结成果，提升效果，我们专门组织编写了这本《美国高校行政管理探究——武汉大学2018年青年管理干部出国研修成果集》，力图对研究成果进行全面总结，并为今后的工作提供借鉴。

　　论文集的31篇论文涵盖了高等教育管理的方方面面，从治理结构到文化建设，从校友培育到就业服务，从学业指导到创新教育，研修学员们以问题为导向，有针对性地对研究对象作了细致的考察和思索，形成了一篇篇高质量的理论成果。我们希望，本书的出版，既是对武汉大学青年管理干部美国研修之旅的一次书面总

结，更是对武汉大学教育管理未来发展方向的一次深入的思考和
探索。

　　习近平总书记在全国教育大会上指出，新时代新形势，改革开
放和社会主义现代化建设、促进人的全面发展和社会全面进步对教
育和学习提出了新的更高的要求；要深化教育管理改革，充分激发
教育事业发展生机活力。作为新时代的高校管理干部，应该以更高
远的历史站位、更宽广的国际视野、更深邃的战略眼光，来迎接新
时代的高校管理新任务。曾经三获普利策新闻奖的纽约时报专栏作
家托马斯·弗里德曼，在他的代表作《世界是平的》中谈到，"全球
化3.0"进程下，交通工具的便捷、科技和通信领域闪电般的迅速
发展，在此基础上知识的传播让世界变得平坦，全世界的人们可以
空前地彼此接近。全球化深刻地影响了我们的经济、社会、政治、
教育生活的各个方面，改变了每个人的工作方式、生活方式乃至生
存方式，各个国家的高等教育也在全球化进程中相互融合。全球化
给我国高等教育和武汉大学的发展带来机遇，也带来挑战。我国的
高等教育需要继续深化改革，进一步解放思想，创新管理体制，深
化内涵建设，才能在全球化背景中练好内功，为我国经济发展、国
家建设培养出更多的人才。

　　武汉大学历来重视青年管理干部的培养，这一批批精神面貌向
上、知识结构全面、基层经验丰富的青年人是武汉大学管理队伍的
主力军和储备军，希望通过出国研修等多种方式，使他们多了解学
习国际上先进的教育管理理念，以世界的眼光、中国的情怀做好武
汉大学的教育管理和服务工作，为"双一流"建设添砖加瓦。

刘春江

2019年3月于珞珈山

（作者系武汉大学党委常委、组织部部长）